本书获得江西省社会科学"十四五"（2023）基金项目"陶瓷文[化]
机制与治理研究"（23GL37）资助

欧阳叶根 著

陶瓷文化创意情景下服务沉默行为形成机制与治理研究

经济管理出版社
ECONOMY & MANAGEMENT PUBLISHING HOUSE

图书在版编目（CIP）数据

陶瓷文化创意情景下服务沉默行为形成机制与治理研究/欧阳叶根著.—北京：经济管理出版社，2023.10

ISBN 978-7-5096-9361-2

Ⅰ.①陶… Ⅱ.①欧… Ⅲ.①陶瓷—文化产业—商业服务—研究—景德镇 Ⅳ.①G124

中国国家版本馆 CIP 数据核字（2023）第 215327 号

组稿编辑：	王　蕾
责任编辑：	杨　雪
助理编辑：	王　蕾
责任印制：	黄章平
责任校对：	陈　颖

出版发行：经济管理出版社
（北京市海淀区北蜂窝 8 号中雅大厦 A 座 11 层　100038）

网　　址：www.E-mp.com.cn
电　　话：(010) 51915602
印　　刷：北京晨旭印刷厂
经　　销：新华书店
开　　本：720mm×1000mm/16
印　　张：21.5
字　　数：318 千字
版　　次：2023 年 12 月第 1 版　2023 年 12 月第 1 次印刷
书　　号：ISBN 978-7-5096-9361-2
定　　价：78.00 元

·版权所有　翻印必究·

凡购本社图书，如有印装错误，由本社发行部负责调换。

联系地址：北京市海淀区北蜂窝 8 号中雅大厦 11 层

电话：(010) 68022974　　邮编：100038

前言

  景德镇拥有2000多年的冶陶史、1000多年的官窑史和600多年的御窑史，陶瓷文化积淀深厚，陶瓷产业优势显著，是驰名中外的"国际瓷都"。自2019年国家批复景德镇国家陶瓷文化传承创新试验区建设以来，景德镇陶瓷文化产业迎来了重大发展机遇。近年来，景德镇大力发展陶瓷文化产业，打造国家陶瓷文化保护传承创新基地，积极统筹物质文化遗产和非物质文化遗产保护传承，推进文化遗产活化利用，构建陶瓷人才集聚高地，培育陶瓷文化产业新业态，推进陶瓷文化与相关产业深度融合，形成了以陶溪川、三宝国际瓷谷、名坊园为代表的"景漂"创客聚集区和陶瓷文化产业集聚区，成为陶瓷个性化创意的"新沃土"。千年不熄的窑火，既催生了陶瓷文化产业的集聚发展，也促进了陶瓷文化与相关产业的融合发展，凸显了景德镇陶瓷文化产业的强劲底蕴优势和广阔发展前景。

  党的二十大报告明确指出："健全现代文化产业体系和市场体系。"在全面推进中国式现代化建设和文化复兴的新阶段，促进陶瓷文化产业的高质量发展，推动陶瓷文化创造性转化与创新性发展，既需要在产业层面进行政策研究和体系构建，也需要在微观层面对陶瓷文化创意服务的微观机理进行有益的理论探索。但是，在过去的十几年里，无论是在理论研究还是在实践管理当中，人们对于陶瓷文化创意产业的微观性研究还不够深入，尤其是对于陶瓷文化创意服务情景下的微观主体服务行为的研究仍有待深入。基于此，本书以"陶瓷文化创意服务"为行业背景，结合景德镇陶瓷文化产业发展的产业现状与服务现状，深入研究景德镇陶瓷文化创意情景下服务交互行为（服务沉默）的影响机制、形成机理以及治理策略等问题，为景德镇陶瓷文化产业高质量发展助力。

本书以"服务沉默"这一微观层面的消极性行为为核心命题。事实上，消极性行为对企业发展的危害已经被许多的企业实践和学术研究所证实，故而，探寻员工的消极性行为内涵及其内在驱动机制已成为学术界的研究趋势。在过去的组织情境下，关于员工行为的研究更多地侧重于探讨积极性行为，如组织公民行为、员工建言行为等，也取得了丰硕的研究成果。然而，随着组织内外部环境的变化，员工行为的角色内涵及驱动因素更显复杂，尤其是以员工沉默行为为代表的消极性行为较为突出。以往的研究结论是否仍适用，是否与服务接触等特定情景下的员工行为研究存在差异化的研究框架，太多类似的问题等待学者们去回答。目前，关于员工沉默行为机制的研究在国内外已初见成效，对于这一问题，不少学者从不同角度进行解析，也取得了一定成果。但是，由于过去侧重于从组织情境视角出发，缺乏对服务接触等特定情景下的深入挖掘，因此很少对陶瓷文化创意产业等特定行业情景下的服务消极性行为进行研究，缺乏对服务创新和创新绩效影响作用等的探讨。

本书以陶瓷文化创意产业的服务接触为研究情景，扎根于具有代表性的景德镇陶瓷文化创意产业，致力于回答服务接触情景下的陶瓷文化创意服务沉默行为内核及其影响机制。为求研究更加准确、更加深入、更加全面、更具有创新性，本书围绕"陶瓷文化创意服务沉默行为"这一核心概念，关注以下研究内容：第一，景德镇陶瓷文化创意产业现状研究。陶瓷文化创意服务具有自身的特点和行业属性，有必要针对陶瓷文化创意产业情景进行服务交互过程的机理分析。本书以景德镇陶瓷文化创意聚集区为研究案例，总结梳理景德镇陶瓷文化创意产业的发展现状以及不足，为后续研究奠定实践基础。第二，陶瓷文化创意服务沉默行为的内涵研究。为更加深入准确把握陶瓷文化创意服务沉默行为的结构维度，本书从陶瓷文化创意服务接触情景视角出发，通过对来自景德镇陶瓷文化创意产业的样本对象的深度访谈和问卷调查，编制了适用于陶瓷文化创意服务接触情景下服务沉默行为的问卷，并且通过大规模问卷的探索性因素分析和验证性分析，检验了服务沉默行为的结构维度和测量量表。第三，陶瓷文化创意服务沉默行为的驱动机制研究。本书采取扎根研究法，对景德镇陶瓷文化创意聚集区的案例对象进行深度访谈，采用质性分析方法，对服务沉默行为进行深入的探索研究。在开放式译码、轴心式译码和选择式译码的分析过程后，提炼了影响陶瓷文化创意服务沉默的核心范畴及其作用路径，提出了陶瓷文化创意服务沉默行为的两条影响路径——服务情景驱动路径和组织情境驱动路径，以此构建了陶瓷文化创意服务沉默行为的影响机制模型。第四，陶瓷文化创意服务沉默行为影响机制的实证研究。本书遵从"情景线索—情绪/认知—行为反应"的逻辑路径，在服务情景线索和组织情境线索的双重驱动机制下，构建了服务沉默行为的驱动模型，并基于景德镇陶瓷文化创意产业的调查数据，对该模型进行了实证检验，支持了预期研究假设。第五，陶瓷文化创意产业发展与服务交互治理的策略研究。本书以微观视域的服务接触情景和服务交互质量治理为出发点，结合景德镇陶瓷文化创意产业实际，开展景德镇陶瓷文化产业高质量发展的对策分析，力求改善服务交互质量和顾客感知质量，提高陶瓷文化产业服务生态的活力。

总体而言，本书属于探索性研究，首次探讨了陶瓷文化创意服务沉默行为的内涵及结构维度，并基于景德镇陶瓷文化创意产业服务接触情景下的访谈样本开发了相应的测量量表，具有较好的研究深度和行业情景特征。当然，由于研究资料和研究能力的局限性，本书也存在一些不足之处，有待更深入与精细的后续研究，恳请各位专家批评指正。

欧阳叶根

2023 年 10 月于景德镇

目录

第一章 绪论/1

　　第一节　研究背景/3

　　　　一、现实背景/3

　　　　二、理论背景/7

　　第二节　研究目的及意义/17

　　　　一、研究目的/17

　　　　二、研究意义/18

　　第三节　研究内容与关键问题/19

　　　　一、研究内容/19

　　　　二、拟解决的关键问题/22

　　第四节　研究创新点/23

　　第五节　研究方法、技术路线与篇章结构/23

　　　　一、研究方法/23

　　　　二、技术路线/24

　　　　三、篇章结构/25

第二章　相关文献综述/29

　　第一节　服务接触相关研究/32

一、服务接触概念内涵研究/32

二、服务接触分类研究/36

三、服务接触测量研究/38

四、服务接触理论模型研究/39

五、研究述评/47

第二节 员工沉默相关研究/50

一、员工沉默概念及维度研究/50

二、员工沉默驱动机制研究/54

三、员工沉默影响绩效研究/60

四、沉默行为与建言行为关系研究/62

五、研究述评/69

第三节 文化创意与陶瓷文化创意产业相关研究/70

一、文化创意的相关研究/70

二、陶瓷文化创意产业的相关研究/71

第四节 相关概念界定/73

一、相关概念界定/73

二、本书的研究内涵/75

第三章 景德镇陶瓷文化创意产业发展现状/77

第一节 景德镇与景德镇陶瓷/80

一、陶瓷文化产业要素齐全完备/81

二、陶瓷文化人才资源支撑有力/82

三、陶瓷文化贸易发展活力彰显/83

四、陶瓷文化国际交流显著提升/84

第二节 景德镇陶瓷文化创意产业典型案例/86

一、陶阳里：陶瓷文化遗存传承保护案例实践/86

二、陶源谷：陶瓷文化文旅融合案例实践/88

三、陶溪川：陶瓷工业遗产保护利用案例实践/91

四、陶博城：陶瓷文化贸易交流案例实践/95

五、陶瓷工业园区（名坊园）：手工陶瓷创意聚集案例实践/98

第三节 景德镇陶瓷文化创意产业基地建设的困境/100

一、体制机制协同不够/100

二、资源整合布局不优/101

三、产业融合程度不高/101

四、文化品牌影响不强/102

五、数字赋能效应不明显/102

第四节 本章小结/103

第四章 陶瓷文化创意服务沉默行为的内涵研究/105

第一节 服务接触情景下的服务交互行为分析/107

一、服务接触与交互过程/107

二、服务接触与交互类型/112

三、服务接触中的员工行为/116

第二节 陶瓷文化创意服务沉默行为剖析/118

一、服务沉默行为的构成/118

二、服务沉默行为的定义/120

第三节 陶瓷文化创意服务沉默行为测量量表的开发/123

一、服务沉默行为量表编制/123

二、服务沉默行为结构验证研究/130

三、结果与讨论/135

第四节 本章小结/138

第五章　陶瓷文化创意服务沉默行为驱动机制研究/139

第一节　相关理论基础/141
一、社会交换理论/142
二、服务环境理论/144
三、情感事件理论/147
四、印象管理理论/149
五、情景相关性理论/152
六、理论述评与启发/155

第二节　陶瓷文化创意服务沉默行为机制质化研究/157
一、质化研究设计/157
二、资料分析/161
三、质化研究结果/167

第三节　员工服务沉默行为驱动机制构建/168
一、服务情景线索的驱动机制/168
二、组织情境线索的驱动机制/170

第四节　本章小结/172

第六章　陶瓷文化创意服务沉默行为的影响机制和中介效应/173

第一节　相关假设推导/176
一、顾客行为、员工情感反应及服务沉默之间的关系/176
二、领导成员交换关系、心理安全感及服务沉默之间的关系/187
三、授权型领导风格、心理安全感及服务沉默之间的关系/192
四、研究假设汇总/197

第二节　小规模预测研究/198
一、相关概念的定义与测量/199

二、预调研及量表修正/206

　第三节　大规模调研与假设验证/215

　　一、数据获取与描述/215

　　二、信度与效度分析/220

　　三、理论模型与假设检验/229

　　四、假设检验结果/239

　　五、讨论与管理启示/240

第七章　陶瓷文化创意服务行为治理及对策研究/245

　第一节　陶瓷文化创意服务交互行为的企业服务治理建议/247

　　一、树立科学服务营销理念，引导服务交互管理/248

　　二、重视顾客服务交互行为，加强顾客兼容性管理/251

　　三、加强企业服务系统设计，赋能服务价值的传递/254

　　四、关注一线员工情感体验，激发员工主动性行为/256

　第二节　陶瓷文化创意产业生态发展的园区管理建议/259

　　一、明确产业功能定位，聚焦陶瓷文化独特价值/260

　　二、加强产业生态建设，构建陶瓷文化产业生态/262

　　三、加强产业园区建设，激发陶瓷文化园区活力/264

　第三节　景德镇陶瓷文化创意产业发展的政策扶持建议/267

　　一、加强体制机制创新，强化政府产业推动作用/267

　　二、加强资源整合开发，提升陶瓷文化产业优势/268

　　三、加强文旅融合发展，优化五陶整体格局/269

　　四、加强陶瓷品牌培育，重塑景德镇瓷都声誉/269

　　五、加强数字化转型建设，赋能陶瓷产业发展效能/270

第八章　研究结论、研究局限与未来展望/273

　第一节　研究结论/275

一、景德镇陶瓷文化创意产业发展的基本现状研究/275

二、陶瓷文化创意服务沉默行为内涵与结构维度研究/276

三、陶瓷文化创意服务沉默行为的驱动机制研究/277

四、陶瓷文化创意服务沉默行为的影响效应和中介效应研究/279

第二节 研究局限及未来展望/280

一、研究局限/280

二、未来展望/282

附录 陶瓷文化创意服务沉默行为及其影响因素调查问卷/285

参考文献/291

第一章

绪论

第一章 绪论

第一节 研究背景

一、现实背景

在当今服务经济时代，随着顾客需求多元化、个性化与顾客消费理念的变化，服务型企业面临着更加严峻的"服务接触"挑战（汪克夷等，2009；银成钺、王影，2014），也需要投入更多精力应对这些与顾客"交锋"的关键时刻（杜建刚、范秀成，2011；郭帅等，2017）。由于服务的不可分割性、无形性等特征，顾客难以获得服务评价的直观信息，顾客感知服务过程与结果质量，在很大程度上来源于对"服务接触"环节的感受（王建玲等，2009；肖轶楠，2017）。其中，一线服务提供者的服务行为成为顾客感知服务质量的关键要素，尤其是在高服务接触类型中（Surprenant and Solomon, 1987; Bitner et al., 1990；张圣亮、钱玉霞，2013；徐虹等，2018）。服务提供者和顾客之间的服务接触，既是服务管理中的重要环节，也是企业展示所提供的服务、获得竞争优势的重要途径。

然而，在服务管理、营销科学和组织行为等领域，关于服务接触中员工行为的研究一直侧重于对员工积极性行为的探讨，如组织公民行为、服务沟通行为、服务补救行为、员工进谏行为等（Bitner et al., 2000；杜建刚、范秀成，2007；金立印，2008；段锦云、张倩，2012），很少探讨员工的一些消极性行为，如员工沉默行为、反生产性行为等。从某种程度上来说，员工的消极性行为研究对服务接触管理更具有现实意义，对提升顾客感知服务质量、提高服务型组织竞争能力尤显重要。

在实践层面上，服务接触过程中如何激发员工的积极服务行为，避免员

· 3 ·

工产生负面行为，尤其是员工对服务问题与顾客需求的沉默行为，已经成为一个重要的研究课题。这一实践问题的解决，有利于提升顾客感知服务质量和服务型企业的服务绩效（Pinder and Harlos，2001；Van Dyne et al.，2003；Edmondson，2003；宋扬等，2022）。对于一线员工而言，打破"沉默"也有利于提升员工的工作满意感和组织忠诚度，从而激发员工的创造性和工作主动性（Morrison and Milliken，2000；郑晓涛等，2008），最终实现组织、顾客和员工的多方共赢。

正是基于这种现实背景，本书以陶瓷文化创意服务业为考察对象，对陶瓷文化创意服务接触情景下的员工服务沉默这一微观行为问题进行探讨，主要回答两个现实问题。

（一）如何认识服务型企业服务接触过程中的员工沉默和服务沉默问题

"员工沉默"是一个普遍而实际的现象，它在制造型企业、服务型企业及事业单位等各个组织形态都存在（Huang et al.，2005；Premeaux and Bedeian，2003）。例如，零售企业的销售员工对消费者的商品（服务）购买过程采取保守性辅助活动，不主动、积极进行产品推荐；餐饮企业的服务员工在顾客就餐过程中消极地进行角色内活动，对角色外顾客的其他消费诉求采取不作为行为；医疗机构中的医生、护士在与患者交互过程中不主动询问患者的症状及服务需求。如此种种，在顾客接触过程中，消极的员工服务行为势必会影响顾客对服务接触质量和总体质量的感知，影响顾客的口碑宣传及重复购买意愿，从而影响组织的服务绩效（汪纯孝等，2003；符国群、俞文皎，2004；卢俊义、王永贵，2010）。

在现实中，越来越多的人已经认识到"员工沉默"的普遍性和危害性。员工沉默作为一种消极性行为，对组织、团队、顾客及员工个人都会带来巨大危害（Nechanska et al.，2020；Morrison，2023）。例如，美国安然公司破产事件表明员工沉默对组织持续经营的危害，甚至可能导致破产。Moskal（1991）对845名直线经理进行调查，发现仅有29名经理认为其组织鼓励员工表达观点及建言，而这些企业的经营业绩普遍表现良好。国内学者郑晓涛等（2008）对不同组织的928名员工进行实证研究，发现我国大多数组织中存在员工沉默现象。沈选伟和孙立志（2007）、姚圣娟等（2009）、张桂平和廖建桥（2009）从中国文化视角出发，论证了在中国情景下沉默现象的普遍性。但是，现有研究更需要注意的是如何结合不同情境环境特征对员工沉默课题加以完善与发展。

在过去的二十多年中，服务接触问题在服务营销领域已经受到长期的关注。服务接触管理已成为服务型企业的重要内容之一，服务型组织是否能够进行高效有序的服务接触过程管理是其与竞争者形成差异和维持竞争优势的关键。换言之，服务型组织需要在服务交锋的"瞬间"，抓住顾客的兴趣，满足顾客的需求，传送卓越价值给目标顾客，进而获得顾客的忠诚和实现盈利（银成钺、杨雪，2010）。但是，对于在服务接触的微观情景环境中，如何加强一线服务员行为规范与行为管理？服务型企业该设计怎样的服务接触场景和服务氛围？一线服务员工在服务交互过程中受到哪些情景线索或情景因素影响，会表现出哪些消极性服务行为？回答好这些问题无疑会为那些苦苦寻觅改善服务接触管理方法的企业家们点亮一盏明灯。

（二）如何认识陶瓷文化创意服务接触情景下的服务沉默行为问题

景德镇以"瓷器之都"的美誉闻名中外，拥有2000多年的冶陶史、1000多年的官窑史和600多年的御窑史，陶瓷文化积淀深厚，陶瓷产业优势显著（郭建晖、李海东，2022）。陶瓷业作为景德镇的主要产业，历经多年的发展和精细化改造已经形成了较为完善的工业体系（胡林荣、刘冰峰，2018）。2019年8月26日，国家发展和改革委员会、文化和旅游部正式印发《景德镇国家陶瓷文化传承创新试验区实施方案》，在此背景下，近年来景德镇陶瓷文化和陶瓷产业进入了重要发展机遇期，国家陶瓷文化传承创新试验区建设取得了丰硕的发展成绩，一批试点示范先行先试。景德镇成功入选国家生态文明建设示范市，全国版权示范城市，国家产教融合示范城市，国家级文化产业示范园区（陶溪川）和国家大众创业万众创新示范基地（陶溪川）。2019~2022年三年累计实施重点项目152个，总投资1035亿元，陶瓷产业总值从2017年的372亿元上升到2021年的516.2亿元，增长38.8%。①

陶瓷文化创意产业是以陶瓷为载体、以文化为基础、以创意为灵魂、以满足人们精神需求和审美需求为追求的新兴产业。近年来，景德镇大力发展陶瓷文化产业，打造国家陶瓷文化保护传承创新基地，积极统筹物质文化遗产和非物质文化遗产保护传承，推进文化遗产活化利用，构建陶瓷人才集聚高地，培育陶瓷文化产业新业态，推进陶瓷文化与相关产业深度融合。目前，景德镇陶瓷文化创意产业呈现集群发展态势，初步形成了多个具有影响力的陶瓷文化产业集聚区，如以陶溪川、三宝国际瓷谷、名坊园为代表的"景漂"创客聚集区。景德镇依托其深厚的陶瓷文化底蕴、良好的文化产业生态，以及完善的产业链分工体系，吸引了3万多名来自国内外的"景漂"人才。同时，景德镇拥有丰富多样且极具特色的陶瓷文化资源，拥有全国重点文物保护单位9个，国家工业遗产4处，陶瓷窑址遗迹30多处，非物质文化遗产保护名录26项。②景德镇千年不熄的窑火，既催生了陶瓷文化产业的集聚发展，也促进了陶瓷文化与相关产业的融合共生发展，凸显了景德镇陶瓷文化产业的强劲底蕴优势和广阔发展前景。

但是，随着陶瓷产业化转型的加快，景德镇的陶瓷文化产业在发展过程中也暴露出了一些问题。例如，在陶瓷产业创新发展过程中，各个创新主体之间不断竞争和合作，受到多种因素、模式和治理机制的影响（胡林荣、刘冰峰，2018）。现有的陶瓷产业创新集群普遍存在创新主体不突出、创新协同功能不明显、开放性及自主性机制不健全以及同质化竞争现象等问题。与

---

① 王国强，蒋金法，肖洪波，樊雅强，龚剑飞. 江西蓝皮书：江西经济社会发展报告（2022）[M]. 北京：社会科学文献出版社，2022：334-348.

② 郭建晖，梁勇，龚荣生. 历史文化名城的复兴及其启示——来自景德镇的调研报告[J]. 江西社会科学，2019，39（3）：241-253.

此同时，景德镇陶瓷市场主体规模较小，以中小型企业为主体，面临着创新主体互动性不足、产业链与创新链之间衔接性不完善、龙头企业的创新引领程度不够等问题，现有产业集聚区创新层级较低，对于陶瓷文化创意服务交互过程和服务质量关注不够，顾客感知服务质量和服务绩效提升举措匮乏，制约了景德镇陶瓷服务创新发展和高质量发展。

因此，陶瓷文化创意服务作为一种典型的服务类型，具有服务的基本特性（无形性、过程性、互动性以及消费生产同时性等），又因其行业特点而富有新的内涵。本书以"陶瓷文化创意服务接触情景"这一微观环境场景为分析框架，一方面为分析员工沉默课题提供了新思路，另一方面也为陶瓷文化创意服务接触过程管理提供了有效的启示。在国家大力建设景德镇国家陶瓷文化传承创新试验区的背景下，结合景德镇陶瓷文化产业现状与实际问题，深入研究景德镇陶瓷文化产业特定行业情景下的服务交互行为和服务沉默的消极性行为特征、影响机制和内在机理，深入探讨"景漂"人才在服务接触过程中的感知交互质量和服务创新绩效之间的关系，为本土化陶瓷创意产业服务生态的培育和发展提供指导建议，为政府管理部门制定相关扶持政策提供借鉴，对于景德镇全面推进陶瓷文化创意产业的高质量发展、擦亮景德镇"国际瓷都"金字招牌、讲好新时代的"中国故事"、增强中华民族文化自信，具有重要的现实意义。

二、理论背景

（一）员工沉默研究背景

为什么有些员工对组织中存在或潜在的问题保留评价与积极改进意见？哪些因素会影响员工沉默行为发生？这一现象具有哪些消极的影响？对于这一员工负面行为背后的规律和机理，国内外学者们在21世纪初就开始了积极探讨（Morrison and Milliken, 2000; Pinder and Harlos, 2001; Van Dyne et al.，2003；Bowen and Blackmon，2003；Edmondson，2003；郑晓涛等，2008)。例如，Morrison 和 Milliken（2000）最早在 Academy of Management Review 上发表研究文章，对员工沉默行为进行定义："对组织潜在问题保留个人观点的行为"。随后，英国 Journal of Management Studies 专门组织了一期"Special Issue"对员工沉默问题进行广泛探讨。此后，员工沉默及组织沉默作为一个新课题，吸引了人力资源管理学、组织行为学、心理学及市场营销学等研究领域的关注，形成新的研究热点，也取得了丰硕的研究成果。

在理论研究上，笔者对以往研究范畴与内容进行梳理，发现国内外学者对员工沉默的概念、结构维度、测量方法、前置影响变量和后向结果绩效等子问题进行了广泛研究。其中，员工沉默概念及维度研究方面的代表性研究有 Morrison 和 Milliken（2000）、Milliken 等（2003）、Pinder 和 Harlos（2001）、Van Dyne 等（2003），形成了广泛使用的员工沉默概念，认为员工沉默边界条件包括三个方面，即"员工有意识的主动性行为"、"员工具有可以表达的观点、信息及意见"和"发生在组织内员工交互活动中"（Van Dyne et al.，2003）。而中国情景下的典型"员工沉默"框架则是学者郑晓涛等（2008，2009）提出的，他们将员工沉默划分为默许性沉默、漠视性沉默和防御性沉默，将沉默维度与中国本土情况进行了有机结合。

在员工沉默的影响因素研究方面，学者们普遍认同员工沉默受员工个体变量和情景变量的影响（郑晓涛等，2009）。个体变量主要是指员工个体特质及心理体验对沉默行为的影响，包括性别（Gilligan，1982）、个性（LePine and Van Dyne，1998；Premeaux and Bedeian，2003）、内隐人格（Detert and Edmondson，2011）等因素。另外，情景变量主要指影响员工沉默的外部因素及情景环境，包括组织或领导变量（Morrison and Milliken，2000；Vakola and Bouradas，2005）、同事变量（Bowen and Blackmon，2003）、民族文化（Huang et al.，2005；沈选伟、孙立志，2007；姚圣娟等，2009；张桂平、廖建桥，2009)、组织学习与组织文化（Argyris and Schon, 1978; Redding, 1985)、群体规模和管理模式（LePine and Van Dyne, 1998）等因素。

在国内，对员工沉默的问题学者主要通过两条路径开展研究。一是从变量关系分析视角，实证检验在组织内部情景下员工（或管理者）沉默行为与相关前因结果变量之间的关系，变量包括组织层面的上司支持感、组织服务氛围、上司信任、组织文化、管理开放性及领导类型等，个体层面的情绪反应、个性特质、心理授权、风险规避性等。例如，郑晓涛等（2008）实证检验了员工对上级信任、员工对组织信任对员工沉默的三个维度（默许性沉默、防御性沉默、漠视性沉默）的影响效应，研究发现员工对上级信任对员工沉默三个维度均具有负向影响，员工对组织信任对默许性沉默和漠视性沉默具有负向影响，而对防御性沉默影响并不显著。其原因在于，员工对上级信任有利于信息的向上流动，员工的建设性意见大多在部门内提出，员工对上级的信任程度直接影响了员工表达意见的意愿；相反组织作为一个虚拟的信任主体，对员工基于人际关系隔阂而回避意见表达的影响并不显著。何轩（2009）通过对我国22个城市不同类型企业员工的沉默行为进行调查，以"中庸"中国传统文化特色元素为调节变量，论证了互动公平对员工沉默行为的作用。实证研究发现，互动公平对三类员工沉默行为的作用存在差异，互动公平与漠视性沉默、默许性沉默存在显著负相关，但是与防御性沉默行为不存在显著关系，其中中庸思维显著影响互动公平对员工沉默行为的作用，互动公平并不是包治"沉默"的良药。李锐和凌文辁（2010）以我国珠三角地区企业组织的485名员工为研究对象，研究发现上司支持感对员工沉默行为具有显著负向影响，能够提高员工打破沉默、积极建言的主动性，并将员工对上司的短期心理状态（心理安全）和长期心理状态（上司信任）纳入中介变量分析框架，检验了心理安全和上司信任在上司支持感与员工沉默行为之间的完全中介效应。该研究从社会交换和互惠互利角度分析发现，上司对下属员工信任与支持能够满足下属一定的需求，而下属将产生对上级回报的义务感，从而增强工作投入程度，具有更多建言想法与冲动，甚至会提高对上司所代表的组织的忠诚度。

二是结合特定行业或特定情景来探讨员工沉默的相关问题，将员工沉默课题嵌入组织特定研究情景下，与中国文化背景相结合，形成本土性的沉默理论分析框架，丰富沉默理论内涵与外延。例如，段锦云等（2007）通过对国外员工沉默研究的回顾，梳理了员工沉默的概念、影响因素及形成机制等问题，指出沉默作为一种负面组织行为，对组织、团队及个人都具有消极影响。郑晓涛等（2008）基于深度访谈、半结构化问卷调查以及国外量表，编制了中国情景下的员工沉默测量量表，以默许性沉默、防御性沉默和漠视性沉默三个维度来分析沉默结构。其中，默许性沉默是指员工在没有能力改变现状或解决问题的心理预期下，采取消极、被动隐藏想法与保留观点的行为；防御性沉默是指员工为了维系人际和谐或自我保护而采取主动的、有意识的沉默行为，这与中国人的关系观、面子观具有一致性；漠视性沉默是指员工对组织承诺及信任程度较低时，由于低水平卷入感，从而漠视组织利益，消极保留观点的行为。姚圣娟等（2009）从文化视角出发，从儒家文化、关系面子、权力距离、集体主义观念及长期观念五个层面分析我国文化背景下员工沉默行为的动因与根源。其研究发现，我国儒家文化中的"明哲保身"文化蕴含了防御性沉默的道理，面子文化与关系维度部分导致了员工的亲社会性沉默，高权力差距的文化特征抑制了上下级之间的沟通交流，集体主义观念容易导致"团队和谐"下的沉默现象，以及我国传统的坚忍、重视长期发展等长期观念也影响了员工的沉默行为，研究认为文化因素是影响员工沉默的重要因素，不同文化导向下具有不同类型的沉默现象。

（二）服务接触研究背景

在宏观的服务营销理论视角下，追溯服务营销理论研究演进历程，可以发现关于服务接触及服务交互过程行为的研究由来已久。早在服务质量研究的探索阶段,许多学者就对服务的互动本质和服务接触的重要地位展开了研究。

学者们对顾客与服务接触者之间的相互作用展开了探讨,把服务接触的营销称为"互动营销",提出利用顾客的控制欲、角色感、期望等因素来提高服务质量。Grove 和 Fisk(1983)提出了"服务剧场模型",将服务的提供比喻成戏剧演出,服务的运营被一条可视线分为前台和后台两部分。Bateson(1985)提出"服务接触三元模型",即服务接触包括三个构成元素:顾客、员工和服务组织。Solomon 等(1985)认为,与顾客面对面的互动是服务接触中最关键的环节。Johnston 和 Lyth(1991)从系统论出发将服务接触的范围扩大到有形环境。Grönroos(1990)提出"服务接触系统模型",将服务传递系统分为前台、后台和服务接触三部分,其中服务接触是服务员工与顾客直接产生互动的部分。Bitner(1990)在前人研究的基础上,扩大了服务接触的内涵,指出服务接触是抽象的集体性事件和行为,是顾客与服务传递系统间的互动,服务系统包括前台人员、服务环境及有形摆设等。范秀成(1999)提出了扩展的服务交互模型,认为服务过程中除了顾客与服务人员的交互以及顾客与设备的交互之外,顾客之间也存在着交互作用。Gabbott 和 Hogg(2001)指出,服务人员在服务接触中扮演着重要的角色,表现为在服务或产品传递、顾客需求唤醒、顾客购买说服及订单办理等过程中,服务人员与顾客无时无刻不在互动。此外,随着科技的发展,越来越多的非人际交互因素越发受到关注,除实体接触(Physical Encounter)外,公司网站等无形接触(Virtual Encounter)也是服务接触的重要组成部分,服务接触的概念进一步得到拓展。

此外,学者们普遍认同服务接触对于服务传递过程的积极作用,认为有效管理服务接触对顾客满意感的提高、整体服务品质的提升等都具有重要的意义(Grönroos,1990;Bitner et al.,2000;范秀成,1999)。顾客和服务提供者每一次互动都是影响顾客体验的"关键时刻",顾客经历多次互动之后,就形成了对于服务整体水平的评价(Grönroos,1997)。持续高水平的服务接触是提高顾客满意度、培养顾客长期忠诚的有效方法(王建玲等,2009)。

在国内服务接触研究中,学者们主要围绕服务接触情景下的主体关系(顾客关系、员工关系、组织关系等),服务接触与服务质量、顾客满意及顾客忠诚等变量的关系,服务接触下主体行为(顾客兼容性管理、员工服务行为)等问题展开研究。例如,汪克夷等(2009)结合电信行业特点,提出电信服务行业服务接触由功能接触、人员接触、环境接触和远程接触四个方面构成,并实证检验了它们对顾客关系的影响作用,实证研究表明,服务接触对于顾客满意有积极的促进作用,其中功能接触、人员接触和环境接触对关系承诺有直接影响,并且通过满意间接地影响关系承诺。黎建新等(2009)对服务接触中顾客兼容性管理问题进行探讨,利用320个消费者样本数据,实证发现顾客兼容性感知受到拥挤、顾客不良言行和冷漠的影响,同时顾客兼容性感知对顾客满意存在显著的负向影响。银成钺和杨雪(2010)通过实验设计研究发现,当顾客在服务接触中受到其他顾客干扰时,服务人员主动道歉,顾客的整体满意度、再惠顾意愿及口碑传播意愿要明显高于服务人员无作为的情景,而服务人员实施兼容性管理,顾客反应要明显好于服务人员主动道歉的情景。金立印(2008)以银行服务为研究样本,考察了银行服务接触中的员工沟通行为对顾客情感和行为反应的影响,发现员工不当的语言沟通可能诱发顾客的消极情绪,举止体态和辅助语言等非语言沟通因素对于顾客积极和消极的情感反应均具有显著的影响,而外貌和外表服饰等特征在促进顾客积极情绪的形成方面则发挥着积极作用。陈晔和白长虹(2009)从顾客角度出发对高服务接触行业中顾客价值的驱动要素进行探索,提出一个顾客价值驱动要素模型,比较了保险、银行和美发三类高接触行业中顾客价值驱动要素的顾客感知差异。许多学者都对服务接触开展了积极性的探索与实证研究,在后续综述中将详细分析。

从上述理论背景回顾中可知，服务接触作为服务营销的传统研究课题之一，在过去几十年中积累了丰富的研究成果，围绕接触模型、接触主体关系、接触行为等问题开展研究，从宏观模型框架到微观行为影响已经形成系统的理论框架，为后续研究奠定了基础。但是，该课题结合中国文化的针对性研究较少，尤其是针对特定行业的服务接触研究缺乏，目前主要有酒店餐饮业（张希，2009；邓昕才等，2022）、电信行业（汪克夷等，2009）、医疗行业（符国群、俞文皎，2004）及银行业（金立印，2008；银成钺，2011）等行业的服务接触研究。围绕服务接触下一线员工消极性行为的研究还没有完全展开，陶瓷文化行业背景下的服务接触问题研究也较为薄弱。因此，需要围绕陶瓷文化行业服务接触这一微观情景，深入阐述服务接触中一线员工的交互过程和以沉默为代表的消极性行为，构建一个适用于陶瓷文化创意服务行业服务接触沉默的分析框架，以揭示陶瓷文化创意服务情景下员工服务接触沉默行为的内在机理。

（三）陶瓷文化创意产业研究背景

文化创意产业作为城市社会经济发展的新动力，众多学者从不同角度对其进行了相关界定，主要有知识管理视角（Howkins，2001；Caves，2000）、价值创造视角（厉无畏、王慧敏，2006；Florida，2004；Landry，2000）和行业协同视角（Adner，2006；张运生，2008）。在此基础上，研究者认为文化创意产业表现出以文化知识创意创新为核心，以多样性、开放性、自主性、协同性为特征，有效地推动了原有产业结构的优化升级，成为新时代下培育新供给、促进新消费的动力源，为新经济发展注入新的生机与活力。一是多样性。创意产业创新生态系统以多样化个体及中小型创意企业为核心，关注个性化群体的多样化知识结构及知识体系，其丰富的知识结构体系提升了创意产业创新生态系统的资源整合能力及抗风险能力。二是开放性。创意的精髓在于寻求新意。创意过程的开放性及"低门槛"催生了创意发展的指数级变化，并通过提升参与者的互动灵活性，实现各参与主体的价值共创。三是自主性。创意产业创新生态系统作为一个动态的有机商业体，其创意特性激发了其系统内部创意个体及创意种群间的持续学习行为（Florida，2002），并通过自发性的交流合作来构建引借、跨界培育与内部研发并重的生态系统发展模式。四是协同性。创意产业创新生态系统内部的创意企业对外部资源的依赖性使企业合作方式由纵向整合向协同联盟转变（郑志、冯益，2014）。系统内部创意集群的演化与发展在强化创新及提升竞争优势的同时，为各创意主体的协同合作提供了地理临近及经济集聚的便利。

在文化经济和文化产业繁荣发展的背景下，区域内文化创意产业呈现集聚发展的新态势。集群化、生态化发展是文化创意产业发展的重要模式。产业集聚的形成一般经历了企业在地理上的集中、企业间逐渐建立联系、形成一个稳定系统的过程（Ottaviano and Thisse，2002；金祥荣、朱希伟，2002）。从产业集聚的一般过程，基于演化经济视角，杨永忠等（2011）提出创意产业集聚区的形成一般经历单元聚集、界面构建、网络发展三个阶段，并以北京798创意产业集聚区为例进行实证研究。其中，单元聚集反映已经进入或即将进入创意产业集聚区的微观个体、企业或组织，界面构建表示微观单元间的相互联系及联系方式，网络发展显示了微观单元间的复杂组织结构和空间结构。文化创意产业集群是以文化为基础、以创意为核心，将满足消费者精神需求作为宗旨的相互关联的众多企业以及相关专业机构在特定空间集聚而形成的集合。创意产业集群具有地域偏好性、结构网状化、人文根植性和环境宽松性的独特特征（段杰、龙瑚，2017）。

在创意产业集群形成的影响因素方面，现有文献的研究主要集中在集聚区域的基础设施、公共服务等硬实力以及政府给予的扶持政策、创意阶层的文化认同感等软实力方面（段杰、龙瑚，2017）。国内学者对创意产业集聚区的形成影响因素进行了丰富的研究。陈秋玲和吴艳（2006）以上海18个创意产业集群为分析对象，利用共生模型对创意产业集群的形成机制进行实证研究，研究结果表明，互利共生关系是创意产业集群形成的逻辑起点，互利共生关系越贴近于对称互利共生关系，则创意产业集群效应越好，从而越有利于创意产业集群的形成和稳定发展，且共生关系质量越好。张艳辉（2007）指出，适宜的组织生态环境有利于创意企业的创新发展。陈建军和葛宝琴（2008）认为，环境氛围、文化资源、人力资本和制度因素是影响创意产业集群形成的重要因子。张白玉（2010）分别从群落性集聚效应、弹性专业化效应、竞合效应、创新效应和声誉效应等几个方面对创意产业园区的生态效应进行了探讨。曹如中等（2011）建立了创意产业集群创新生态系统，归纳出形成创意产业集群创新效应的三种机制，即模拟、知识传递和竞争。李煜华等（2013）指出，知识流动对创意产业集群的形成起着重要作用。李丹等（2013）认为，创意产业生态环境由多种生态因子构成，它们之间的相互作用能够培育良好的组织生态环境，为创意企业的成长助力。付永萍（2013）从组织生态视角出发，对创意产业集群的创新效应进行了生态学分析。

如果说延伸上下游产业链是区域文化产业发展模式的1.0版本，打造文创产业集群是区域文化产业发展模式的2.0版本，那么构建文化产业生态圈就是区域文化产业发展模式的3.0版本（马健，2019）。文化产业生态圈是指在一定的区域范围内，按照区域集中、产业集聚与开发集约原则，引导文化企业、文化人才、文化资源、金融资本与知识技术等各种资源集聚起来，推动文化产业链上下游与协作关联企业通过匹配、融合、共享等多种方式，形成若干能够实现自发良性循环的微观生态链和生态群落，从而获得文化产品与服务的市场竞争力以及文化产业可持续发展优势。

景德镇陶瓷文化产业作为景德镇的特色产业和优势产业，也是进入新经济时代以来陶瓷旅游、陶瓷创意、陶瓷文化相互融合的一种经济新业态。从当前陶瓷文化产业创新的研究来看，随着景德镇国家陶瓷文化传承创新试验区的深入推进，有关景德镇陶瓷文化产业的研究数量和范围不断增多、扩大，以景德镇陶瓷大学为代表的机构围绕陶瓷文化产业发展、产业创新、功能价值、品牌建设、资源开发、市场竞争等方面展开了深入讨论（胡林荣、刘冰峰等，2018；刘冰峰等，2023；闫宁宁，2020；李松杰、邵晨，2022）。但是这些研究尚未涉及从产业生态圈视角研究其高质量发展路径，难以深入探索陶瓷文化产业生态圈"圈层"结构和产业多维网络体系的构建。

通过上述研究分析可见，员工沉默、服务接触、陶瓷文化创意服务等课题并不是一个新兴课题，早在20世纪八九十年代就开始进入研究视野，近年来随着实践和理论发展相关研究呈现增多的趋势，尤其是在2009年前后出现了研究高峰期，涌现了一批优秀的研究成果，如黎建新等（2009）、汪克夷等（2009）、金立印（2008）、银成钺（2011），对服务接触情景下微观主体行为与相关变量关系进行理论与实证研究。同时，员工沉默研究显示，员工沉默作为一个新兴课题在国内研究起步较晚，但近年来获得了快速发展，以郑晓涛等（2008）、姚圣娟等（2009）、何轩（2010）、段锦云和凌凌斌（2011）为代表的学者，对中国文化情景下的沉默理论进行探索检验。文献综述发现，国内外学者虽然对"员工沉默"进行了丰富的理论探索及实证检验，但仍存在一些局限性，这也是本书努力的方向所在。

第一，以往的员工沉默研究大多限定于组织内部情景，侧重于对组织中的中高层管理者或基层管理者对组织内部问题保持沉默状态的现象进行分析。这些研究范式狭隘地理解"员工沉默"内涵，只探讨员工对上级、团队及组织问题的消极性沉默行为，而忽视了员工对外部顾客问题的沉默。

第二，以往的员工沉默研究大多从单个维度进行动因阐述，或从组织层面，或从员工层面，或从上级领导或同事层面，缺乏涵括各要素的整体分析框架。

第三，以往研究未对服务型企业和制造型企业员工沉默行为的差异进行描述，缺乏针对特定服务行业背景下一线员工沉默行为的研究，这为本书的研究提供了空间。

第四，过去的陶瓷文化创意产业研究关注宏观行业政策和产业创新层面，缺乏对微观主体层面服务行为等方面的研究，缺乏对陶瓷文化创意服务接触过程、服务交互质量以及服务绩效提升等方面的探索性、系统性研究。

第二节 研究目的及意义

党的二十大报告明确指出，"健全现代文化产业体系和市场体系"。在全面推进中国式现代化建设和文化复兴的新阶段，促进陶瓷文化产业的高质量发展，推动陶瓷文化创造性转化与创新性发展，既需要在产业层面进行政策研究和体系构建，也需要在微观层面对陶瓷文化创意服务的微观机理进行有益的理论研究和实践探索。本书以陶瓷文化创意服务为行业情景，结合景德镇陶瓷文化产业现状与实际问题，深入研究景德镇陶瓷文化创意领域服务交互行为（服务沉默）的影响机制、形成机理以及治理策略等问题，既可以为本土陶瓷文化创意企业的服务管理和服务绩效提高提供启示，更可以为政府管理部门制定相关服务产业政策提供借鉴。

一、研究目的

本书致力于达到如下研究目标：

一是探索员工服务沉默行为的结构维度。在员工沉默、服务交互等相关理论的基础上，通过质性探索研究、深度访谈研究、问卷调研等方式开发验证员工服务沉默测量量表，为后续的实证研究奠定基础。这一结构研究侧重于中国文化情景，不简单运用国外量表，同时也紧紧围绕服务型企业、服务接触等分析背景。

二是研究陶瓷文化创意服务接触情景下的员工服务沉默行为的前因驱动因素及影响机制。与传统组织内部情景不同，服务接触情景下外部顾客参与进来了，赋予了服务接触情景下沉默理论研究的新内涵，因此需要分析并实证检验服务员工在顾客服务接触过程中的沉默行为机理，侧重于了解哪些因素影响了员工的服务沉默，其中介效应和调节效应如何，以验证本书的理论模型与研究假设。

三是提出以陶瓷文化创意企业为代表的服务型企业服务接触管理与员工管理的策略，以及陶瓷文化创意服务业发展的政策建议，以指导服务实践。

二、研究意义

从前面的文献回顾与理论述评中可以发现，以往的组织行为及人力资源管理研究，对"员工沉默"消极行为在服务型企业的情景下还没有进行深入探索，尤其是一线员工在服务接触中的沉默行为。事实上，顾客感知服务质量既是对服务结果质量、过程质量和有形环境质量的综合感知结果（Grönroos，1997），也是对员工积极与消极的角色内外行为的综合评价（Morrison and Milliken，2000）。由于服务具有无形性、互动性、生产与消费同时性等特征，顾客感知服务质量的水平受到了服务接触过程中交互双方的直接影响和相关情景要素的间接影响（Parasuraman，1997）。其中，一线服务人员的服务态度及服务行为对顾客感知服务质量的影响尤为明显。员工沉默作为员工服务态度和服务行为的一种表现形式，势必会对顾客绩效和组织绩效产生（负面）影响。因此，本书探讨服务型企业员工沉默这一消极行为的内在机理具有重要的理论意义和实践价值。

一是学术价值。①本书首次提出服务沉默行为的定义概念，将"员工沉默"的研究边界由制造型企业向服务型企业拓展，由组织内对内沉默向组织外对顾客沉默拓展，进一步丰富沉默理论的内涵及外延。②本书从交互理论和情景理论角度，深入探讨服务接触过程中的员工与顾客的微观互动机理，将深化对服务接触理论的研究。③本书将顾客行为（参与行为、反馈行为、抱怨行为）引入服务沉默行为的影响机制中，并且以情景线索—情绪/认知—行为反应为分析框架，探索心理认知、情绪反应的中介作用，探讨不同构念类型员工的服务沉默行为的差异，揭开服务沉默行为的"黑匣子"。

二是应用价值。①本书基于宏观产业发展和服务治理视角，对景德镇陶瓷文化创意服务治理提出政策建议，能有效推动陶瓷文化创意产业的生态发展、创新发展、高质量发展。②本书基于微观服务交互视角，研究陶瓷文化创意情景下的服务沉默行为，有利于景德镇陶瓷文化创意服务型企业加强服务治理，采取有效策略管理服务接触中的服务沉默行为，从而助力企业提升服务绩效水平。

第三节　研究内容与关键问题

一、研究内容

本书的研究对象为陶瓷文化创意服务沉默行为，以服务接触情景下的员工与顾客在服务交互过程中的沉默消极性行为为主线，以陶瓷文化创意服务业为行业背景，探讨了陶瓷文化创意服务沉默行为的形成机制和治理策略。

一是探讨陶瓷文化创意服务接触中的服务交互过程及作用。陶瓷文化创意服务具有自身的特点和行业属性，有必要针对陶瓷文化创意产业进行服务交互过程机理分析。景德镇具有深厚的陶瓷文化底蕴和产业基础，着力打造陶瓷产业链、创新链、价值链，构建陶瓷文化产业多元化创新发展格局，形成了以陶源谷（三宝国际瓷谷）、陶溪川、陶博城、陶瓷工业园区（名坊园）为代表的陶瓷文化产业集聚区，产生了独特的"景漂"现象。本书以景德镇陶瓷文化创意聚集区为案例研究对象，深入总结梳理景德镇陶瓷文化创意产业的发展现状，结合服务接触理论与陶瓷文化创意服务接触特征，分析陶瓷文化创意服务接触和服务交互过程机理，并以此为基础，分析景德镇陶瓷文化产业服务的现状与不足，为后续研究奠定实践基础。本书主要从服务交互理论视角来分析服务接触多主体间的交互活动过程，分析在陶瓷文化创意服务接触情景下，员工如何与组织服务系统、内部顾客（组织员工）和外部顾客（服务消费者）展开交互活动，其服务态度和服务行为如何影响服务绩效、如何影响顾客感知价值生产，并揭示服务员工服务行为发生作用的内在机理。从交互理论来看，服务接触过程主要是顾客与服务系统要素之间交互活动的过程，其中服务员工与顾客互动交流是其核心内容，两者相互协助以共同支持服务价值的生成、传递及消费过程（Grönroos，1990），员工与顾客的交互活动也影响了顾客感知服务质量水平和对员工工作的满意度。因此，本书探讨陶瓷文化创意服务接触情景下的员工与顾客交互行为模式，以及员工服务沉默行为触发情景及驱动因素等。

二是探讨陶瓷文化创意服务沉默行为的内涵及结构维度。员工服务沉默行为作为一个新概念被提出来，由于其特定的情景分析框架和内涵特征，笔者难以完全借鉴先前员工沉默的概念框架与结构维度，需要结合服务接触情景特征加以探索开发。为此，本书在文献梳理、理论论证及访谈调查的基础上，围绕服务接触这一微观情景环境，探索员工服务沉默行为的结构维度。首先，本书对员工沉默进行文献综述，并在理论上界定员工服务沉默的概念、特征及核心要素；其次，为更加深入准确把握陶瓷文化创意服务沉默行为的结构维度，本书从陶瓷文化创意服务接触情景视角出发，基于对来自景德镇陶瓷文化创意行业的样本对象的深度访谈和问卷调查，编制了适用于陶瓷文化创意服务接触情景下服务沉默行为的问卷，并且通过大规模问卷的探索性因素分析和验证性分析，检验了服务沉默行为的结构维度和测量量表。

三是探讨服务接触情景下陶瓷文化创意服务沉默行为的驱动机制。本书在陶瓷文化创意交互过程机理研究、服务沉默行为概念内涵及其测量研究的基础上,进一步深入开展服务沉默行为的驱动机制研究,即研究哪些变量对员工服务接触沉默行为产生影响,以尽可能揭示员工服务沉默行为驱动机制的"黑匣子"。服务接触的情景环境赋予了员工沉默行为研究的新内涵与意义,本书以服务交互理论、情境相关性理论为基础,梳理了影响服务沉默行为的关键性因素。随后,为了深入探索服务沉默行为的结构内涵,本书采取扎根研究法,对景德镇陶瓷文化创意聚集区的案例对象进行深度访谈,采用质性分析方法,对服务沉默行为进行深入的探索研究。在开放式译码、轴心式译码和选择式译码后,提炼了影响陶瓷文化创意服务沉默行为的因素及其作用路径。在理论分析和质化研究基础上,从服务情景、组织情境两条情景线索出发,整合构建包括组织因素、顾客因素和员工个体因素等多层面影响因素的员工服务接触沉默行为驱动机制模型。

四是实证检验陶瓷文化创意服务沉默行为的影响机制和中介效应。即通过对景德镇陶瓷文化创意聚集区的问卷调查,对陶瓷文化创意服务接触中员工沉默行为影响机制进行实证检验。研究存在哪些中介变量和调节变量,各个变量之间的关系强度如何,通过小规模预测研究和大规模实证研究,论证研究假设,并对实证数据进行分析与讨论,得出实证研究结论。本书遵从情景线索—情绪/认知—行为反应的逻辑路径,在服务情景线索和组织情境线索的双重驱动机制下,构建了驱动模型,并对该模型做出了实证检验。随后,本书通过景德镇陶瓷文化创意业的调查数据,证实了概念模型,支持了预期研究假设。

五是探讨陶瓷文化创意服务创新及服务交互治理策略。由于陶瓷文化创意服务接触情景下服务交互活动具有复杂性,员工服务沉默作为消极性角色外行为又有其隐蔽性,难以通过量化指标进行测量与观察,而且受到组织情境、服务情景及员工个体等多种因素影响,因此员工服务沉默行为管理难免面临困境。如果采取传统的服务运营管理手段，忽视服务员工个体情绪状态、心理认知反应的中介作用，忽视交互情景之间的相互影响关系，忽视服务接触特定场景的特殊性，也许就难以找到服务接触中员工行为管理的有效路径。对此，本书结合景德镇陶瓷文化创意产业实际，开展景德镇陶瓷文化产业高质量发展和服务创新对策分析。与过往的技术创新、产业创新及创新体制建设的视角不同，本书以微观视域的服务接触情景和服务交互质量治理为出发点，积极探讨如何提高陶瓷文化创意产业的服务产出绩效和服务创新绩效，改善服务交互质量和顾客感知质量。

二、拟解决的关键问题

为了顺利完成本书的研究工作，需要解决如下几个关键问题：

一是陶瓷文化创意服务接触过程中员工与顾客交互活动及作用机理研究。服务接触的互动性是服务的一个重要特性，探讨员工与顾客在服务传递过程中的交互模式、交互特性及其影响因素，是分析员工沉默行为的基础所在。

二是陶瓷文化创意服务接触中员工沉默行为前因变量的确定。虽然国内外关于员工沉默行为的理论研究已经取得一定成果，但是针对中国文化情景下的服务型企业的员工服务沉默行为，仍需要具体地分析其变量构成和变量间的相互关系，这也是本书的研究重点之一。

三是陶瓷文化创意服务员工沉默行为驱动机制的实证检验。科学的研究结论需要接受实践的检验。本书为验证陶瓷文化创意产业员工服务沉默行为的概念模型，选取景德镇陶瓷文化创意聚集区作为研究对象，分析陶瓷文化创意产业员工服务沉默现象的内在机理及变量关系强度，提出陶瓷文化创意企业的服务接触治理对策。

第四节 研究创新点

第一，依托服务管理中的服务接触理论、服务交互理论和组织行为中的员工沉默理论，首次探讨了陶瓷文化创意服务沉默行为的内涵及结构维度，并基于景德镇陶瓷文化创意服务接触情景下的访谈样本开发了相应的测量量表，具有较好的研究深度和行业情景特征。

第二，采取扎根理论的探索性研究方法，对景德镇陶瓷文化创意产业进行数据调研和深度访谈，基于访谈数据进行质化分析，挖掘一线数据线索，并且进行理论推演分析，探索了服务沉默行为的关键影响因素。

第三，将服务情景线索下的三类顾客行为引入服务沉默行为的前因研究中，构建并实证了情绪反应和心理认知状态下的包括组织情境线索因素和服务情景线索因素在内的服务沉默行为的驱动模型，并且实证检验了顾客参与行为、积极反馈行为、抱怨行为驱动服务沉默行为的相关假设，得到了有益的研究结论。

第五节 研究方法、技术路线与篇章结构

一、研究方法

从上述的研究内容、研究问题和研究目的可以看出，本书以"员工服务沉默"为核心，以"服务接触"为研究情景，结合景德镇陶瓷文化创意产业进行

实证检验。本书将开展四个阶段的研究工作。为有效实现每一阶段的研究目的，本书采用定性和定量相结合的实证研究方法。定性研究主要是指文献研究与理论探索。本书尽可能充分地获得国内外文献，吸收和消化相关文献的成果，特别是国外学者所使用的理论和方法。在文献研究的基础上，本书提出研究假设，建构研究模型，界定研究所涉及概念的操作性定义和测量方法。定量研究是指问卷设计、调查与统计分析。笔者根据提出的研究假设，设计、完善、形成合适的问卷。本书将研究问卷设计成结构化问卷并且进行问卷预测试，以修正问卷的用语，删除问卷中鉴别度、信度和效度较低的题项，从而提高问卷的易答性、有效性和可靠性，最终形成正式问卷进行数据收集。本书主要采用结构方程对数据进行分析，检验并形成各个概念的测量量表以及验证研究模型所涉及的研究假设（各个变量之间的关系）。主要的统计工具为 LISREL 8.5 及 SPSS 18.0。实证研究步骤如图 1-1 所示。

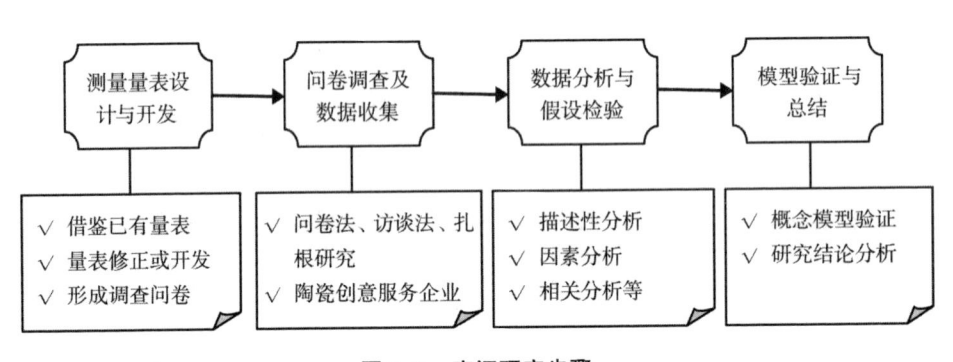

图 1-1 实证研究步骤

二、技术路线

本书将按照下列流程进行研究：第一，提出研究问题，并进行篇章结构的设计安排；第二，回顾相关文献，探讨适用及重要的相关理论，并在此基础上界定研究范畴与概念边界，为后续研究奠定理论基础；第三，基于服务接触情景视角，探索性研究员工服务沉默行为的结构维度，并开发相应的测量量表；第四，结合理论分析和实践分析，以景德镇陶瓷文化创意产业为研究背景，采取实证研究法分析验证陶瓷文化创意服务接触中员工服务沉默行为驱动机制，运用相关的统计方法和工具对数据进行整理与分析；第五，结合实证结果分析，提出员工沉默行为的治理对策。图1-2展示了本书的研究路线及设计。

三、篇章结构

第一章主要介绍研究的背景与意义，即如何发现这个选题和为什么选择这个题目，阐述研究的目的、内容、方法与技术路线，以及本书的篇章结构。

第二章对服务接触、员工沉默和陶瓷文化创意服务相关研究进行综述。首先，对服务接触的概念、结构维度、理论模型及测量方法等方面进行文献综述，并指出已有研究的不足。其次，对员工沉默的概念、结构维度、驱动机制、影响结果等方面进行文献综述，并进行研究评述，指出研究不足。最后，对陶瓷文化创意产业研究现状进行回顾，在此基础上界定本书研究范畴与边界。

第三章主要分析景德镇陶瓷文化创意产业发展现状，从景德镇陶瓷文化创意产业的发展基础、发展优势以及存在的问题、发展空间等角度进行系统分析，并且选取陶瓷文化创意聚集区进行微观主体分析，指出陶瓷文化创意产业的服务产出绩效现状，为后续研究奠定实践基础。

第四章主要回答陶瓷文化创意服务沉默的概念及结构维度问题。本章吸取服务交互理论、服务生产模型等理论观点，对陶瓷文化创意服务接触下多个主体交互过程进行分析，阐述陶瓷文化创意服务接触情景下的服务交互过程、类型以及一线员工行为等问题。在此基础上，结合陶瓷文化创意产业情景特征，采取深度访谈、问卷调查等研究方法对服务沉默概念进行界定，开发测量量表。

陶瓷文化创意情景下服务沉默行为形成机制与治理研究

```
                    ┌──────────────┐
                    │   文献综述    │
                    └──────┬───────┘
                           ↓
                ┌────────────────────┐
                │ 陶瓷文化创意产业现状 │
                └──────────┬─────────┘
            ┌──────────────┴──────────────┐
   ┌────────────────────┐        ┌────────────────────┐
   │景德镇陶瓷文化创意产业现状│        │陶瓷文化创意产业基地案例│
   │ 发展基础、优势及问题 │        │   成功经验与做法    │
   └──────────┬─────────┘        └─────────┬──────────┘
              └──────────────┬─────────────┘
                             ↓
              ┌─────────────────────────┐
              │  陶瓷文化创意服务沉默    │
              │  行为内涵及量表开发      │
              └────────────┬────────────┘
        ┌──────────────────┼──────────────────┐
  ┌──────────┐      ┌──────────┐       ┌──────────┐
  │ 研究情景 │      │ 概念定义 │       │ 量表开发 │
  │服务接触与│      │什么是服务│       │服务沉默的│
  │服务交互  │      │  沉默    │       │量表开发  │
  └────┬─────┘      └────┬─────┘       └────┬─────┘
       └─────────────────┼──────────────────┘
                         ↓
              ┌─────────────────────────┐
              │  陶瓷文化创意服务沉默    │
              │  行为驱动机制            │
              └────────────┬────────────┘
        ┌──────────────────┼──────────────────┐
  ┌──────────┐      ┌──────────┐       ┌──────────┐
  │相关理论基础│    │ 质化研究 │       │两条驱动线索│
  │驱动机制的 │      │驱动机制的│       │服务情景和│
  │理论分析  │      │扎根研究  │       │组织情境  │
  └────┬─────┘      └────┬─────┘       └────┬─────┘
       └─────────────────┼──────────────────┘
                         ↓
                 ┌──────────────┐
                 │   实证研究    │
                 └──────┬───────┘
        ┌───────────────┼───────────────┐
  ┌──────────┐    ┌──────────┐    ┌──────────┐
  │研究模型与假设│  │ 小规模预测 │   │ 大规模检验│
  │变量与变量 │    │测量量表及 │    │假设检验及│
  │之间的关系│    │信效度分析 │    │讨论      │
  └────┬─────┘    └────┬─────┘    └────┬─────┘
       └───────────────┼───────────────┘
                       ↓
                ┌──────────────┐
                │   对策研究    │
                │研究结论及策略建议│
                └──────────────┘
```

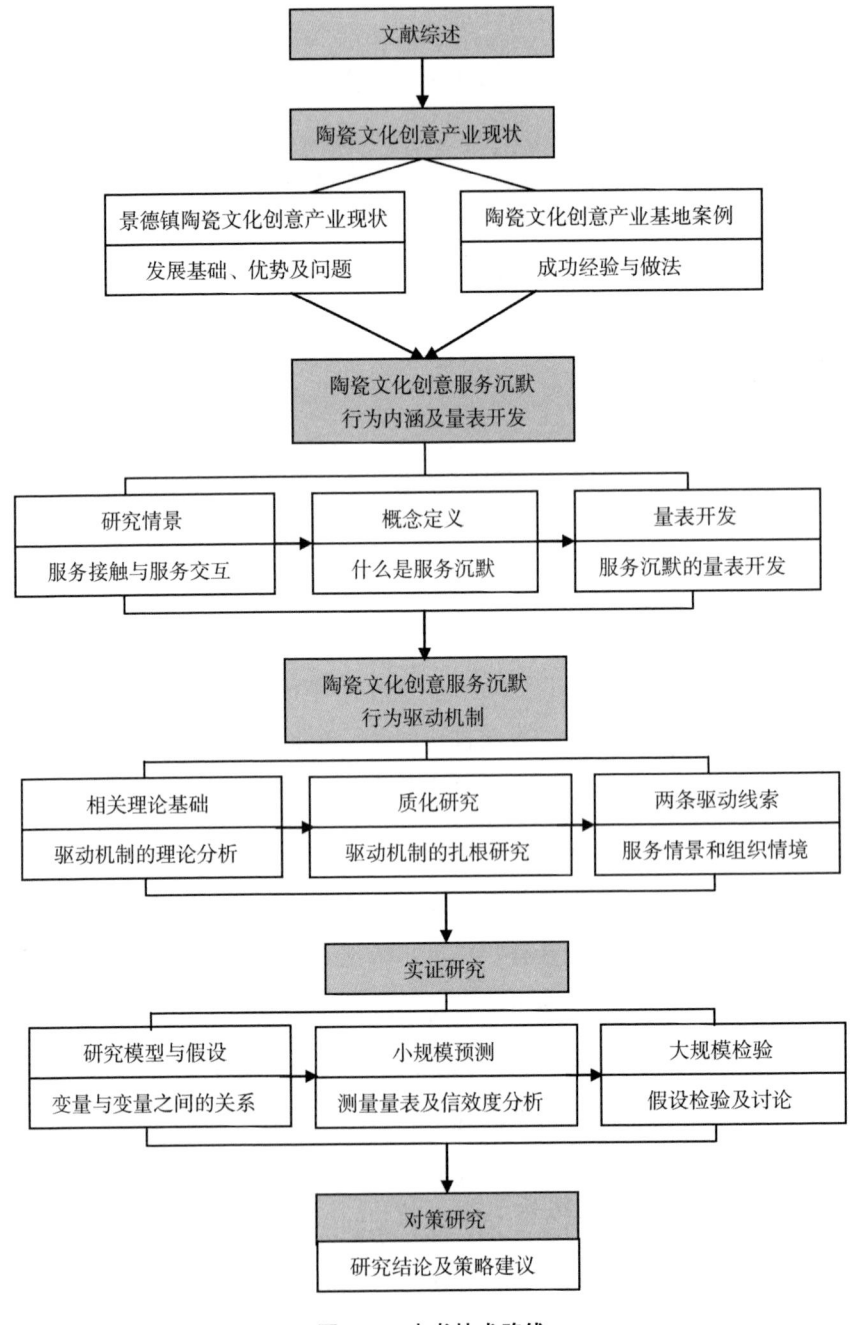

图 1-2 本书技术路线

第五章主要是对陶瓷文化创意服务沉默行为的驱动机制进行研究。首先，对社会交换理论、服务环境理论、情感事件理论、印象管理理论及情景相关性理论进行回顾；其次，采取扎根理论研究方法，对陶瓷文化创意产业样本对象进行深度访谈，对访谈资料进行质化分析，探索服务沉默行为影响因素及驱动机制；最后，在理论分析和质化分析基础上，构建服务沉默行为的驱动机制模型。

第六章是实证部分，即对陶瓷文化创意服务沉默行为的影响机制进行实证检验，旨在厘清服务接触中组织情境和服务情景两条线索对员工服务沉默行为的影响机制。本章基于"情景线索—情绪/认知—行为反应"的逻辑路径，推导建立了服务沉默的驱动机制研究模型，并提出了相关研究假设，随后以小规模样本数据进行预检验，接着以大规模样本数据进行实证研究，使用 SPSS 18.0 统计软件，实证检验研究假设，并对实证结果进行分析，提出管理启示。

第七章是策略研究，即从指导实践角度出发，结合理论研究和实证研究结论，围绕陶瓷文化创意产业的服务接触过程治理和服务绩效提升等现实问题，从企业、产业园区、政府多维角度提出对策建议。

第八章是研究结论、研究局限及未来展望。首先是对研究结论进行总结和梳理；其次是客观评价本书中的不足，指出未来研究方向及待分析问题，使本书更加全面而客观。

第二章 相关文献综述

中国服务营销学的发展，源于中国企业界对服务营销学科体系建立和服务营销相关研究的迫切需求，并与国家政策导向、社会发展目标、企业实践需求以及人民内心渴望紧密相连（王永贵等，2021）。经过三十年的发展，中国服务营销研究整体上呈现蓬勃发展的态势，不但实现了量的突破，同时也表现出质的飞跃，服务营销领域形成了一些具有代表性的研究机构，同时造就了王永贵、范秀成、简兆权、姚树俊、陈菊红、白长虹等一批服务营销领域的知名学者，不断地推动服务营销研究对新主题、新现象的探索与关注，中国服务营销范式不断演进，相关研究呈现外延和内涵双向突破的趋势（王永贵等，2021）。服务接触作为服务价值传递的中心环节，是服务质量和服务感知的关键维度，也成为近年来服务营销领域的重要研究课题。

在当前服务经济时代，服务型组织如何为顾客提供高质量的服务，满足顾客多元化服务需求，提高顾客感知服务质量，进而实现顾客满意和顾客忠诚，已经成为服务型组织获取持续竞争能力的重要途径。由于一线服务员工（Frontline Service Employee）在服务接触过程中的角色作用，其既是服务型组织与顾客交互界面中最直接、最前沿的行为主体，又是顾客感知服务的直接承受者（Chase and Tansik，1983；Crosby et al.，1990）。一线服务员工的行为绩效表现既影响了顾客的感知服务质量和顾客评价，又影响着服务型组织的工作业绩，一线服务员工被认为是服务型组织形成竞争优势的关键。

与过去探讨服务型组织中一线服务员工的积极性行为不同，本书探讨服务接触情景下的一线服务员工的消极性行为——服务沉默行为。一是由于服务型企业的服务接触情景赋予了员工沉默行为研究新的内涵，将过去组织情境下对内沉默拓展至顾客交互情景下的对外服务沉默，丰富了沉默理论的研究内容；二是由于服务型企业一线员工的消极性行为愈加突出，如服务破坏行为、越轨行为、反生产行为、沉默行为等。因此，如何激发一线员工工作积极性和工作热情，促使其在服务传递过程中提供更多的角色外行为活动

(Brown and Peterson，1994），已经成为一个突出问题。而一线员工的服务沉默行为研究在以往文献中难觅其踪，本书具有一定的研究价值。本章从服务接触、员工沉默等方面进行文献梳理，以剖析已有研究路径与脉络，寻求本书研究的出发点和落脚点。

第一节 服务接触相关研究

一、服务接触概念内涵研究

由于服务的生产过程和消费过程是同时发生的，因此顾客在服务消费中既参与服务生产活动，又与服务组织的多个要素（人员、系统、环境等）发生多层次交互活动（Bettencourt and Brown，1997；Winsted，2000；范秀成、张彤宇，2004）。现有研究证实，服务接触瞬间是企业向顾客展示服务的最佳时机，也是顾客评估服务质量的重要窗口，服务接触研究具有重要的理论与实践意义。

自20世纪80年代以来，服务接触作为服务营销领域重要研究课题获得广泛关注，与服务营销中的服务质量、顾客满意、服务运营等课题一起成为服务营销的研究热点。在理论与实践推动下，服务接触的概念内涵不断丰富与完善，学者们对服务接触的概念进行了广泛的探讨与深入界定，形成了许多差异化观点。

现对服务接触的相关概念进行归纳，如表2-1所示。

表2-1 服务接触的相关概念定义

学者	定义	接触主体
Czepiel等（1985）	服务接触是员工与顾客之间发生的面对面交互	员工与顾客
Shostack（1985）	将服务接触定义为"消费者直接与服务互动的那段时间"。认为服务过程中的交互，不仅包括顾客与服务人员的交互，还包括顾客与设备设施的交互	顾客与服务人员；顾客与设备设施
Bateson（1985）	服务接触是："由顾客、服务组织及接触顾客的员工三者相互作用形成的三角形"，即服务接触的三元组合	顾客、服务组织、员工的三元互动
Surprenant和Solomon（1987）	服务接触是顾客和服务提供者之间的二元互动关系（狭义范围内的顾客与服务提供者的交互）	顾客与服务提供者的二元互动
Carlzon（1987）	服务接触是指服务过程中顾客与服务组织任何一方进行接触并得到关于服务质量的印象的那段时间	顾客与服务组织之间
Bitner等（1990）	扩大了服务接触的内涵，指出服务接触是抽象的集体性事件和行为，是顾客与服务交付系统之间的互动	顾客与服务交付系统（如一线员工、顾客、实体环境及其他有形因素等）的互动
Lockwood（1994）	认为服务接触并不只是员工与顾客间的互动，还应该包括其他因素，如环境氛围、实体产品等，这些因素与顾客间也会互动	顾客与员工、有形环境、服务氛围等互动
Lovelock和Yip（1996）	服务接触的内容范围包括无形的技术核心，同时更需要有形的实物设施及联系人员共同组成服务生产系统	顾客与有形环境、无形服务间的互动
范秀成（1999）	认为服务接触可分为7种：员工与顾客间的接触、顾客与服务环境间的接触、顾客之间的接触、顾客与服务系统间的接触、员工与系统的接触、员工与服务环境间的接触、服务系统与服务环境间的接触	顾客、员工、服务环境、服务系统相互之间的互动
Hightower等（2002）	服务接触包括顾客与环境的接触、顾客与员工的接触以及顾客和功能设备的接触	顾客与环境；顾客与员工；顾客与功能设备
Beatson等（2007）	服务接触主要包括顾客和员工的人际接触以及顾客与功能设备的自助服务技术（Self-Service Technology）接触	顾客与员工的接触；顾客与功能设备的接触

资料来源：笔者根据相关文献整理。

从表 2-1 中可以发现，服务接触的概念随着理论与实践发展而不断丰富完善。服务接触概念演进可划分为两个阶段：前期的观点认为服务接触只是界定顾客与服务组织发生故事的"交互活动"与"真实瞬间"，是顾客与员工之间的面对面交互过程，以人际互动为内容载体，也是最初的狭义理解（Czepiel, 1985）；后续研究逐步拓展了服务接触的内涵与外延边界（Bitner et al., 1990；Lovelock and Yip, 1996；范秀成, 1999），认为服务接触是顾客与整个服务系统之间的交互，包括人际交互、环境交互、机器交互，甚至顾客与顾客之间的交互、员工与员工之间的交互等活动。同时，有研究认为，顾客和服务提供者的每一次互动都是一次影响顾客看法的关键时刻，顾客在对多次互动活动进行感知评价后，就形成了对于服务整体水平的质量感知。持续高水平的服务接触是提高顾客满意度、培养顾客长期忠诚的有效方法。

第一，基于人际交互的狭义服务接触：服务人员与顾客之间的服务交互过程是服务生产与传递过程的核心环节，也是学者们对服务接触的初期理解，即服务接触就是顾客与服务提供者之间的二元交互活动（Surprenant and Solomon, 1987），也称为人际互动。例如，Solomon 等（1985）认为，顾客与服务人员最直接的面对面互动是整个服务营销过程中的关键环节，这对于提高顾客满意度与服务质量具有重要意义。Chandon 等（1997）认为，一线员工的语言和非语言沟通能力影响着顾客服务响应。Gabbott 和 Hogg（2001）认为，一线服务人员在服务传递、信息与知识传达、顾客需求唤醒与引导、顾客抱怨处理等服务过程中发挥积极作用。因此，在这个狭义服务接触概念中，一线服务人员在服务过程中的地位与作用凸显，人际交互被认为是影响顾客感知服务质量的重要因素，面对面的交互活动中的员工行为、态度及服务技能显得尤为重要，这些观点也一直指导着服务型企业对服务过程的理解，重视对一线员工行为态度的引导与管理。图 2-1 展示了狭义的服务接触内涵。

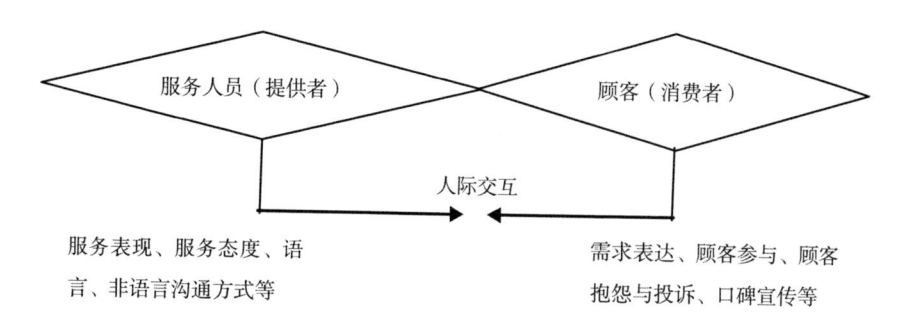

```
服务人员（提供者）         顾客（消费者）
              人际交互
         →          ←
服务表现、服务态度、语         需求表达、顾客参与、顾客
言、非语言沟通方式等           抱怨与投诉、口碑宣传等
```

图 2-1 狭义的服务接触内涵

第二，基于服务交互的广义服务接触：随着服务接触研究的发展，学者们逐步将服务接触从人际交互角度扩展到服务交互层面，即认为顾客不仅与一线服务人员发生人际交互，还与整个服务系统发生交互活动。例如，Johnston 和 Lyth（1991）基于系统论理论，认为服务接触还包括顾客与服务过程中有形环境的交互活动，良好的服务环境将刺激顾客积极消费。Bitner 等（1990）将服务接触的含义进行扩充，认为服务接触是顾客与整个服务系统间的互动，包括与前台人员、服务环境及有形摆设等的互动。随着科技的发展，越来越多的非人际交互因素（如自助设施和互联网）等受到关注，学者们指出除以上的实体接触外（Physical Encounter），公司网站等无形接触（Virtual Encounter）也是服务接触的重要组成部分。在这种背景下，服务接触的概念进一步得到拓展。广义的服务接触包括顾客与服务人员、服务设备、服务环境进行互动，同时与其他顾客、互联网等无形技术发生互动。图 2-2 展示了广义的服务接触内涵。

本书对服务接触的内涵理解借鉴了广义的服务接触内涵。笔者认为服务接触是多主体下的系列服务交互活动，这种服务交互是以服务接受者与服务提供者之间的各种互动为基础，包括顾客与服务提供者、服务组织、服务环境之间的交互活动，还包括顾客与有形展示和无形技术的互动。

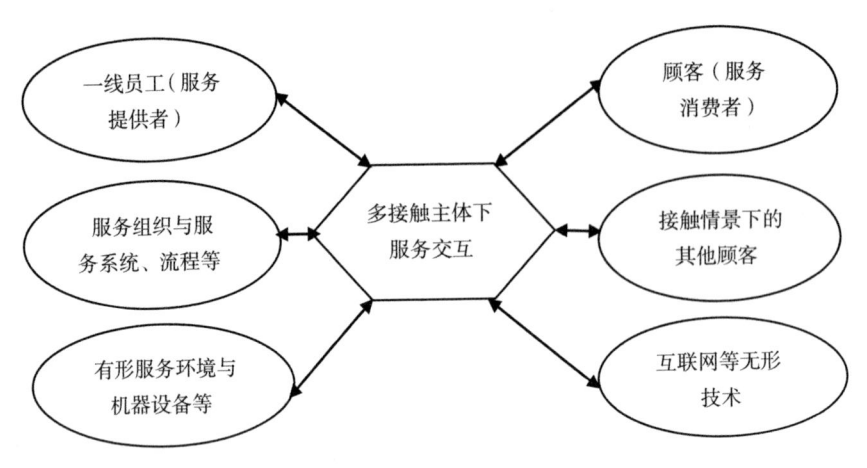

图 2-2 广义的服务接触内涵

二、服务接触分类研究

学者们从不同角度对服务接触进行了分类，如按照服务接触方式不同，区分为远程接触、电话接触和面对面接触等；按照服务接触的主体不同，区分为人际型服务接触和科技型服务接触；按照顾客的参与度不同分为高服务接触、中服务接触和低服务接触（见表2-2）。

表 2-2 服务接触分类研究

分类标准	分类划分	含义	代表学者
服务接触方式	远程接触	借助某些新型科技手段进行的非人际接触方式，如互联网、邮件、视频等	Shostack (1985)
	电话接触	以电话为接触媒介进行交流活动	
	面对面接触	顾客与服务提供者面对面服务交互，包括服务人员语言或非语言等多种沟通方式	
服务接触主体	人际型服务接触	顾客与服务人员直接的服务接触，服务提供者与顾客间具有紧密的互动关系	Bitner 等 (2000)
	非人际服务接触（科技型服务接触）	在科技推动下，顾客在无服务人员涉入的情况下借助自助设备自行完成服务交易	

续表

分类标准	分类划分	含义	代表学者
顾客参与程度	高服务接触（纯服务体系）	纯服务体系与顾客直接接触，其主要业务活动需要顾客参与，如电影院、娱乐场所、公共交通、学校等场所提供的服务	Chase 和 Tansik（1983）、Lockwood（1994）
	中服务接触（混合服务体系）	混合服务体系的面对面服务工作与后台辅助工作松散地结合在一起，如银行、律师、地产经纪人等提供的服务	
	低服务接触（准制造体系）	准制造体系与顾客几乎没有面对面的接触，如信息、邮电业等提供的服务	

资料来源：笔者根据相关文献整理。

一是依据服务接触方式分类。Shostack（1985）按照接触方式，将服务接触分为远程接触、电话接触和面对面接触三类。远程接触是一种不完全发生在人与人之间，借助某些新型科技手段进行的接触方式，既可以是人与人的交流，也可以是人与物的接触；电话接触是指以电话为接触媒介进行交流，此时接电话的语气、处理问题的效率即成为质量评价准则；面对面接触是旅游企业最常见的一种接触方式，这类接触决定服务质量的因素更加复杂，如员工制服在很大程度上会影响顾客对于服务者的印象。

二是按照服务接触主体分类。服务接触依据接触主体可划分为以人际互动为基础和以人与科技之间互动为基础两类。然而，随着通信技术的进步，Bitner 等（2000）提出科技应用于服务接触，服务接触的形态由传统人员接触，转变成借由网络达成服务的自助科技服务，即顾客在无服务人员涉入下，自行完成服务交易。传统人员服务接触形态下，服务提供者与顾客间具有紧密的互动关系，但在对作业效率与便利性的考量下，有些顾客则会选择不需要亲自到场的服务，即通过网络与企业完成服务交易。

三是依据顾客参与程度分类。Chase 和 Tansik（1983）按照顾客和服务过程接触的程度划分服务体系。接触程度是指服务体系为顾客服务的时间与顾客必须留在服务现场的时间之比。据此，他们将服务体系划分为三种类型：纯服务体系、混合服务体系和准制造体系。纯服务体系与顾客直接接触，其主要业务活动需要顾客参与；混合服务体系是指"面对面服务"工作将与后台辅助工作松散地结合在一起；而准制造体系与顾客几乎没有面对面的接触。Lockwood（1994）在 Chase 的研究基础上，将顾客介入划分成三个层次：高服务接触，即顾客需要参与服务生产过程中的全部或大部分的活动，如餐饮服务、电影娱乐服务、交通服务、教育培训服务等；中服务接触，即顾客部分地在局部时间内参与其中的服务活动；低服务接触，即顾客在服务过程中较少参与服务活动，主要通过机器设备来完成，如信息、邮电服务。

三、服务接触测量研究

依据服务接触理论及服务质量特性可知，影响服务接触过程互动质量的因素很复杂，无论是同一服务接触过程内部还是不同的接触过程之间的变量评估和量化都是极其困难的，众多学者经过研究总结，提出了自己的看法。

Kotler（1994）认为，服务接触的质量由协调、完成任务和满意度三部分构成。协调即保证顾客与员工之间良性互动，顾客与员工友好互动的首要条件就是加强双方之间的情感交流；完成任务指员工要针对顾客的要求提供服务，而顾客的任务是参与到服务生产活动中来，并且配合服务的完成；最终衡量服务接触质量的因素还应包括顾客与员工各自的满意度，双方的满意程度由双方根据自己的期望与实际体验评估而成。

范秀成（1999）在《服务质量管理：交互过程与交互质量》中提到，服务过程交互质量的影响因素包括服务程序、服务内容、顾客和服务人员的特点、企业特点和社会特点、环境情况要素。其中，服务程序是指顾客与服务人员在相互交往过程中，与工作有关的行为方式和由企业制定的标准操作规范；企业特点和社会特点是指企业、社会、文化特点等一系列会影响交互过程的外部因素；环境情况要素包含有形环境、服务时间，也包括与顾客、服务人员相关的特殊情况，如双方心情、疲劳度、顾客有多少时间接受服务等。

Danaher 和 Mattsson（1994）从情感接触、实际接触和理性接触三方面来研究服务接触的制约因素。情感接触是指顾客感受与其期望是否一致；实际接触是指顾客可接触到的对实物方面和功能性方面的感知；理性接触是对"对"与"错"的感知。Price 等（1995）拓展了对服务关系的理解，从客户与人员的交流瞬间出发，考虑了三个被大家忽视的维度：时间的持续期、情感的满足和服务人员与客户的空间关系。他们认为时间持续越长，建立的情感关系越牢固，顾客对服务的评价就会越高。此外，学者们还注意到顾客在场所中逗留的时间长短对评价服务接触时的质量有很重要的影响。顾客逗留时间越长，越关注情感体验，服务环境就越显得重要，服务环境的感知质量对顾客的满意度起到至关重要的作用。随着自助技术的发展，在人际交互服务接触的新情景下，很多学者也对人机接触进行了深入研究，Zhang 和 Galletta（2006）认为，人机交互包含五种因素：人和技术是两种基本因素，前者涉及人口统计学特征、认知特征、情感和动机以及操作技能等，后者涉及基本技术（如输入输出设备）和高端技术（如个性化的界面功能）；人和技术的交互是核心因素，它涉及技术设计及使用阶段的相关问题；任务和环境是两种辅助因素，前者包括任务的目标和特征，后者包括全球环境、社会环境、组织环境和团队环境等。

此外，关键事件法（CIT）也是研究服务接触应用最为广泛的方法，该方法最早由弗拉纳根（John C. Flanagan）和伯恩斯（Baras）于 1954 年提出，并在 20 世纪 80 年代首次被 Folkes（1985）应用于服务营销领域。该方法通过探讨顾客与服务企业员工之间互动所造成的特别满意与不满意事件，对服务接触的服务质量进行评价。CIT 研究法更适用于服务营销的研究。

四、服务接触理论模型研究

20 世纪 80 年代，服务接触的研究刚刚起步，人们对于服务接触内涵与本质的理解比较局限，认为它仅仅是发生在"人与人之间的"互动，学者们通过服务剧场理论和服务角色理论巧妙地解释了这种"面对面"的服务接触。后来，逐步形成服务接触的三元模型、扩展模型、系统模型等经典理论模型。

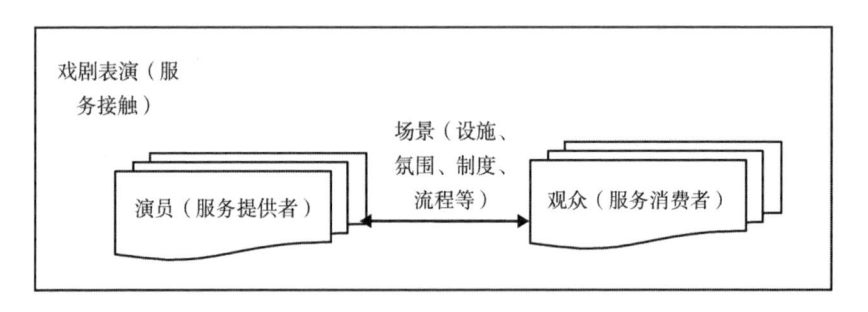

（一）服务剧场理论模型

服务剧场理论是由 Grove 和 Fisk 在 1983 年提出的，也是最初用来解释服务接触中交互活动的理论，成为服务接触的一个经典理论。Grove 和 Fisk（1983）提出了一个完整的服务剧场的研究框架，将戏剧演出比喻为一次服务过程，顾客被比喻为"观众"，服务提供者被比喻为"演员"，而服务组织所提供的服务环境、设施、制度及流程等被比喻为"戏剧场景"（见图 2-3）。该理论以"服务可视线"将服务运营区划分为前台和后台两部分，其中顾客可见部分就是前台幕景，而顾客不可见部分就是后台环境。服务剧场理论认为，一场戏剧演出（服务生产过程）的整体效果如何，主要取决于演员（员工）、观众（顾客）、场景（服务环境与设施等）以及表演（前台、后台之间动态互动）的结果。

图 2-3 服务剧场理论模型

资料来源：Grove S J, Fisk R P. The Dramaturgy of Service Exchange：An Analytical Framework for Services Marketing [M] // Berry L L, Shostack L G, Upah G D. Emerging Perspectives on Services Marketing. Chicago：American Marketing Association，1983：45-49.

一方面，服务剧场理论模型以戏剧表演的形式形象而客观地描述了顾客与服务企业之间的服务交互过程，既表现了这种交互活动下顾客体验价值的真实性和动态复杂性，也体现了服务接触的基本特征，涵盖了服务互动中的顾客与服务提供者、服务场景之间的主要交互因素。另一方面，服务剧场理论模型仍有局限性，它只强调观众（顾客）和演员（服务提供者）之间的互动，而忽略其他重要的影响关系，如顾客与顾客之间的互动活动、可视线前台的一线员工与后台服务支持系统之间的互动活动等内容。该理论受制于当时的服务理论与实践状况而存在不足，但对服务接触理论的发展仍具有促进作用。

（二）服务角色理论模型

服务角色理论是美国学者 Solomon 等在 1985 年提出的理论。该理论将服务接触活动解释成"某一行为目的或任务导向下的不同角色行为扮演"。在服务接触场景下，一线服务员工根据管理者们制定的服务蓝本进行沟通与协调，组织服务资源满足顾客服务需求，扮演着服务提供者的角色，也称为外联角色（指一个将组织与组织所处的运营环境连接起来的角色）。而服务企业的管理者和顾客都是角色制定者，制定了一线服务员工的行为要求，即扮演哪些角色、如何扮演这些角色（见图2-4）。在这里，一线服务员工就是企业对外沟通交流的外部代表，是传递企业信息与产品、服务的桥梁。Solomon 等（1985）提出的服务角色理论包含角色期望和角色制定两个方面。其中，角色期望就是描述与界定服务过程中对服务人员的角色要求，也可以理解为"某一社会职务占有者的特权、责任和义务"。

（三）服务接触三元模型

随着服务接触内涵与接触要素的扩展，Bateson 在 1985 年提出了另一种服务接触经典模型，即服务接触三元模型。三元模型认为，服务接触中的主体包括三个，即顾客、服务提供者以及服务组织，三者基于不同目标与利益共同促进服务生产与传递过程的实现（见图2-5）。服务接触过程就是顾客与

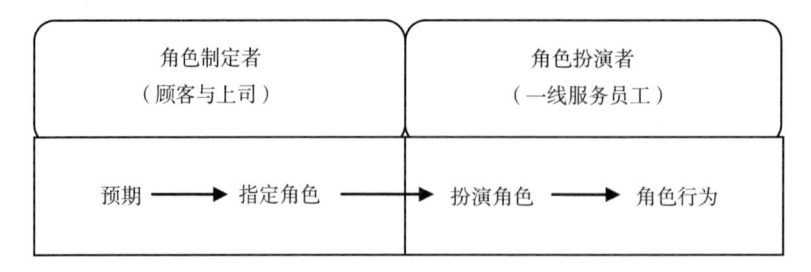

```
┌─────────────────────┬─────────────────────┐
│    角色制定者       │    角色扮演者       │
│  （顾客与上司）     │  （一线服务员工）   │
├─────────────────────┼─────────────────────┤
│ 预期 → 指定角色     │ 扮演角色 → 角色行为 │
└─────────────────────┴─────────────────────┘
```

图 2-4　服务角色理论模型

资料来源：Solomon M R, Surprenant C, Czepiel J A, Gutman E G. A Role Theory Perspective on Dyadic Interactions: The Service Encounter [J]. Journal of Marketing, 1985, 49 (1): 99-111.

服务提供者、服务组织互动沟通的过程。该理论为服务接触的理论发展奠定了坚实基础。

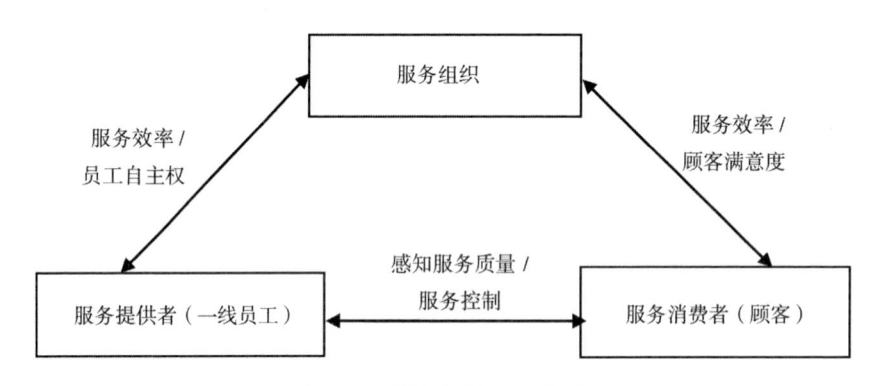

图 2-5　服务接触三元模型

资料来源：Bateson J E. Self-service Consumer: An Exploratory Study [J]. Journal of Retailing, 1985, 61 (3): 49-76.

服务接触三元模型认为，服务接触过程中包括三种互动关系（Bateson, 1985）：第一，服务提供者与顾客之间存在基础性服务互动活动。顾客通过服务提供者（一线员工）来了解所消费的服务产品，一线员工的服务行为表现、服务态度将直接影响顾客感知服务质量，也是顾客对服务的"首要印象"，反过来，一线员工需要引导与控制顾客的消费行为表现，使服务接触过程处于有效控制之内。第二，顾客与服务组织之间存在服务交互活动。服务组织基于服务效率的目的，将为顾客消费过程提供服务支持，从服务场景、服务流程、服务制度及服务人员配置等方面给予支持，以获得顾客的良好感知评级，从而让顾客满意。第三，服务组织与服务提供者之间也存在互动。服务组织作为一线员工服务行为的指导者，通过制定服务规范、服务制度和配给服务资源等手段促使一线员工提高服务效率，通过适度的员工授权给予员工自主性，提高一线员工服务质量。Bateson（1985）也将这三种交互形态总结为三类服务接触，即服务组织支配的服务接触、一线员工支配的服务接触和顾客支配的服务接触。

三元模型对服务接触的内涵进行了有效扩展，将服务接触由单一的顾客与服务提供者交互形态，扩展至服务提供者、顾客和服务组织的三元交互形态。同时，基于服务效率目标的交互活动，有利于服务组织设计和服务传递过程控制。但客观而言，三元模型的构成要素仍不全面，它忽略了服务生产消费过程中的其余顾客、服务环境等要素。

（四）服务接触的扩展模型

在前人研究的基础上，我国学者范秀成（1999）提出了扩展的服务交互模型，将服务接触的内涵与边界进行延伸与拓展，丰富了对服务接触概念的理解。该理论模型认为服务交互作用存在于服务生产传递的各个主体（要素）之间，从服务前期的顾客引导到服务结束后的顾客欢送，从前台部门的服务营销到后台部门的服务支持，涵括了顾客、一线员工、服务系统、服务环境、技术及制度流程等要素。他认为在服务过程中，除顾客与服务人员的交互以及顾客与设备的交互之外，顾客之间也存在着交互作用。具体而言，将服务接触分为七种，即员工与顾客的接触、顾客与顾客的接触、顾客与系统的接触、顾客与环境的接触、员工与系统的接触、员工与环境的接触、系统与环境的接触（见图2-6）。在这些服务接触中，顾客与员工的人际交互仍然是基础性交互活动，也是创造顾客服务价值最重要的因素。同时，顾客与服务系统、服务环境及其他顾客之间的互动活动也是影响顾客对服务过程整体评价的关键内容。可以说，顾客对服务的评价是以其经历的所有互动活动为基础的感知评价。

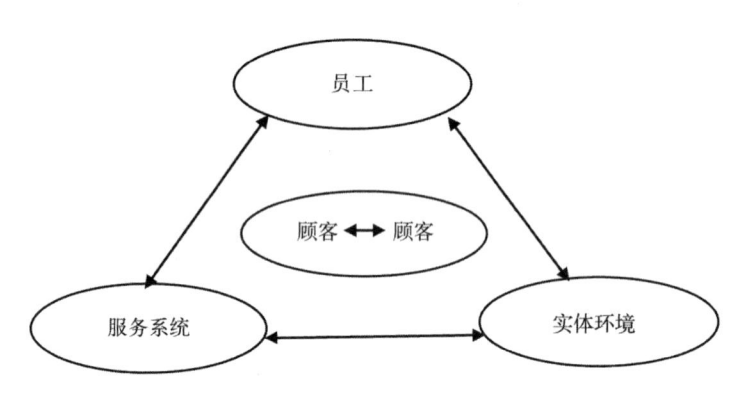

图 2-6 服务交互扩展模型

资料来源：范秀成.服务质量管理：交互过程与交互质量［J］.南开管理评论，1999（1）：8-12+23.

在这些交互作用中，人际交互具有特别重要的意义，对于服务体验价值的形成具有直接影响作用，一线员工的行为表现将影响顾客对服务过程质量的理解，而顾客与顾客之间的私下沟通将左右顾客对服务组织或服务品牌的判断，因为他们认为这种信息更加真实可信。另外，该理论根据参与交互过程的成员所起的作用，将服务交互类型区分为三类，即有些服务交互过程中服务组织占主导地位，有些是服务人员主导型，也有的是顾客主导型。扩展的服务交互模型将众多交互作用同时考虑进来，一经提出就受到国内众多学者的关注，已经成为理解服务生产、服务接触活动的主流理论之一。

（五）服务接触的场景模型

Bitner（1992）提出的"服务场景模型"（见图2-7），用"服务场景"

来指代服务机构各种有形或无形的环境要素，并将其归结为三个维度：①氛围要素，如音乐、温度、照明、气味等，这些要素会影响顾客对环境的感知；②空间布局与功能，如设备、家具等的布局情况和它们之间的相对空间关系，空间布局会影响顾客对服务场所的情境感知；③标识、象征物和工艺品，如引导标识、装饰物等，这些对顾客的第一印象十分重要，这一维度划分聚焦于服务场景中可控、可观测的物理要素。

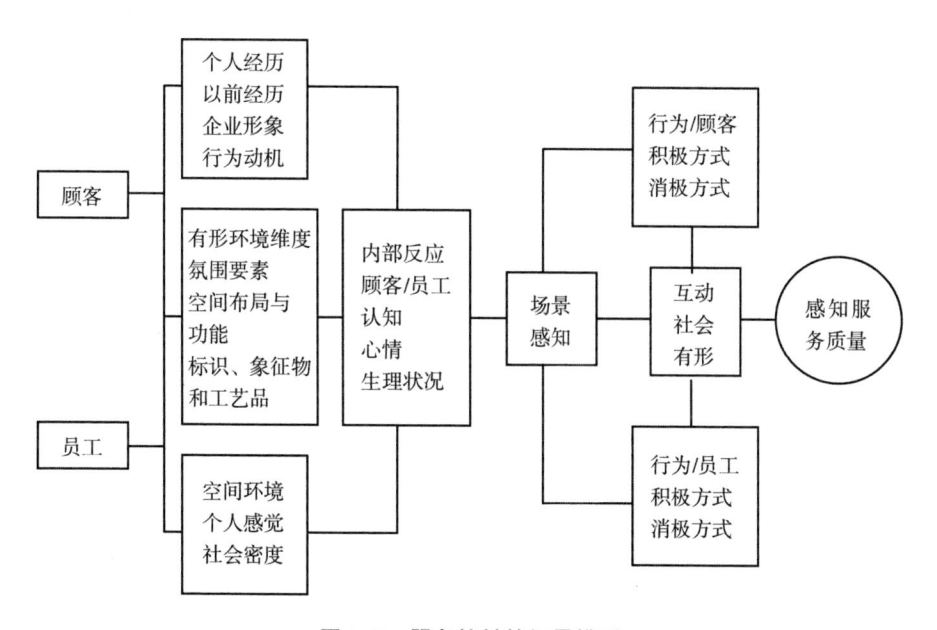

图 2-7 服务接触的场景模型

资料来源：Bitner M J. Servicescapes: The Impact of Physical Surroundings on Customers and Employees [J]. Journal of Marketing, 1992, 56 (2): 57-71.

该模型将有形环境视为一个社交场所。顾客和服务员工都是服务接触场景模型的一部分，也就是说他们的出现和行为在受到服务有形环境的影响的同时，也成为有形环境的构成部分。另外，场景模型不仅包括了服务场景中的人际互动关系，还包括了有形环境自身之间的互动。互动不仅发生在顾客与员工之间，也存在于他们与有形环境中的其他有形资源、系统和有形要素之间。因此，除社会互动（Social Interaction）之外，这些有形互动（Physical Interaction）也影响着顾客感知服务质量。与此同时，与顾客接触的员工也对有形互动有所感知。

（六）服务接触的系统模型

Grönroos（1990）用服务系统模型来分析和规划服务过程。该模型中，各种质量生成资源以某种方式结合在一起，共同创造顾客感知价值。图2-8中的大矩形代表顾客感知的整个服务生产组织，顾客在服务过程中与组织各个部分进行互动，是服务系统模型的组成部分，也是服务生产资源。服务系统模型通过可视线将服务生产过程分为三部分，即影响顾客预期的因素、服务互动（顾客可视部分）和服务生产支持部分。

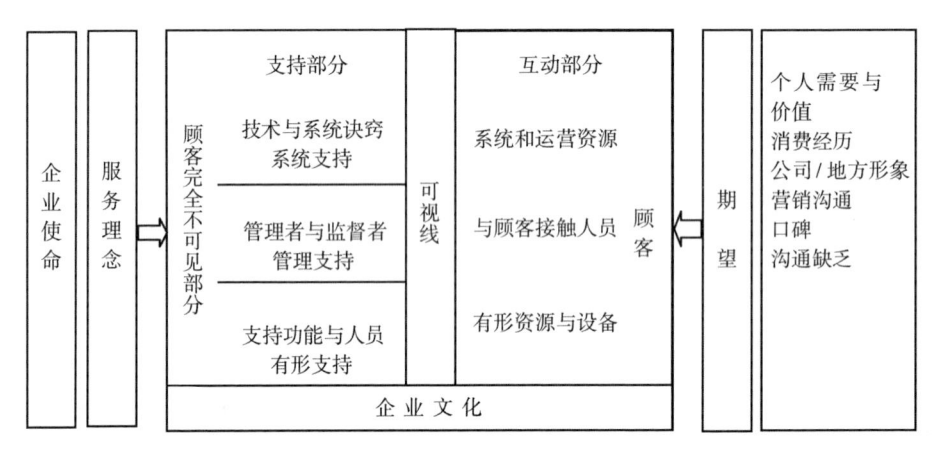

图 2-8 服务系统模型

资料来源：Grönroos C. Service Management and Marketing: Managing the Moments of Truth in Service Competition [M]. Lexington: Lexington Books, 1990.

首先，方框的右边描述的是顾客预期的影响因素，即顾客对某次服务体验的期望水平，这种期望水平受到个体内外部的各种因素影响；其次，方框的左边描述的是企业使命和与之相关的服务理念，这些对服务系统的规划和管理工作起指导作用；再次，大方框的底部是企业文化，是一种共享的价值，可以左右组织中员工的思想和对事物的评估；最后，方框中间部分为服务生产系统，包括支持系统和互动系统两块。服务系统模型中的可视或互动部分反映了顾客与服务组织的直接接触。它由顾客和其他质量生成资源（顾客之间的直接接触）共同组成。互动部分的"背后"就是顾客不可见部分，是服务支持系统部分，也称为后台。后台支持是提供优质服务的重要条件，主要有三种：一是管理支持，来自组织领导、上司及工作团队对服务文化、服务理念及业务指导的支持；二是物质支持，来自组织各职能部门所提供的物质支持，也就是服务组织的内部营销活动；三是系统支持，来自信息技术、网络系统及制度流程上的支持系统。

服务系统模型对服务接触进行了系统而全面的阐述，基于资源投入、消费、传递全过程形象阐述服务，其中服务生产环节发生在服务组织内部职能部门之间的交互活动中，而服务传递环节发生在服务组织（人员、系统、技术及环境）与顾客之间的交互活动中。服务接触作为服务生产过程中最重要的部分，是顾客感知价值生产的核心部分，也体现了服务生产过程的"真谛"。

五、研究述评

本书以服务接触为研究情景，在一定程度上研究服务接触过程中的交互活动及交互行为（Surprenant and Solomon, 1987; Grönroos, 1990），尤其是需要研究服务接触情景下各类情景因素是如何影响员工的工作态度及行为的。而服务生产理论、服务界面理论、服务体验理论及服务场景理论为这一研究提供了有力工具以及新的思路与视角，从而避免了研究思维的僵化和分析框架的片面性，可更加全面地阐释本书的研究内容。

第一，服务接触情景是以服务生产、消费过程为主线的分析情景，围绕着从服务产品设计、服务资源配置、服务生产到服务传递全过程的管理活动，涉及服务企业、服务前台员工（一线员工）、服务后台支持人员、现场顾客及其他顾客等多个行为主体的交互活动。因此，从服务生产理论、服务界面理论等出发，可以为研究服务接触问题提供更宏观、更全面的分析框架与思路，避免研究问题的局限性与片面性。例如，服务界面理论从服务接触的整体视角出发，既研究顾客消费感知界面下的顾客与服务系统（一线员工、服务环境、有形设施）间的服务交互活动，也研究服务生产运作界面下的服务功能主体间的工作交互活动，将顾客的消费感知和企业的服务生产整合，共同构建起服务交互系统。

第二，服务接触在本质上是一种以顾客为核心的交互关系，服务接触的现有研究表明，服务接触系统是一个开放性系统，顾客、一线员工、服务系统及有形环境等是服务接触中最直接的接触主体，此外其还包括在服务体验接触、服务信息接触中扮演重要角色的相关主体，如口碑宣传者、战略伙伴、竞争对手等。而服务交互理论、场景理论等对交互行为、交互关系、交互要素等问题已经形成了丰富的理论体系，它对多主体下的服务交互活动管理具有显著成效，借鉴这些理论可以为研究服务接触中的交互关系提供理论及方法支持。

第三，服务接触情景下的服务消费过程和服务生产过程包含了大量的交互接触行为。一线员工服务行为（如沉默行为）也受到多种因素的影响，既有来自企业内部因素的影响，也有来自顾客及服务过程的情景因素的影响，同时这些因素之间也会交互影响，从而使一线员工行为研究更为复杂。因此，需要对这些内外部情景因素进行整体研究，整合其他关联理论下的观念、想法及研究结论，深化对一线员工服务接触沉默行为生成机制的研究。

作为服务管理的重要环节，近年来服务接触受到了众多学者的关注，并取得了较为丰硕的研究成果，为服务企业管理提供了理论依据和决策支持（Bitner and Wang，2014）。我国学者结合中国文化情境的本土特征，对服务接触研究进行了丰富与拓展。肖轶楠（2017）基于前因变量和结果变量对服务接触相关研究进行了综述。此后，服务接触相关研究逐渐增多，并呈现蓬勃发展的趋势。王永贵等（2021）通过对中国30年来服务营销理论发展脉络进行梳理和回顾，将服务接触相关研究归纳为两类：一是基于企业服务提供视角的服务接触研究，主要包括员工服务接触行为和企业对服务接触界面进行管理的研究。例如，金立印（2008）验证了员工积极情绪或消极情绪对于顾客的情绪感染作用及协作意愿的影响；陈晔等（2018）论证了顾客服务界面感知对顾客互动行为的积极作用；李雷和简兆权（2013）验证了技术介入服务引发的顾客对服务质量感知的变化。二是基于顾客视角的服务接触研究，主要包括顾客自身特征、顾客间互动和顾客消极行为对员工和企业绩效产生的影响。例如，顾客内隐人格（银成钺、王影，2014）、顾客自恋程度（银成钺、毕楠，2014）对服务接触满意度的影响；顾客间互动对顾客服务质量感知和再惠顾意愿的积极效用（赵晓煜等，2012）；顾客不当行为，如言语侵犯、无理要求、违规行为等对员工、企业和其他顾客产生的不良效应（谢凤华等，2018；刘汝萍等，2020；黄苏萍等，2023）；顾客参与行为对服务接触质量和服务效果的影响（赵宇飞，2012；武文珍、陈启杰，2017；刘凤军等，2019；左文明等，2023）。

然而，通过文献梳理发现，对于服务接触情景下的某些服务行为（员工行为或顾客行为）还未形成系统的研究，对于服务接触的微观主体行为研究仍不够深入。一是以往服务接触研究局限于某几个服务行业，如餐饮、旅馆、旅游和航空等，今后有必要扩大研究范围，在其余服务行业展开验证。二是由于文化差异和价值观的不同，中国文化背景下的服务接触研究可能会有不同的结论，因此需要结合文化差异对我国文化背景下服务接触进行深入研究。

三是基于员工角度的研究。国外在此方面已积累了不少成果，但是相比基于顾客角度的研究来说，基于员工角度的文献数量仍然不多。服务接触时间较短，企业要控制服务接触难度很大，因此基于员工角度的研究是寻找控制服务接触瞬间的重要途径，探讨员工在服务接触中的积极行为和消极行为（如沉默行为）显得更加重要。基于上述认识，本书以服务接触为研究情景，分析服务接触过程中的员工服务沉默行为，以及服务交互与员工消极行为之间的内在关系，从而进一步丰富服务接触的相关理论研究。

第二节 员工沉默相关研究

一、员工沉默概念及维度研究

近年来，随着组织情境和组织竞争环境的日益复杂，员工也面临着复杂的人际关系、过重的工作压力以及工作家庭冲突等一系列问题（Samnani et al., 2014），极易产生不良情绪，并由此引发一系列职场问题。其中，员工沉默作为一种典型的消极性行为，已经在组织情境当中变得随处可见。自20世纪90年代末开始，国内外学者围绕员工沉默、组织沉默等问题进行了大量的研究（郑晓涛等，2009），时至今日这些问题仍然是研究热点（郑晓旭等，2023；黄桂等，2022；王长峰、刘柳，2023；Morrison，2023）。

在员工沉默的相关研究中，国外对员工沉默的概念及结构维度的研究成果主要有 Morrison 和 Milliken（2000）、Pinder 和 Harlos（2001）、Van Dyne 等（2003）。其中，Morrison 和 Milliken（2000）对员工沉默进行了概念界定，认为员工沉默是"员工对组织潜在的问题保留个人观点的行为"，员工不说出观点或想法是因为担心负面的结果或认为其观点对组织并不重要。随即，Milliken等（2003）对美国背景下的40名员工进行实践调查，并提出组织沉默的概念，将员工沉默上升到组织层面，指出组织沉默是一种集体性现象，是"员工对组织潜在问题保留个人观点的行为"。另外一个员工沉默的经典定义来自Pinder和Harlos（2001），他们认为，员工沉默是"当员工有能力改进组织现状或提供信息时，保留或隐藏对组织环境等方面的行为、认知或感情上的真实评价"。在此概念基础上，他们指出沉默可分为"默许性沉默"和"无作为沉默"，前者表现为顺从、消极应对而保留自己观点，后者表现为员工为了自我保护或人际和谐而保留自己想法（Pinder and Harlos，2001）。此外，Van Dyne等（2003）强调了沉默行为的边界条件，认为沉默的前提是员工对事件有所认识，即员工对组织现状具有独立的主观认识，其边界条件包括三个方面："员工有意识的主动性行为"、"员工具有可以表达的观点、信息及意见"和"发生在组织内员工交互活动中"。Van Dyne等（2003）在Pinder和Harlos（2001）的研究基础上，根据沉默动机将员工沉默划分为默许性沉默、防御性沉默以及亲社会性沉默。其中，默许性沉默和防御性沉默与Pinder和Harlos的分类框架相吻合。

中国情景下的典型"员工沉默"框架则是学者郑晓涛等（2008）提出的，他们将沉默维度与中国本土进行了有机结合，基于深度访谈、半结构化问卷调查以及国外量表，编制了中国情景下的员工沉默测量量表，并以默许性沉默、防御性沉默和漠视性沉默三个维度来分析沉默结构。其中，默许性沉默是指员工在没有能力改变现状或解决问题的心理预期下，采取消极、被动隐藏想法与保留观点的行为；防御性沉默是指员工为了人际和谐或自我保护而采取主动的、有意识的沉默行为，这与中国人的关系观、面子观具有一致性；漠视性沉默是指员工对组织承诺及信任程度较低时，由于低水平卷入感漠视组织利益，而消极保留观点的行为。此外，段锦云等（2007）

通过回顾国外员工沉默的研究，梳理了员工沉默的概念、影响因素及形成机制等问题，研究指出沉默作为一种负面组织行为，对组织、团队及个人都具有消极影响。表2-3展示了不同学者对员工沉默行为的概念与结构维度的界定。

表2-3 员工沉默行为的概念与结构维度比较

代表学者	定义	结构维度	区别点
Morrison和Milliken（2000）	员工对组织潜在问题保留个人观点的行为		强调组织层面的沉默，是集体性现象
Pinder和Harlos（2001）	员工有能力改进组织现状或提供信息时，保留或隐藏对组织环境等方面的行为、认知或感情上的真实评价	默许性沉默 无作为沉默	关注个体层面的沉默行为
Van Dyne等（2003）	员工沉默是指员工对工作和组织问题有目的地保留他们的想法、信息和观点	默许性沉默 防御性沉默 亲社会性沉默	强调沉默的边界条件，说明沉默的目的性、交互性
郑晓涛等（2008）	员工沉默是指员工本可以基于自己经验和知识提出想法与建议来改善组织工作，但却保留、提炼或过滤真实观点	默许性沉默 漠视性沉默 防御性沉默	中国文化情景下的沉默定义与分类

资料来源：笔者根据相关文献整理。

由此可见，虽然研究者关注沉默的不同方面，如Pinder和Harlos（2001）、Van Dyne等（2003）把组织中沉默看作多维的，关注个体对组织中不公平现象的沉默，Morrison和Milliken（2000）主要从组织层面这一单维角度出发，认为沉默是一种组织集体现象，是一种文化现象，但是学者们对员工沉默内涵的解析越来越深入透彻。

总结而言，员工沉默作为一种自愿性、消极性行为，笔者认为其具有如下特点：第一，沉默是一种有意识的自愿性行为（郑晓涛等，2009）。沉默的前提是雇员能够提出主意、建议和观点来提高他们的工作或组织绩效，排除那些没有相关主意、信息和观点的沉默行为。例如，有时员工沉默是因为他们没有什么观点。第二，沉默是发生在交互活动中的消极性行为。也就是说，员工沉默发生场景是某一面对面的交互活动，如公司讨论、领导征求意见、向上级汇报工作等活动，以及本书所提出的服务交互场景。第三，沉默是一种选择性保留观点的行为。现有研究表明，员工保留观点并不一定是沉默不语，也可以是提炼和过滤后提出观点，从而隐藏自己的真实想法或建议（Harlos，2016）。

近几年来，国内外学界除了关注员工个体层面（基层管理者和普通员工）或组织层面（集体行为）的沉默现象之外，也开始研究组织中高层领导者的沉默行为以及服务过程中的服务沉默等。比如，国内学者从其他角度研究探讨了领导沉默、服务沉默等关联性沉默概念。

关于领导沉默的研究，黄桂等（2013）首次将领导沉默作为一个独立的概念进行了探索性研究。领导沉默是指领导者在与下属的正式接触中，故意没有向下级明确表达自己的意图，或者表示时有所保留的行为或现象。这为更全面地探讨组织中不同主体的"沉默"及其效应提供了一个新视角。随后，黄桂等（2015）根据前期质性研究结果设计了领导沉默测量量表。研究发现，领导沉默是一个多维结构，可分为防御型、亲社会型、考验型、权谋型以及威风型五个维度，亲社会型和威风型领导沉默各有两个子维度，分别为组织层面和员工层面的亲社会型领导沉默，领导意图把握力和惩罚警戒式的威风型领导沉默。黄桂等（2022）通过349份配对问卷数据实证发现，不同维度的领导沉默同样能被员工准确地感知，亲社会、考验沉默直接正向作用于员工主动性行为，而权谋、威风沉默则直接抑制员工主动性行为。该研究也证实了信任主管在领导沉默与员工主动性行为之间的中介作用以及被权力距离导向调节的中介作用。

关于服务沉默的研究，李良智和欧阳叶根（2013）首次提出了服务接触情景下的一线员工服务沉默行为的概念，认为服务接触的情景环境赋予了员工沉默行为研究新的内涵与意义，以服务交互理论、情景相关性理论为指导，分析一线员工服务接触沉默行为内涵：一是指一线员工对服务接触中的组织潜在问题保留或隐藏观点的沉默行为；二是指一线员工对服务接触中的顾客服务需求的沉默应对行为。前者是对以往研究思路的延续，只是将沉默的问题由"组织内"转移到"服务接触"情景下。后者是将"沉默"对象由组织内部顾客向组织外部顾客转移，即定义为"员工服务沉默"。此外，欧阳叶根（2014）基于对36名被试访谈和242名员工的开放式问卷调查，编制了服务接触情景下的一线员工服务沉默行为问卷，通过探索性因素分析和验证性分析，检验了一线员工服务沉默行为的两个结构维度，即组织情境驱动下的对内沉默和服务情景驱动下的对外沉默。前者与员工沉默传统维度一致，表现为默许性沉默、防御性沉默和漠视性沉默。后者反映了服务接触情景下员工沉默的特定内涵，表现为弱参与性沉默、弱文化性沉默和弱情景性沉默。

二、员工沉默驱动机制研究

由于员工沉默行为的复杂性，国内外学者对员工沉默的动因机制进行了广泛而丰富的研究分析，主要讨论组织因素、管理者因素、员工个体因素以及同事因素等，也可以归纳为个体变量和情景变量两个方面。其中，个体变量主要是指员工个体特质及心理体验等因素；情景变量主要是指影响员工沉默的外部因素或者情景环境因素，包括来自组织的变量，以及来自氛围、环境及制度等方面的环境变量（郑晓涛等，2009）。

笔者对以往研究涉及的员工沉默驱动因素进行归纳，如表2-4所示。

表 2-4　员工沉默行为的前因变量

类别		前因变量	影响类型
个体变量		性别（Gilligan, 1982）；神经质（LePine and Van Dyne, 1998）；缺乏阅历（Morrison and Milliken, 2000）；个体控制感（Pinder and Harlos, 2001；Premeaux and Bedeian, 2003）、心理安全感（LePine and Van Dyne, 2001；李锐、凌文辁, 2010）；心理授权（毛畅果、郭磊, 2017）；风险规避性（赵金金、刘博, 2017）；情感承诺（朱瑜、谢斌斌, 2018）；自我效能感（张健东等, 2018）	影响员工沉默的个体因素与特质
情景变量	组织特征	权力距离（Vakola and Bouradas., 2005；郑晓旭等, 2023；黄桂等, 2022）；组织信任（郑晓涛等, 2008）；组织文化（樊耘等, 2016）；互动公平（何轩, 2009）；高绩效工作系统（姜鲲等, 2022）、团队虚拟性（王长峰、刘柳, 2023）；组织文化友好性（樊耘等, 2014）	影响员工沉默的外部因素及情景环境
	领导和管理者	上级发展性反馈（苏伟琳、林新奇, 2018）；上司支持感（李锐、凌文辁, 2010）；领导风格（Deter and Edmondson, 2011；叶云清, 2011）；领导—成员交换关系（周路路等, 2011）；虐辱管理（席猛等, 2015）	
	团队与同事	同事行为、同事观点与标签（Lee and Ashforth, 1996；Bowen and Blackmon, 2003）；团队关系与凝聚力（Duan et al., 2018）；员工依恋风格（史青等, 2022）；团队内关系格局（汪曲、李燕萍, 2017）	
	文化因素	集体主义（Hofstede, 1991）；民族文化（Tsui, 2004；Huang et al., 2005）；儒家文化、面子、中庸思维、关系（沈选伟、孙立志, 2007；姚圣娟等, 2009；张桂平、廖建桥, 2009；何轩, 2010；陈文平等, 2013）；传统文化观（李锐等, 2012；樊耘等, 2015）	
	管理模式与规范	管理开放性（Riggle et al., 2009）；组织规范程度、组织支持（LePine and Van Dyne, 1998；Hochwater et al., 2006）；职场排斥（Gkorezis and Bellou, 2016；林志扬、杨静, 2015；丁宁、张敬洁, 2019）；职场霸凌（Bhandarker and Rai, 2019）	

资料来源：笔者根据相关文献整理。

（一）个体变量角度

个体变量是分析员工沉默成因的重要维度。个体变量角度侧重于分析员工的个性、特质及心理状态、行为偏好等因素对沉默行为的影响（郑晓涛等，2009）。员工沉默行为的背后是员工对外部因素的刺激反应与心理知觉，受到了员工个体因素影响。Ryan 和 Oestreich（1991）认为，员工保持沉默的主要原因是担心发表意见后形成不良效果。Morrison 和 Milliken（2000）基于访谈研究，认为个体特征（缺乏经验和阅历）是影响员工沉默的主要外源变量，尤其是员工个体的心理知觉。Pinder 和 Harlos（2001）提出，员工的控制感、自尊以及对交流的认识会影响员工的沉默行为。LePine 和 Van Dyne（2001）也发现自尊水平低的员工出现较多的沉默行为。Premeaux 和 Bedeian（2003）提出，个体的自尊、自我监控以及内外源控制影响着员工的表达行为，当员工自尊水平低并具有外源控制特征时则出现较多的沉默行为。刘江花和陈加洲（2010）从领导理论视角，将员工作为追随者进行类型划分，指出不同类型追随者的员工沉默行为存在差异，被动的追随者多采取消极的默许性沉默，顺服的追随者多采取亲社会性沉默，有效的追随者多采取积极建言行为。在个体变量中的人口统计特征方面，Brinsfield（2009）研究了人口统计特征对员工沉默的影响效果，认为女性比男性表现出更多的关系性沉默行为，因为女性更倾向于采用微笑或点头的方式来鼓励合作和改善关系。吴坤津等（2018）在讨论年功导向人力资源实践与员工保持沉默的关系机制时，认为年龄会正向促进沉默，且可以调节年功导向与保持沉默两者间的关系。张正堂和丁明智（2018）通过实证研究证明领导非权变惩罚对员工沉默行为具有正向影响，领导奖励忽视对其非权变惩罚与员工沉默行为之间的关系存在显著的正向调节效应，而员工性别与非权变惩罚、奖励忽视对沉默行为存在三项交互作用。

（二）组织与管理者角度

Morrison 和 Milliken（2000）认为，组织沉默主要是由管理者造成的，其根源是管理者担心负面的反馈以及管理者内在的一系列理念,他们认为这一系列内在理念可归为三类:一是员工是自私和不值得信赖的;二是管理者最了解组织中的重要问题;三是和谐一致是组织健康的体现。Edmondson(2003)说明了领导在消除组织沉默中的重要作用,认为构建员工感知心理安全的组织氛围有利于消除组织沉默。Huang 等(2005)发现领导的开放性与组织沉默出现频率成反比,当组织的开放性越高,员工越倾向于对组织问题发表个人观点。Lee 和 Ashforth(1996)证实组织的支持程度以及员工与管理者之间的关系影响着员工的组织沉默行为。国内文献研究也发现,组织和环境特征(何轩,2010;李锐等,2012)、领导特征(席猛等,2015)会显著影响员工沉默行为。例如,郑晓涛等(2008)通过对 928 名被试的调查研究,验证说明了组织信任对默许性沉默和漠视性沉默有负向影响,对防御性沉默的影响并不显著;何轩(2010)也对信任领导、组织公平及员工心理安全感与员工沉默的相关关系进行了本土化研究。李锐等(2012)基于个体特征与情境特征两个视角,采用问卷调查法考察集体主义倾向和个人传统性这两种中国传统价值观以及上下属关系对员工沉默行为的影响,并在此基础上应用特征激活理论,将这两个视角加以整合,检验上下属关系对传统价值观与沉默行为之间关系的调节作用。樊耘等(2014)以员工集体主义倾向为调节变量构建组织文化友好性和一致性对员工沉默的影响模型,认为文化会从组织和个体两个不同的层面对员工沉默产生影响。其中,组织层面的文化是直接发挥作用而个体层面的文化则起调节作用;组织层面上文化友好性与一致性对员工沉默具有不同的影响,员工集体主义倾向对不同文化特性与员工沉默之间关系的调节作用不仅方向不同而且范围也不同。黄桂等(2018)则探讨了领导沉默与员工向上悟性的关系;张健东等(2018)通过扎根理论的研究方法,提出领导沉默正向影响员工主动行为,且员工的自我效能感正向调节两者间的关系。

（三）团队与同事角度

研究者们认为当员工加入组织时，需要学习组织内已有的"游戏规则"，员工沉默行为受到了组织内同事行为及习惯习俗的影响。Lee 和 Ashforth（1996）强调组织中"标签"对沉默的影响，认为员工决定是否保持沉默主要考虑的是对其公共形象是否有影响。Bowen 和 Blackmon（2003）认为，员工在决定是否发表意见时在很大程度上受其所感知到的同事的观点影响，提出沉默是由员工之间的互动特征以及组织氛围决定的。Morrison 和 Milliken（2000）证实了同事之间沟通习惯、团队氛围及同事信任对员工沉默行为具有显著影响。朱瑜和谢斌斌（2018）基于社会交换理论，采用配对追踪多来源问卷调查法探讨了差序氛围感知影响员工沉默行为的机制以及个体传统性与情感承诺在其中的作用，其研究表明差序氛围感知显著影响沉默行为，差序氛围感知通过情感承诺间接影响员工的沉默行为。易明等（2018）以自我决定理论和资源保存理论为基础，探讨时间压力对员工沉默行为的影响机制，采用结构方程模型（SEM）和模糊集定性比较分析方法对341份员工问卷进行分析，认为时间压力通过内部动机负向影响员工沉默行为，通过情绪耗竭正向影响员工沉默行为，乐观正向调节时间压力与内部动机的关系，负向调节时间压力与情绪耗竭的关系。

（四）文化因素角度

由于中国文化情境的特殊性，我国不少学者受到启发开始探究具有社会文化底色的变量对员工沉默的影响，如传统性（李锐等，2012）、传统文化观（樊耘等，2015）、面子需要（赵金金、刘博，2017）、表面和谐价值观（宋一晓等，2015；蔡霞、耿修林，2016）等。

现有研究表明，文化规范会直接影响员工在组织内是否选择沉默，其中文化维度中研究最多的是权力差距。在权力差距较大的文化情景下，管理者与下属之间的沟通较少，管理者给下属提供的支持也相对较少（郑晓涛等，

2009)。Huang 等（2005）通过对一家跨国公司进行实证研究，证实了不同国家的权力差距文化和员工收回观点正相关。国内学者沈选伟和孙立志（2007）指出，文化因素是员工沉默行为重要的前因变量，不同文化因素会使员工表现出不同类型的沉默行为。姚圣娟等（2009）从儒家文化、关系和面子、权力距离、集体主义观念和长期导向观念五个层面来分析中国背景下企业员工沉默行为的文化根源。其研究发现，儒家文化蕴含了防御性沉默的道理；关系与面子文化导致了亲社会性沉默；高权力差距抑制了上下级之间的沟通交流；集体主义观念意味着应该采取协商的方式来解决问题，企业员工迫于群体和谐的压力而表现出沉默行为；中国长期导向的文化观念使中国企业员工具备坚忍、节俭、知耻的优良品质，员工在感受到不公平或面临心理契约违背时，总是采取一忍再忍的态度，选择隐瞒自己的感受、忍受组织的行为作为回应。何轩（2009）基于对我国 22 个城市不同类型企业员工沉默行为的调查，以中国传统文化特色元素"中庸"为调节变量，论证互动公平与员工沉默行为的关系。魏昕和张志学（2010）的研究发现我国企业员工具有关注表面和谐和遵循权力距离的倾向，这使他们对于建言的结果持有负面预期。

总结现有研究结果，国内外学者对沉默行为的驱动因素进行了深入剖析，并且通过实证数据验证了一些有益的观点。其中，典型的是 Morrison 和 Milliken（2000）提出了沉默形成机制的整合分析框架（见图 2-9）。

由图 2-9 中可以看出，组织沉默受多重因素相互作用的影响，包括管理者的特征、组织环境的特征、员工交流行为以及员工和管理者之间的差异等。其中，高层管理团队特征（学科背景、平均工龄、文化背景、人口差异等）和组织环境特征（成本战略、包容性、行业稳定性等）影响了管理者的内在信念，同时管理者害怕消极反馈，这两个因素进而促使相应组织结构和政策以及管理行为的产生。这些结构特征和行为促使组织中形成沉默气氛。在这一过程中，沉默气氛出现的概率、强度以及覆盖范围又会受到员工通过互动

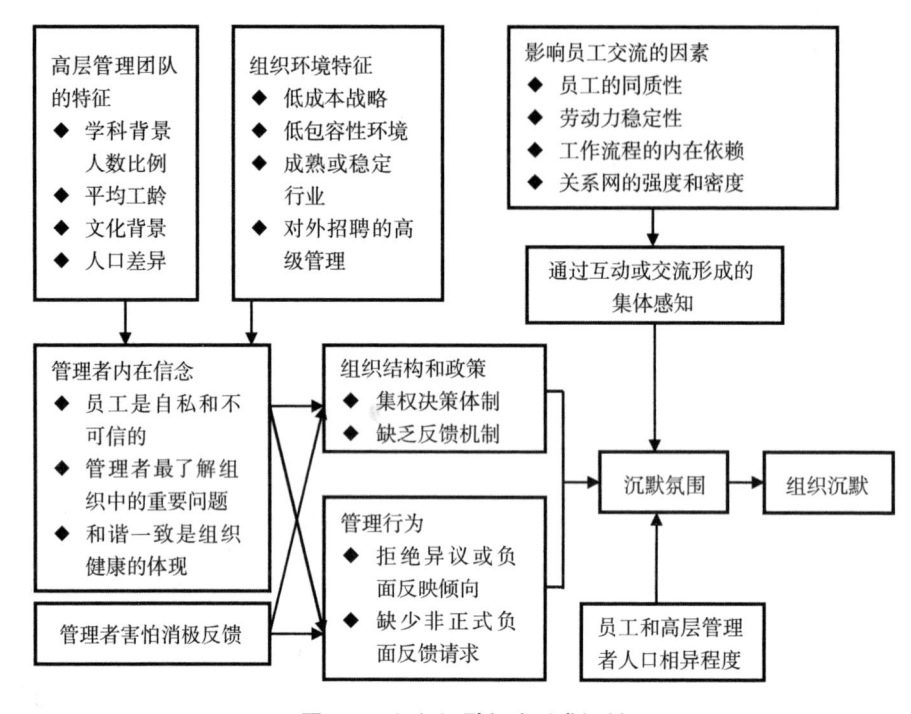

图 2-9　组织沉默行为形成机制

资料来源：Morrison E W, Milliken F J.Organizational Silence: A Barrier to Change and Development in a Pluralistic World [J]. Academy of Management Review, 2000, 25 (4): 706-725.

和交流形成的集体感知的影响，而员工的同质性、劳动力稳定性、工作流程的内在依赖、关系网的强度和密度这些因素影响员工交流，是集体感知形成的关键所在。

三、员工沉默影响绩效研究

以往的员工沉默研究侧重于从组织内部的研究视角展开，因而员工沉默的后向影响因素分析也主要强调组织层面和员工层面。其中，Morrison 和 Milliken（2000）用一个模型（见图 2-10）解释了组织沉默对组织和个人的影响作用，并指出组织沉默影响组织决策质量及组织变革，也对员工个体的工作满意度、工作倦怠感、工作压力等产生显著的影响。

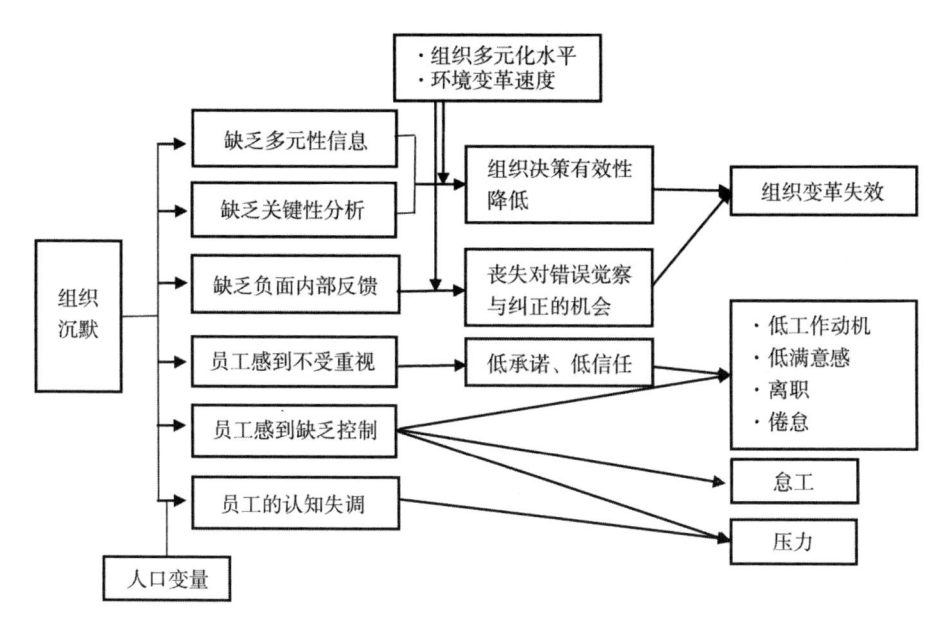

图 2-10　组织沉默的影响作用

资料来源：Morrison E W, Milliken F J. Organizational Silence: A Barrier to Change and Development in a Pluralistic World [J]. Academy of Management Review, 2000, 25 (4): 706-725.

在组织层面，员工沉默既有消极影响，也有积极影响。一方面，员工沉默行为带来的影响往往是负面的。对于企业来说，员工沉默行为会导致管理者缺少员工这一重要信息来源，从而缺乏对员工不同观点的思考分析，导致组织内信息渠道受阻，影响组织决策质量和决策效率（Argyris and Schon, 1978; Morrison and Milliken, 2000）。员工常常不反馈负面的信息导致企业不能及时觉察、更正内部的问题，管理者也会误以为企业运作良好，任由潜在问题不断扩大而阻碍企业快速发展，进而阻碍组织变革（Morrison and Milliken, 2000; Edmondson, 2003）。缺乏信息会影响组织绩效和组织健康（Milliken et al., 2003; Ashforth and Anand, 2003; Tangirala and Ramanujam, 2008a）。同时，组织沉默对组织的学习过程有着严重影响，员工保留对组织问题的观点和信息，使组织丧失了很多创新的机会（Edmondson, 2003）；影响组织团队氛围和团队和谐，因为沉默并不能真正解决问题，而是将问题隐藏和掩盖起来，问题依旧会影响组织或团队关系（Milliken et al., 2003）。此外，员工沉默导致了组织死板和僵化，影响员工满意度和归属感，从而导致人员流失（Tangirala and Ramanujam, 2008a）。另一方面，有学者研究指出了员工沉默的积极影响。例如，员工沉默可以减少管理信息，保证管理者聚焦重要信息，集中解决关键问题（Van Dyne et al., 2003）；可以保持团队和谐与人际稳定，维护某些场所下的特定关系（Redding, 1985; Scott and Bruce, 1994）。

在个人层面，员工沉默同样具有消极和积极两个方面的影响效应。Morrison 和 Milliken（2000）将组织沉默对员工的负面影响归结为三个方面，分别是感到没有被重视、感到缺乏控制以及认知失调，其结果是导致员工更低的满意度，甚至离职。此外，也有研究指出特定的沉默行为也可能具有积极作用。例如，隐藏和收回信息对于维持高质量的人际关系很重要（Nyberg, 1992）；亲社会性沉默与组织公民行为中的"运动员精神"是一致的，有时形成利他的结果表现（Van Dyne et al., 2003）；出于保护组织机密、合作目的、利他主义、亲社性动机等所表现出来的员工沉默行为，往往有利于缓解或避免组织内部冲突，有助于维护员工人际关系和谐，提高组织团队协作质量（Tjosvold et al., 2010）。Stouten 和 Tripp（2009）基于"看见—判断—行动"的模型框架，提出面对破坏性领导时，员工沉默行为是一种具有功能性价值的行为，员工当下选择保持沉默使员工有时间和机会收集更多有效信息，沉默可以给员工提供结盟以集体反抗领导的机会，同时其也可以成为反对破坏性领导决策、维护组织利益的信号等。

四、沉默行为与建言行为关系研究

为更好地理解员工沉默行为的内涵，本部分结合员工建言行为（或"进谏"）的相关研究进行分析，尤其分析员工沉默与建言行为之间的关系。

关于员工沉默的一个关联课题"员工建言行为""员工进谏行为"也获得广泛关注。Hirschman（1970）提出了建言概念，他认为建言行为是员工或顾客对组织不满时的一种反应。在随后的研究中，众多学者支持将建言行为纳入组织公民行为的研究范畴。

建言行为研究随着组织公民行为等角色外行为研究的发展而兴起。Graham 和 Van Dyne（2006）证实组织公民行为维度之一的"公民道德"（Civic Virtue）可以划分为维系和谐的"亲和行为"（Affiliative Behavior）和变化导向的"挑战行为"（Challenging Behavior）两极，而建言行为则属于变化导向的"挑战行为"一极。Chiaburu 等（2008）把建言行为视作一种"挑战的—促进性"（Challenging-Promotive）行为。尽管建言行为的定义不一，但可总结认为，建言行为是指以改善环境为目的，以变化为导向，富有建设性的言语行为，它可能会挑战"现状"或使上级"难堪"（段锦云、张倩，2012）。

Liang 等（2012）针对中国本土文化特点进一步提出建言两维度模型，指出促进性建言是为了提高组织效能而表达的创新性建议，预防性建言是针对阻碍组织发展的问题而表达的预防性建议。目前，国内研究团队有苏州大学应用心理学研究所的段锦云团队对建言行为进行细致研究，也取得丰硕研究成果。例如，凌斌等（2010）以华东区域369名企业员工为样本，采用配对成组的问卷研究方式，探索研究了害羞特质与进谏行为之间的关系，以及管理开放性和心理授权对两者关系的调节作用。实证研究发现，管理开放性和心理授权对害羞与进谏之间存在调节效应。高管理开放性和高心理授权水平减弱了害羞特征与进谏行为之间的消极关系，低管理开放性和低心理授权水平增强了害羞特征与进谏行为之间的消极关系。这为进谏行为的个体研究提供了两种不同情景线索，管理开放性描述了领导风格，心理授权描述了个体内部认知状态。

总结而言，以往对建言行为的研究可概括为四个方面：①建言行为结构的研究。理论界对建言的定义不一，不同学者从不同角度做了不同维度的划分。例如，基于性质的划分，Hagedoorn 等（1999）将建言分为众利式（Considerate Voice）和自利式（Aggressive Voice）的；基于动机的划分，Van Dyne 等（2003）将建言分为基于顺从的默许建言（Acquiescent Voice）、基于恐惧的自我防卫建言（Defensive Voice）、基于合作的亲社会建言（Prosocial Voice）；基于建言对象的划分，Liu 等（2010）将建言分为针对上级的（Speak Up）和针对同事的（Speak Out）。②建言行为影响效果的研究。建言行为对员工个人绩效和组织效能都起着重要作用。③建言行为形成机制的研究。主要包括三个层面：一是个体影响，包括个性（LePine and Van Dyne，2001）、个人控制（Tangirala and Ramanujam，2008b）、工作流中心度（Venkataramani and Tangirala，2010）等；二是群体和组织影响，包括团队构成特征（LePine and Van Dyne，1998）、群体建言氛围（Morrison et al.，2011）、工作满意感、心理契约、心理安全感等心理认知因素（Detert and Burris，2007）和组织创新氛围（Choi，2007）；三是领导行为的影响，包括领导的管理开放性（Detert and Burris，2007）、领导—成员交换（Burris et al.，2008）、道德领导（Walumbwa and Schaubroeck，2009）、变革型领导（Liu et al.，2010）和不当督导（李锐等，2009）等。④建言行为认知发生机制的研究。从认知的视角，认为角色概念、个体特征和心理安全是促进建言行为的认知因素，而角色过载和时间压力则是阻碍性认知因素，两者又都受到图式、期望收益和行动调节的影响。此外，建言行为的跨文化比较研究也引起了学者的关注，如 Botero 和 Van Dyne（2009）研究发现，大的权力距离会阻碍建言行为发生。

对于员工沉默行为与建言行为间的关系，现有研究也得到了一些有益结论（Pinder and Harlos，2001；段锦云等，2011b）。段锦云等（2011b）指出，员工的建言行为和沉默行为并非对立相反的两极，且在情绪中介下，两者可以相互转化。他们从概念内涵、结构维度、影响因素及发生机制四方面对建言行为和沉默行为进行比较（见表2-5）。

表2-5 沉默行为与建言行为异同

类别	沉默行为	建言（进谏）行为	相关点
概念内涵比较	员工有能力改进当前组织状况时却有意保留了对组织环境在行为、认知或情感上的评价（Pinder and Harlos, 2001）；一种员工对组织中潜在问题保留个人观点的组织文化现象（Morrison and Milliken, 2000）	员工挑战权威，为改变现状提供建设性意见的一种自由决定的主动行为（Van Dyne and Ang, 1998）；信息的交流、向上的组织问题传递、对组织决策提供建议和群体性的谈判等（Pyman et al., 2006）	建言和沉默是两类表现形式不同，但又高度相关的员工自发的角色外行为
结构维度比较	根据沉默表现，划分为默许性沉默和无作为沉默（Pinder and Harlos, 2001）；根据沉默动机，划分为默许性沉默、防御性沉默以及亲社会性沉默（Van Dyne et al., 2003）	从建言性质角度，划分为众利式建言和自利式建言（Hagedoorn et al., 1999）；从建言动机角度，划分为基于顺从的默许建言、基于恐惧的自我防卫建言以及基于合作的亲社会建言（Van Dyne et al., 2003）；从建言作用角度，划分为促进性建言和抑制性建言（梁建、唐京，2009）	三种类型的员工沉默和三种建言行为具有内在关联性
影响因素比较	完全不同的影响因素。比如，主动性人格是建言的积极预测源，与沉默却不相关，主动的人能够注意到更多可以建言的事情，却由于恐惧依然选择沉默（Kish-Gephart et al., 2009）		沉默和建言都是由个体特征和组织情境的相互作用决定的
	相同但影响方向相反的因素。比如，自尊（LePine and Van Dyne, 1998）、自我监控（Premeaux and Bedeian, 2003）、工作满意感（Rusbult et al., 1988）、心理安全（Pinder and Harlos, 2001; Detert and Burris, 2007）和程序公平（Tangirala and Ramanujam, 2008b）对员工建言和沉默行为的影响方向是相反的		

续表

类别	沉默行为	建言（进谏）行为	相关点
发生机制比较	沉默行为的形成机制：个人特征（如内向、高自我监控等）；领导因素（如领导的开放性、领导者与下属的权力距离等）；组织因素（如组织认同、组织承诺等）。此外，员工的风险规避性、预期支持不足以及害怕损失等是影响沉默的认知原因（段锦云，2012b）	建言行为的形成机制：一是个体影响（包括个性、个人控制等）；二是领导行为的影响（包括领导的管理开放性，领导的类型等；三是组织情境因素和组织创新氛围等（段锦云，2012b）	沉默与建言具有类似的前因影响变量，主要在个体因素、领导因素、组织因素等方面

资料来源：段锦云，孙飞，田晓明. 员工建言行为和沉默行为之间的关系研究述评 [J]. 苏州大学学报（哲学社会科学版），2011，32（6）：64-69.

首先，两者在内涵上具有相通之处，员工沉默和建言是针对组织问题的两种表现方式不同，但又高度相关的员工自发的角色外行为，在一定程度上无论是沉默还是建言都表达了员工的观点状态，沉默行为只是没有直接的言语交流。其次，两者具有类似的影响因素，沉默和建言都是由个体特征和组织情境的相互作用决定的。其影响因素可以区分为两类，即完全不同的影响因素（主动性人格）和相同但影响方向相反的因素（自尊、心理安全感、风险规避意识、工作满意感、自我监控）。最后，两者在情绪中介作用下会相互转化。许多学者从情绪视角来探讨员工建言和沉默形成过程的本质。Martinko 等（2011）从情绪和归因角度研究在面对同事的非生产性行为时，员工是选择建言还是保持沉默。Edwards 等（2009）探讨在面对组织中的不道德行为时，员工选择建言或保持沉默的心理过程及情绪（生气、内疚、预期后悔、期望恐惧、羞愧）在这个过程中的作用。Zhong 等（2010）提出了道德补偿理论（Compensatory Ethics Theory），该理论认为自我利益和积极的道德形象相互作用，决定了个体在道德两难情境中的选择。个体先前作出道德/不道德的选择（Ethical/Unethical Choice），在随后的道德选择中会补偿性地作出相反的道德选择（Less Ethical/More Ethical Choice）。在组织中，员工常常面临建言或是沉默的两难境地。段锦云等（2011b）从道德补偿理论和情绪反馈理论出发，认为员工建言和沉默行为在恐惧、生气和内疚三种情绪状态的中介作用下可以相互转化。比如，员工建言后的恐惧、生气会促使沉默行为的产生，保持沉默使组织或同事承担恶性后果后，个体在对自己的不良行为感到内疚时，又可能实施建言来补救（见图 2-11）。

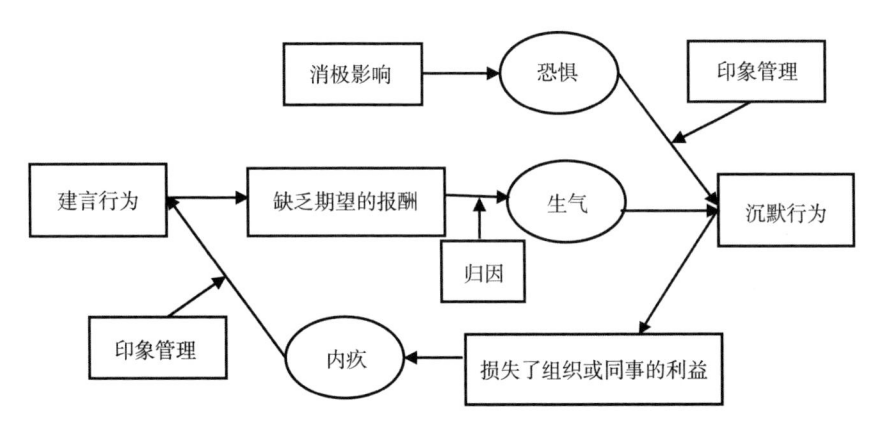

图 2-11　情绪视角下员工建言与沉默的相互转化

资料来源：段锦云，孙飞，田晓明. 员工建言行为和沉默行为之间的关系研究述评［J］. 苏州大学学报（哲学社会科学版），2011，32（6）：64-69.

段锦云（2012b）以长三角地区制造类民营和外资企业的 350 组配对数据为样本，基于诺莫网络视角，从情绪、认知和领导因素的角度探讨了建言与沉默之间的关系。在情绪特征上，正性情绪会促进员工建言，而负性情绪既会促进员工建言，又会导致员工沉默；在认知特征上，自我效能感会促使员工建言，心理安全会促进建言且抑制沉默；在领导特征上，领导成员关系与建言正相关。在作用效能上，建言比沉默更能得到领导的赏识。研究结果综合支持了建言与沉默并非对立相反的观点。此外，段锦云等（2011b）研究指出，建言与沉默并非对立相反的两个构念，两者并不呈直接负向相关关系，且在情绪作用下，两者会相互转化。例如，员工建言后的恐惧、生气会促使沉默行为的产生，保持沉默使组织或同事承担恶性后果后，个体在对自己的不良行为感到内疚时，又可能实施建言来补救。

（1）内疚情绪引导下员工沉默向建言的转化。内疚是人们在做了违背道德的事情之后所产生的情绪体验。个体观察到工作中的不适宜行为时，最初可能保持沉默，但若评价可能给他人带来消极后果就会感到内疚，内疚则促使他们评估沉默行为，思索它是不是最佳的行为方式（Greenberg and Edwards，2009）。员工对组织中的潜在问题保持沉默而使组织和同事遭受了重大损失后，员工会产生内疚感，这种感知是激发员工为所属组织积极建言的关键因素。

（2）恐惧情绪引导下员工建言向沉默的转化。恐惧是一种强大的、进化性的情绪，它引发逃避行为，狭隘地感知察觉到的威胁，消极地推断风险和未来的结果。个体感知成本和收益是建言选择的内在心理机制，情绪是一种认知因素，当员工对建言的负面结果感到恐惧时，这种情绪会加深员工对建言结果的负面感知（Milliken et al.，2003），继而选择保持沉默来缓解这种消极体验。

（3）生气情绪引导下员工建言向沉默的转化。Finkelstein 和 Brannick（2007）认为，员工的建言等"自愿行为"也具有一系列利己动机。员工在选择建言时，期望得到一定的回报或嘉奖。但是，当员工做出了组织公民行为而组织并没有为此而褒奖他时，员工会很生气，甚至做出反生产性行为（Spector and Fox，2010）。其中，员工对未受到嘉奖的归因认知起着重要的调节作用，当员工将其归因于领导者的忽视，甚至将角色外行为当作角色内行为时，员工会很生气，对行为的归因不同，所激发的情绪就不同，进而影响到员工是否建言（Martinko et al.，2011），甚至在以后行为中倾向于对问题保持沉默。

五、研究述评

目前，理论界更加强调对组织中的主体微观行为的研究，对企业组织中的员工行为研究也将继续向更微观的领域发展，尤其是对组织绩效产生重要影响的员工消极性行为。通过研究回顾，可以发现国内外学者对组织中"沉默"问题的探索越来越深入，从不同角度分析了员工沉默的内在机理，也验证了一些结论。但是，其相关研究仍存在一定的局限性：

第一，以往的沉默研究大多局限于组织内部情景，侧重于对组织中的中高层管理者或基层管理者对组织内部问题保持沉默的现象进行分析，狭隘地理解了"员工沉默"内涵与边界，忽视了员工对组织之外问题的沉默现象，如对顾客的沉默。这就体现为对员工沉默的理论研究不足，有待深入探索。

第二，以往的员工沉默研究大多从单个维度进行动因阐述，或从组织层面，或从员工层面，或从上级领导或同事层面，缺乏涵括各要素的整体分析框架及实证验证。未来，笔者将从组织因素、顾客因素、员工个体因素等方面整合分析员工沉默的驱动机制，以从更加广阔的视角来理解员工沉默的形成过程与驱动因素。

第三，特定情景下的员工沉默行为研究尚需深化。以往研究未对服务型企业和制造型企业的员工沉默行为差异进行描述，也没有专门针对服务型企业的员工服务沉默进行研究，如对一线员工在服务接触中的沉默行为研究。

第四，员工沉默研究的方法和范式较为单一，在未来的研究中可进行更为丰富有效的研究设计。员工沉默行为在早期阶段多使用员工自我报告的形式进行测量，近年来多采用自评与他评相结合的方式收集领导员工配对数据的研究方法，但这些单一研究方法可能会限制研究结论的解释力和可推广性

(魏昕、张志学，2010）。在组织行为领域，应逐步采用更多元、更前沿的研究范式来探索研究问题，如综合运用多类型、多方法、多层级的研究范式，提高研究结论的效度。

因此，本书在员工沉默研究的基础上，以服务接触的特定研究情景分析可以拓展的两个研究问题：第一，对于不同文化背景员工沉默驱动因素的差异问题，需要更加关注中国的本土化研究；第二，对于特定范畴内的员工沉默驱动因素问题，如研究服务接触过程中的员工沉默行为等。

第三节　文化创意与陶瓷文化创意产业相关研究

一、文化创意的相关研究

当前文化产业在全球呈强劲的发展态势，国内外学者对文化创意产业的产业聚集、空间集聚特征等问题开展了深入研究。近年来，许多学者对产业集群的形成机制、竞争优势培育进行了大量研究，其中文化创意产业聚集等问题成为重要议题之一。创意产业集聚区作为创意产业的空间载体，伴随着创意产业的发展而兴起。创意产业集聚区具有明显的区位选择特征，在全球化背景下，创意产业集聚区出现了同时在大城市集中和全球化分散的趋势（Scott，1997）。其中，国外学者主要从区位因素角度对创意产业集聚区的形成进行了探讨（Hutton，2000；Keane，2010；Komorowski and Lewis，2023），他们认为，创意产业集聚区趋向于在环境良好、公共服务完善、交通设施便利、低进入障碍和发挥休闲中心作用的城市和地区出现。鉴于创意产业集聚区是一个复杂系统，其产生与发展受到诸多因素的共同作用，国内一些学者在国外区位因素研究基础上，从共生视角对创意产业集聚区进行了分析。陈秋玲和吴艳（2006）利用共生模型对上海18个创意产业集群的集聚效应进行了研究，指出共生关系越贴近互利共生，创意产业集聚效应越好。然而无论是区位因素角度的研究，还是共生角度的研究，都尚未能对创意产业集聚区的形成路径与演化机理展开深入研究。杨永忠等（2011）从演化经济视角系统分析创意产业集聚区的形成路径与演化机理，从产业集聚的一般性出发，提出创意产业集聚区形成的三阶段假说，即单元聚集、界面构建和网络发展。其中，单元聚集是微观单元资源搜寻的反映，界面构建是单元身份认同的需要，网络发展是单元多维扩张的结果。方立峰和王颖晖（2011）从生态位理论角度，认为文化产业的高度知识密集性与价值关联性使其在资源控制与利用、环境适应方面具有典型的生态位内涵，生态位思想强调外界环境因素对产业的选择与利导影响，对于研究文化产业的生存战略和成长机制起着很大的作用，从生态位视角研究文化产业集群发展能够突破以往文化产业集群研究重个例、重区域，而忽视发展中面临的环境适应与资源拓展等共性问题。孙丽文和任相伟（2020）构建文化创意产业评价指标体系，以我国31个省区市的文化创意产业为分析对象，通过生态位模型对其在时空维度上的演化形态进行测度。研究发现，在空间维度上，我国文化创意产业发展不平衡，资源分配不均、层次化现象明显，以优势种形成的创意集群对周边地区具有一定的带动和辐射作用。

二、陶瓷文化创意产业的相关研究

陶瓷文化创意产业作为文化创意产业的一种类型，具备文化创意产业的基本特征，国内学者从陶瓷文化产业发展、陶瓷产业聚集以及陶瓷文化复兴等多维角度进行了广泛研究。例如，胡林荣和刘冰峰（2018）从景德镇陶瓷产业创新生态系统治理机制构建角度，研究指出政府机构、企业、行业协会、大学及科研机构、金融机构在陶瓷产业创新生态系统中都有不同的作用。政府机构为陶瓷产业发展提供宽松的创新条件，发挥对创新主体的管理和规范作用；企业作为创新生态发展的行为主体在产业发展过程中规避机会主义，制定有效的创新激励机制；行业协会在产业内部发挥着纽带作用，推动着政府、企业、科研机构与金融机构之间相互交流、作用和融合；大学及科研机构为企业创新、技术提升贡献着不可磨灭的力量；金融机构为陶瓷产业创新发展提供资金支持。郭建晖等（2019）深入景德镇开展调查研究，围绕陶瓷文化的传承创新和景德镇历史文化名城如何处理好发展与保护、传承与发扬的关系，从陶瓷文化活态传承激活了陶瓷历史文化、融合发展提升了陶瓷文化产业、多元传播成就了"一带一路"文化使者、塑形铸魂擦亮了瓷都名片等方面进行总结，展现了景德镇陶瓷文化凤凰涅槃、崛起复兴的生动实践。刘冰峰（2017）积极探索了价值传导在景德镇陶瓷文化创意产业中的运作机理，在分析价值传导的基础和来源的基础上，区分了景德镇陶瓷文化创意产品与创意服务的异同。其研究认为，景德镇陶瓷文化创意产业不同于一般的产业。景德镇陶瓷文化创意产业满足了陶瓷文化创意消费者的需求，促进景德镇陶瓷文化创意产业实现了价值传导。同时，他还指出景德镇陶瓷文化创意价值传导具有知识密集属性、高附加值属性、产业融合属性、高风险属性等特征。朱辉球和吴旭东（2019）分析了景德镇陶瓷产业的现状和困境，指出"景漂"现象助力景德镇陶瓷产业发展，总结并肯定了"景漂"为景德镇陶瓷产业转型升级所作的贡献。魏群等（2019）透过"景漂"文化现象研究景德镇陶瓷文化产业的发展，"景漂"人涉足景德镇陶瓷文化产业链条的各个环节，他们给景德镇陶瓷文化注入了新鲜血液，带来了新思想、新创意、新技术、新工艺，大大地促进了景德镇陶瓷文化产业的发展。李海东和陈好文（2021）从"3T"理论视角下，分析了景德镇国家陶瓷文化传承创新试验区的建设与创意阶层的引进和培育、陶瓷产业技术创新以及城市的高度宽容紧密相关。他们就如何促进创意阶层的集聚，为试验区建设提供人才支撑，提出了可行性建议。例如，在政策上，政府要加大对创意阶层的创意投资，推动创意成果商业化；加强创意人才的培养，注重创意阶层的本地养成；强化陶瓷创意知识产权保护机制,保障创意阶层的经济权益;营造具有高包容度的外部环境,吸引和留住创意阶层。

第四节 相关概念界定

一、相关概念界定

(一)对服务接触的界定

根据服务接触分类研究及服务接触理论模型,按照服务接触方式,可以将服务接触分为远程接触、电话接触和面对面接触三类(Bitner et al., 1990; Surprenant and Solomon, 1987)。其中,远程接触是借助某些新型科技手段进行的接触方式;电话接触是指以电话为接触媒介进行交流的接触类型;面对面接触是顾客与服务企业员工之间产生互动交流的接触方式,这种接触更加复杂,其顾客感知质量的影响因素更多样,包括员工与顾客的互动水平、顾客对接触场景的感知、其他顾客的兼容性等(范秀成、张彤宇,2004;陈晔、白长虹,2009)。另外,按服务接触程度高低,可以把服务接触分为高服务接触、中服务接触和低服务接触(Chase and Tansik, 1983; Lovelock, 2002)。接触程度是指服务体系为顾客服务的时间与顾客在服务现场的时间之比,比率越高,接触程度就越高(Grönroos, 1997)。

本书为避免概念模糊以及研究范围过大带来的操作困难,对服务接触类型进行了界定,把具有高服务接触特点的"面对面服务接触"作为研究对象(见图2-12),并将陶瓷文化创意服务作为研究情景。

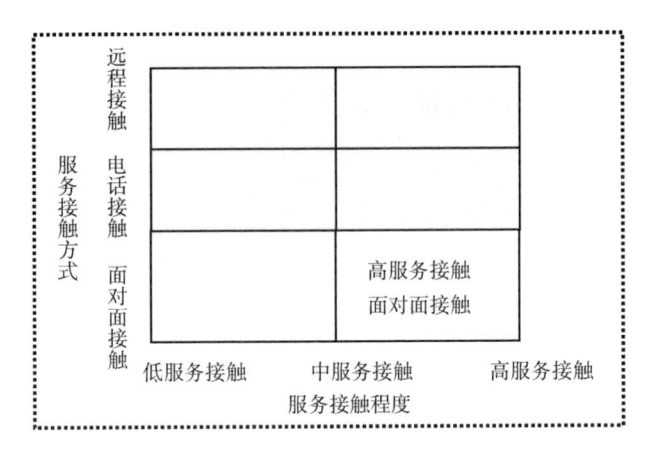

图 2-12 服务接触的界定

相对于其他类型的服务接触，高服务接触下的"面对面接触"具有服务交互特征明显、服务情景线索众多以及管理活动复杂等特点。Grönroos（1997）指出，服务传递过程是一个顾客与服务系统各要素相互交互的过程，其要素涵括了一线服务人员、内部生产及辅助人员、服务场景、服务规章及制度等。其中，最重要的就是顾客与一线员工的服务交互作用。同时，在这一背景下，一线员工的顾客服务行为受到组织内部情景因素和服务交互情景因素的影响。在企业组织层面，包括组织的顾客服务文化、服务氛围、员工授权程度、上司信任与支持感以及对服务失误容忍程度等因素；在服务交互层面，包括顾客参与、服务场景特征、其他顾客影响及员工心理状况与情绪等因素。

（二）对服务沉默的界定

在员工沉默的研究范畴上，本书对前人研究成果进行了延展。根据员工沉默的普遍研究范畴，学者们将员工沉默界定为个体对"组织内"存在或潜在问题的消极沉默行为，是员工对同事、对上级、对团队及对组织的沉默（Morrison and Milliken，2000；Pinder and Harlos，2001；郑晓涛等，2008）。在这一研究范畴基础上，本书将员工沉默延伸到"服务接触"的特定情景中，并探讨两个层面的沉默内涵：一是内部员工对服务接触过程中存在的服务问题的消极性沉默；二是一线员工对"顾客"需求的不作为性沉默（见图2-13）。将"沉默"对象与主体由组织内部顾客向组织外部顾客转移，在一定程度上丰富了"员工沉默"的内涵，本书也将这两层沉默定义为"员工服务沉默"，以示与"员工沉默"的区别。

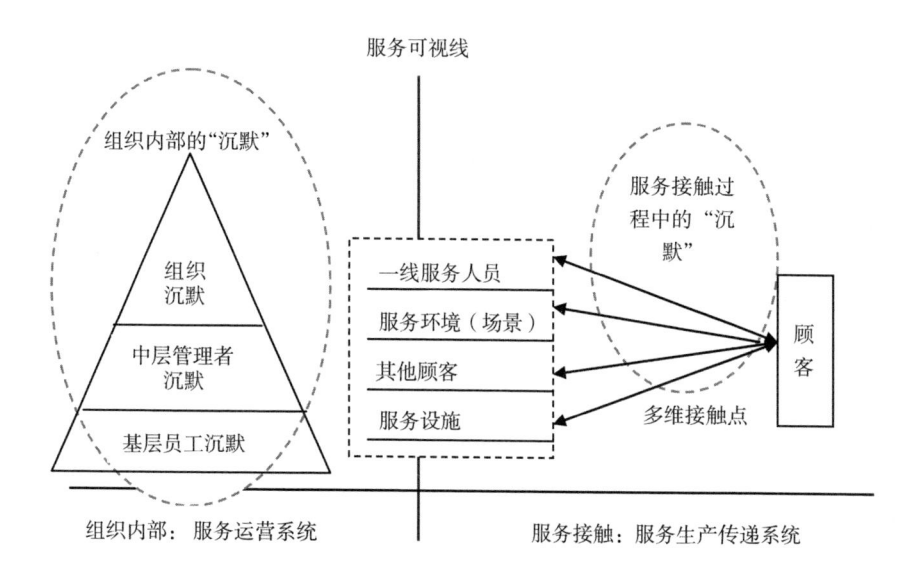

图 2-13 员工沉默的界定

此外，本书涉及的情景用语在不同学者的研究中也有不同的用法，如服务接触（Service Contact）、服务传递（Service Delivery）、服务交互（Service Interaction）等，出于遵从原文的考虑，在文献回顾和理论述评中仍使用原文用语，但在研究论述中将采用"服务接触"一词，故以上这些出现在本书中的用语无特别说明时指同一情景。

二、本书的研究内涵

根据前文文献梳理结果，本书将以服务接触为分析情景，将员工沉默问题纳入服务接触及服务交互的情景框架内，并以陶瓷文化创意产业为样本对象。

在员工服务行为研究课题上，许多学者在关注员工积极性角色外行为之外，开始将研究焦点转移到消极性角色外行为上，围绕如何规避、控制及诱导员工角色外消极行为而展开研究。在陶瓷文化创意产业服务接触情景下，如何规避服务提供者或一线服务人员的服务沉默这一消极性行为，提升顾客感知服务质量，赢得顾客满意与顾客忠诚，在理论与实践层面都显得非常重要。

由于本书研究的服务沉默的概念较为复杂，基于单一理论视角将无法挖掘出陶瓷文化创意服务接触情景下服务沉默行为的复杂性，故需要寻找一个整合性研究视角（见图2-14），整合研究情景（服务接触/交互）、行业背景（陶瓷文化创意产业）和核心问题（员工服务沉默）三个方面的理论内涵，从而有效地揭示服务接触情景下陶瓷文化创意服务沉默行为形成机制。

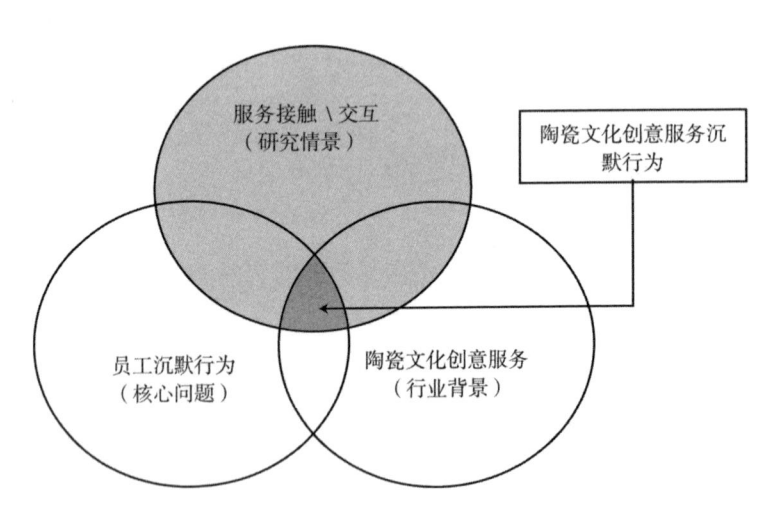

图 2-14 整合性研究示意图

第三章

景德镇陶瓷文化创意产业发展现状

第三章 景德镇陶瓷文化创意产业发展现状

景德镇因瓷而生、因瓷而兴、因瓷而名。千百年来，景德镇陶瓷与茶叶、丝绸作为中国三大主要国际贸易商品，通过"丝绸之路"的陆上通道和"瓷器之路"的海上航线，"行于九域，施及外洋"，为中国赢得"瓷之国"美誉，更成就景德镇"瓷都"千年辉煌，在中外文化交流和贸易史上有着重要的地位和影响力。景德镇陶瓷文化也成为中国传统文化走出去的亮丽名片和重要文化符号。在新的发展阶段，景德镇正在积极探索景德镇陶瓷文化复兴与陶瓷文化产业高质量发展的科学路径，全面贯彻落实习近平总书记关于"建好景德镇国家陶瓷文化传承创新试验区"的重要指示和"弘扬丝路精神、增进传统友谊、密切人文交流"的殷切嘱托，积极响应习近平总书记于2023年6月在文化传承发展座谈会上的重要讲话精神，以及习近平总书记在2023年10月视察江西景德镇时对陶瓷文化传承创新发展的重要指示精神，深入谋划景德镇陶瓷产业高质量发展的路径与模式，大力推动陶瓷文化创造性转化和创新性发展，全面建设社会主义现代化国际瓷都，全面提升景德镇陶瓷文化的国际影响力与传播力，成为中国传统文化"走出去"的生动实践者和世界陶瓷文化的引领者。

景德镇陶瓷文化创意产业作为研究服务沉默行为的新行业情景，相比于其他行业背景，具有独特的产业特征和服务特征，也势必使服务沉默理论研究产生新的变化和突破，具有一定的理论和实践研究价值。本书以景德镇陶瓷文化产业基地的"五陶"，即陶阳里、陶源谷（三宝国际瓷谷）、陶溪川、陶博城、陶瓷工业园区（名坊园）为考察样本，通过区域产业数据调研、典型案例调研以及实地考察等多种形式，深入梳理并总结景德镇陶瓷文化创意产业的发展现状，为后续研究奠定扎实的实践基础。

第一节　景德镇与景德镇陶瓷

2022 年是江西省加快推进文化强省建设的关键之年，江西找准文化产业发展的突破口和发力点，大力推进转型升级，不断做大文化产业总量，着力优化文化产业结构，文化产业竞争新优势稳步提升，持续深化文化产业供给侧结构性改革，以优质文化供给创造有效需求，推动全省文化产业高质量跨越式发展，加快建设更具创造力、创新力、竞争力、影响力的文化强省。《江西文化产业发展报告（2023）》数据显示，2022 年，江西全省规模以上文化及相关产业（以下简称规上文化产业）营业收入 3305.11 亿元，较 2021 年增加了 248.95 亿元，总量居全国第 11 位；全省规上文化产业法人单位数 2403 家，较 2021 年增加 306 家，同比增长 14.59%；全省规上文化企业实现利润 230.21 亿元，同比增长 17.92%；江西文化核心领域行业营业收入 1192.91 亿元，同比增长 9.4%，文化相关领域行业营业收入 2112.20 亿元，同比增长 7.0%。2020~2022 年三年来，江西文化产业发展增速连续稳居全国前列，2020 年、2021 年、2022 年，江西规上文化企业营收增速分别居全国第二位、第四位、第四位。

景德镇陶瓷文化产业作为江西的特色优势文化产业之一，近年来获得了长足的发展。2019 年 8 月，国家发展和改革委员会、文化和旅游部正式印发《景德镇国家陶瓷文化传承创新试验区实施方案》，明确将"推动陶瓷文化产业创新发展"作为试验区建设的重要任务，景德镇陶瓷文化产业面临重大发展机遇。自景德镇国家陶瓷文化传承创新试验区建设以来，景德镇聚焦"两地一中心"（国家陶瓷文化保护传承创新基地、世界著名陶瓷文化旅游目的地、国际陶瓷文化交流合作交易中心）战略定位，累计争取到 32 项国家试点示范、实施了一系列先行先试和178个重大项目,在发展态势、城市面貌、文化能级、对外影响等方面都显著改善。《江西蓝皮书：江西经济社会发展报告（2022）》数据显示,2017~2021年景德镇陶瓷产业总值增长了38.8%。2021年,景德镇陶瓷总产值为516.2亿元,其中日用陶瓷165.5亿元、艺术陈设瓷185.3亿元,文化创意陶瓷产值达到112.6亿元。同时,景德镇市统计局公布的数据显示,2022年,景德镇陶瓷总产值达到665.38亿元,同比增长28.90%,全市规上文化企业139家,实现营业收入123.8亿元,同比增长18.3%。

近年来,景德镇市按照建设国家陶瓷文化传承创新试验区的总体要求,充分挖掘文化特色和城市特点,积极发扬陶瓷文化,推动陶瓷产业与文化旅游的深度融合,使陶瓷文化产业成为当地的支柱产业之一。景德镇以主攻先进陶瓷为发展方向,进一步做大日用陶瓷、做精艺术陶瓷,全市陶瓷产业得到了快速发展,目前已构建了层级分明、功能互补的产业发展新体系,不断优化政策环境,规划编制《景德镇国家陶瓷文化传承创新试验区发展规划（2019-2035）》《景德镇市"十四五"文化旅游产业发展规划》,出台并实施了《关于加快文化产业发展的实施意见》《关于促进旅游产业高质量发展的意见（试行）》等。

总结而言,景德镇陶瓷文化产业发展具有以下产业基础与发展优势：

一、陶瓷文化产业要素齐全完备

一是陶瓷文化产学研主体众多。景德镇市统计局公布的数据显示,截至2022年底,景德镇有各类陶瓷企业、作坊、工作室等文化创意产业实体6773家,国家文化出口基地1家、国家级文化产业示范园区1家、国家级文化产业示范基地3家、省级文化出口基地1家、省级文化产业示范基地17家（见表3-1）。同时,景德镇拥有景德镇陶瓷大学等陶瓷文化教育高等学府,国家日用及建筑陶瓷工程技术研究中心和国家、省、市三级陶瓷研究所等众多科研机构。二是陶瓷文化展示平台多样。景德镇市文化广电新闻出版旅游局公布的数据显示，截至2022年底，景德镇已有中国景德镇国际陶瓷博览会、2722家陶瓷艺术家工作室、8家非物质文化遗产生产性保护示范基地，以及包括中国陶瓷博物馆、湖田民窑博物馆等在内的15家陶瓷文化博物馆等文化展示平台。三是陶瓷文化旅游景区与文化遗存资源丰富。例如，以古窑民俗博览区为代表的文化景区和遍布全城的"三洲四码头，四山八坞，九条半街，十八条巷，一百零八条弄"、"十大瓷厂"老厂房、三宝瓷谷等丰富的陶瓷文化遗存。景德镇目前已形成的完备齐全的陶瓷文化产业要素体系为景德镇陶瓷文化"走出去"奠定了丰富的资源基础。

表3-1　景德镇市省级以上示范园区、示范基地一览

国家级文化出口基地、文化产业示范园区（基地）	景德镇国家文化出口基地、景德镇陶溪川文创街区、景德镇陶瓷文化博览区、景德镇法蓝瓷实业有限公司、景德镇佳洋陶瓷有限公司
省级文化出口基地、文化产业示范基地	景德镇市昌南新区文化出口基地、景德镇哈哈尼陶瓷文化发展有限公司、景德镇市三宝国际陶艺村博物馆、景德镇市雕塑瓷厂、景德镇浩瀚创意文化产业发展有限公司、景德镇鼎窑瓷园文化传媒有限公司、景德镇春涛陶瓷包装有限公司、景德镇市望龙陶瓷有限公司、景德镇市真如堂陶瓷有限公司、景德镇陶邑文化发展有限公司、景德镇市国信创业投资管理有限公司、景德镇陶瓷工业园区（瓷窑名坊园）、景德镇熊窑瓷业有限公司、景德镇陶瓷集团有限责任公司、景德镇宁封窑陶瓷文化发展有限公司、景德镇市名镇天下陶瓷文化创意有限责任公司、景德镇逸品天合陶瓷有限公司、景德镇正源文化产业发展有限公司

资料来源：笔者根据调研梳理。

二、陶瓷文化人才资源支撑有力

一是陶瓷文化高端人才队伍强大。根据《江西文化产业发展报告（2023）》，景德镇现有中国工艺美术大师37人、中国陶瓷艺术大师43人、

中国陶瓷设计艺术大师35人、江西省工艺美术大师120人、江西省陶瓷艺术大师60人、景德镇市工艺美术大师26人、非物质文化遗产代表性传承人874人，以及高级以上职称的陶瓷人才2000余人。二是"景漂""景归"人才队伍聚集。景德镇悠久的陶瓷文化历史、浓厚的陶瓷文化氛围和开放包容的城市文化基因吸引了来自全国、全球各地的艺术家、设计师、创业者及陶瓷爱好者在此寻梦创业，形成了独特的"景漂""景归"文化现象。景德镇现有"景漂""景归"人才30000余人，其中来自海外的"洋景漂"超过5000人[①]，这些来自全球的陶瓷文化人才为景德镇陶瓷文化发展增添了巨大的活力，同时也成为景德镇陶瓷文化走向世界的桥梁纽带。三是陶瓷从业人员队伍结构合理。景德镇市统计局公布的数据显示，景德镇现有陶瓷从业人员15万余人，从业人员占比接近10%，并形成了由陶瓷文化艺术精英、企业家、创业者、普通员工组成的陶瓷从业人才队伍。景德镇日益丰富的陶瓷人才资源有力支撑了陶瓷文化的产品创新和市场繁荣，为陶瓷文化"走出去"奠定了扎实的人才基础。

三、陶瓷文化贸易发展活力彰显

一是陶瓷贸易逆势上扬。景德镇市统计的数据显示，截至2022年底，景德镇先后与"一带一路"沿线国家的21个产瓷地建立友好城市关系，进行战略合作，并着力打造经贸合作平台，促进外贸出口保持高速增长。2022年，在新冠疫情和国际经济衰退的双重压力考验下，景德镇陶瓷贸易出口额达5.2亿元，同比增长147.9%。二是"陶瓷+互联网"融合有力。2022年，景德镇电子商务爆发式增长，网商指数列全省首位，陶瓷直播等新业态发展迅速，电商交易额突破百亿元。在淘宝、天猫、京东等全国第三方交易平台注册，并产生交易的陶瓷网店有50148家。新增上云企业1.2万家，超全年

[①] 郭建晖，梁勇，龚荣生. 历史文化名城的复兴及其启示——来自景德镇的调研报告[J]. 江西社会科学，2019，39（3）：241-253.

目标 4 倍，新增省级两化融合示范企业 43 家。景德镇日益活跃、活力彰显的陶瓷产品贸易，为景德镇陶瓷文化"走出去"提供了支撑，以陶瓷贸易强力带动陶瓷文化更好地走向世界。

四、陶瓷文化国际交流显著提升

景德镇积极参与和举办陶瓷文化国际交流（见表3-2），推动了景德镇陶瓷文化国际传播，先后举办中国景德镇国际陶瓷博览会、中阿文化产业论坛、国际版权论坛、景德镇国家陶瓷文化传承创新试验区发展高峰论坛等，通过论坛、展会让景德镇陶瓷文化走向世界。景德镇国际传播入选"中国城市（区）国际传播示范案例"，景德镇入选2022"一带一路"建设案例，国际文化交流水平显著提升。景德镇市人民政府的信息显示，2022 年 12 月，景德镇市成功举办第五届"阿拉伯艺术节"，习近平总书记专门发来贺信，令人深受鼓舞、备感振奋。期间举行"阿拉伯艺术节"专场演出、中阿文化产业论坛、阿拉伯知名艺术家访华采风精品展、《御窑天下》特展、"丝路遗珍"中国古代外销瓷展、民间非遗展演、"域见阿拉伯"风情创意市集等丰富多彩的文化交流活动。2023 年 10 月，由文化和旅游部产业发展司指导并组织实施的"多彩中国　佳节好物"文化和旅游贸易促进活动（陶瓷文旅文创专题）在江西省景德镇市举办，共有 190 万人次参与，其中境外观众 95 万人次，互动量近 1.2 万次，活动当天带动景德镇全市跨境电商销售额 1800 万元。2023 年 10 月，景德镇市成功举办第 20 届中国景德镇国际陶瓷博览会，精心安排了 9 项专题活动和 60 多项配套活动。

表 3-2　2018 年以来景德镇参与国际文化交流情况

交流对象	英国、法国、意大利、日本、南非、美国、德国柏林和赫赫尔—格伦茨豪森市、荷兰代尔夫特市、韩国利川市等
交流活动名称	中国景德镇国际陶瓷博览会、中国进出口商品交易会、首届中国国际消费品博览会、第四届中国国际进口博览会、感知中国·匠心冶陶——景德镇陶瓷文化展、"多彩中国 佳节好物"文化和旅游贸易促进活动、"以心相交,成其久远"——2021 中日韩陶瓷文化艺术与旅游周、第五届阿拉伯艺术节等重点活动

资料来源：笔者根据调研梳理。

但是，随着陶瓷产业化转型的加快，景德镇的陶瓷文化产业在发展过程中也暴露出了一些问题，各创意产业集聚区及创意企业在打造其创意产业创新生态系统的过程中，普遍存在创意产业创新主体不突出、各主体协同功能不明显、开放性及自主性机制不健全以及同质化竞争等问题。与此同时，景德镇陶瓷市场主体规模较小，以中小型企业为主体，龙头企业引领程度不够，制约着陶瓷文化产业的强劲发展；陶瓷文化产业创新层级较低，产业集聚发展呈现"散点式""碎片化"特点，与产业生态圈发展阶段尚有差距；各个创新主体之间不断竞争和合作，受到多种因素、模式和治理机制的影响（胡林荣、刘冰峰，2018）。陶瓷文化创意集聚区内涵不清、定位不准、产业链不完整等问题，制约了景德镇陶瓷文化产业生态圈发展，进而影响了陶瓷文化产业的高质量发展。

因此，在国家大力建设景德镇国家陶瓷文化传承创新试验区的背景下，结合景德镇陶瓷文化创意产业现状与实际问题，深入研究景德镇陶瓷文化创意产业的发展路径，探讨陶瓷文化创意产业服务现状以及陶瓷企业服务治理等问题，为本土化陶瓷文化创意企业的服务质量管理和服务改进优化提供指导建议、为政府管理部门制定相关扶持政策提供借鉴，对于景德镇全面推进陶瓷文化的创造性转化、创新性发展，推动陶瓷文化创意产业高质量发展，具有重要的意义。

第二节　景德镇陶瓷文化创意产业典型案例

　　陶瓷文化创意产业是以陶瓷为载体、以文化为基础、以创意为灵魂，以满足人们精神需求和审美需求为追求的新兴产业。近年来，景德镇大力发展陶瓷文化产业，打造国家陶瓷文化传承创新基地，积极统筹物质文化遗产和非物质文化遗产保护传承，推进文化遗产活化利用，构建陶瓷人才集聚高地，培育陶瓷文化产业新业态，推进陶瓷文化与相关产业深度融合。

　　自全面深入推进景德镇国家陶瓷文化传承创新试验区建设以来，景德镇市陶瓷产业资源优势不断显现，陶瓷文化城市名片日益响亮，在实践中逐步探索形成了一条景德镇陶瓷产业创新发展的新路径。目前，景德镇陶瓷文化创意产业呈现出集群发展态势，初步形成了多个具有影响力的陶瓷文化产业集聚区，以陶阳里、陶源谷（三宝国际瓷谷）、陶溪川、名坊园为代表的陶瓷文化创意产业聚集地，正在成为陶瓷个性化创意的"新沃土"。景德镇千年不熄的窑火，既催生了陶瓷文化产业的集聚发展，也促进了陶瓷文化与相关产业的融合共生发展，凸显了景德镇陶瓷文化产业的强劲底蕴优势和广阔发展前景。

　　陶阳里、陶源谷、陶溪川、陶博城、陶瓷工业园区（名坊园）成为景德镇陶瓷文化创新发展、融合发展和高质量发展的典型案例，下面分别对景德镇的"五陶"项目基地进行经验总结与案例介绍。

一、陶阳里：陶瓷文化遗存传承保护案例实践

　　根据陶阳里御窑景区官网介绍，陶阳里御窑景区（以下简称陶阳里）位于景德镇的城市中心地带，景区总体规划面积3.7平方千米，一期建成开放

面积1.28平方千米。区域涵盖108条历经千年的老城里弄、650余年的国保单位——御窑厂国家考古遗址公园、400余年的明清窑作群落和70余年的陶瓷工业遗产，是"瓷国皇冠上的明珠"，是明清手工制瓷技艺的巅峰。陶阳里拥有465个旅游资源单体，涵盖8大主类、17个亚类、50个基本类型，五级资源高达34个。拥有27件国家一级文物、2个全国重点文物保护单位、4项国家级非物质文化遗产、全国首个古陶瓷基因库，珍稀奇特程度极高。陶阳里在留住历史文脉和城市记忆的同时，又产生了较为显著的经济价值，实现了老城区改造向文化创意产业、旅游服务业的成功转型，催生了新的产业模式培育新的经济增长点，成为景德镇特色的"夜经济"新区域，2022年8月，陶阳里御窑景区入选第二批国家级夜间文化和旅游消费集聚区名单。

陶阳里项目的成功经验与主要做法可以概括为以下几个方面：

一是传承保护历史街区遗存。自宋代起，景德镇以御窑厂为核心的老城区域就有"陶阳十三里，烟火十万家"的美誉。但是，随着近现代的城市发展及制瓷工艺的变革，该区域所辐射的周边里弄逐渐失去原有的生机，千年里弄历史文化也面临着消散。为了有效保护历史街区遗存，传承陶瓷里弄文化，秉着恢复原生态、注入新气息的理念，结合陶阳里历史街区独有的民俗、遗产、明清窑作的特点，深入研究里弄，挖掘老城文化。2016~2022年，累计投入60多亿元，对景区内的历史文化街区和千年窑砖里弄进行保护修缮，已基本完成1.28平方千米核心区域的保护修缮，修缮64条里弄，1000余间古建，修复一大批老字号街区和老字号店铺。保留老城区域原有的砖、瓦、墙、梁、路，挖掘并延续老城区域的历史故事和陶瓷技艺。结合陶阳里历史街区独有的民俗、遗产、明清窑作的特点，以御窑厂为核心，囊括周边传统街巷、码头、民居、商铺、会馆、瓷行、窑房、作坊、红店、陶瓷工业遗产等历史文化遗存，进一步挖掘和开发陶阳里的陶瓷文化遗存资源。陶阳里御窑景区对周边老窑址、老里弄、老厂区的保护利用，对景德镇城市建设的推进和旅游资源的开发利用起到关键的示范与带动作用，对于传承中国陶瓷文化，留住城市记忆，延续陶瓷文化意义深远。

二是创新陶瓷文旅多元业态。陶阳里重点围绕吃、住、购、馆、玩、作六大板块植入多元业态，构建新业态、新模式，融合现代生活、艺术元素，打造集文化体验、研学旅行、休闲购物、餐饮住宿功能于一体的文化旅游消费主题街区，现已形成了深度夜游、沉浸夜演、饕餮夜宴、文创夜购、时尚夜娱、精品夜宿等夜间文旅业态；设有御窑博物馆、江西画院美术馆等众多高端艺术展馆；建有陶瓷世家工作室、国际艺术家工作室以及丁丁美育、亲子美育基地等特色研学基地；打造了上弄酒店、遇遥酒店、梨园酒店、闾阳酒店等一批特色精品酒店；融合"演艺+旅游"，精心打造了戏曲传承中心、文艺工厂、湖北会馆、李玉刚浸没式体验演艺等夜间文化演艺业态；融合"第三产业+旅游"，培育了研学、展览、演出、讲座、康养休闲和城市旅游等市场元素。

三是打造文化体验交互空间。陶阳里聚集陶瓷文化的交流体验，形成一个以中国传统文化为背景的强体验交互空间。例如，与李玉刚团队合作打造"玉空间"，引进其特有的成熟业态和行业资源，包括玉工坊、玉学堂、玉剧场等；湖北会馆和丰城会馆分别与中央戏剧学院和星海音乐学院合作，作为教育教学实践基地，形成常态化演艺空间，将即兴喜剧、戏剧、话剧、音乐剧等文艺表演在老城里弄展现。此外，陶阳里还与深圳前海分贝文化发展有限公司合作设立文艺工厂，定期举办各类公益性音乐演出。

二、陶源谷：陶瓷文化文旅融合案例实践

陶源谷（三宝国际瓷谷）位于景德镇市区东南方向，历史上曾是为景德镇古代瓷业生产提供主要瓷土原料的重要矿产地。北宋时期，三宝湖田窑创烧出影青瓷，奠定了景德镇瓷业兴盛千年的基础，故被人称为景德镇"镇之初"。2015年，珠山区政府为实施主体，将其打造成为江西省现代服务业聚集区乃至国家级旅游景点，规划面积6平方千米，北起湖田桥头，南至洛客

设计谷，西至大峰尖，东至胡家岭，全长道路约为4千米，力争把三宝打造成集历史遗存展示、陶瓷文化创意、旅游休闲度假于一体的陶瓷文化特色聚集区，充分利用现有的老厂房建筑，建设陶艺文化村、文化艺术创意街、文化展示长廊、陶瓷艺术品交易中心、"景漂"艺术家聚集区等一系列特色景点，推动文化与经济结合、科学与艺术结合、传承与创新结合、民族与世界结合，着力讲好以陶瓷文化为特色的中国故事。

三宝国际瓷谷文化旅游产业集聚区打造"一带一路、四区八景"。"带"是指打造的"三宝溪风情景观带"；"路"是指即将修建的骑行、漫步的栈道；"四区"是指乡村风情休闲区、陶瓷文化集聚区、China 小镇艺术体验区（核心区）以及山地生态养生度假区；"八景"是指湖田春色、三宝晚钟、古窑瓷魂、桃溪花海、水碓击石、铁栏关虎、鲤鱼挂壁、水坞金鸡。景德镇国家陶瓷文化传承创新试验区发展研究课题组的调研报告显示，三宝国际瓷谷拥有遗址9处、博物馆2处、美术馆10处、画廊2处[①]，吸引如三宝蓬、洛客设计中心、三宝马鞍岭自然村等入驻，也聚集着宁钢、俞军、李游宇、李见深、占少林、冯绍兴等一批优秀的陶瓷艺术家。2016~2020年，三宝国际瓷谷获世界级、省市级荣誉10余项，包括2016年"三宝村"获江西省省级生态村，2018年"三宝蓬艺术聚落"获江西省文化产业示范基地十强，2019年"三宝村"获中国美丽休闲乡村，2021年"三宝村"获江西省乡村旅游重点村，2020年"三宝蓬艺术聚落"获第三届江西省文旅产业"金杜鹃"评选文旅融合示范项目十佳，2020年"三宝国际瓷谷"先后荣获全域旅游优质文旅小镇、全域旅游优质美丽乡村、全域旅游特色非遗创新、中国康养旅游目的地案例等。

概括总结陶源谷的成功经验与做法，主要有以下几个方面：

一是打造陶瓷文化文旅融合新路径。三宝国际瓷谷围绕陶瓷文化核心，

---

① 郭建晖. 推动陶瓷文化创造性转化和创新性发展——基于景德镇三宝的调查［J］. 江西社会科学，2021，41（8）：5-13.

形成了吃、住、行、游、娱、购的开放式旅游业态，在旅游创新发展方向上摸索适合当前形势、政策、未来前景的道路。拥有陶瓷人文历史、陶瓷文化创意、瓷艺传承创新、"景漂"聚集优势的三宝国际瓷谷，通过对陶瓷文化和旅游产业转型升级的判断分析和新路径、新方式的探索，正在形成陶瓷文化旅游新业态。

二是打造陶瓷文化产业融合新业态。近年来，三宝国际瓷谷用融合撬动陶瓷行业，大力实施"陶瓷+"战略，不断激发新经济、新动能、新业态。打好"陶瓷+创意"融合牌，发挥数以千计艺术家、手艺人、设计师等核心资源作用，积极推动陶瓷艺术的融合创新，已然成为大众创业、万众创新的沃土。打好"陶瓷+旅游"融合牌，高标准制订全域旅游规划，充分利用现有的老厂房建筑，建设陶艺文化村、文化艺术创意街、文化展示长廊等一系列特色景点，催生乡村游、体验游、研学游等旅游新业态。目前，已成功创建国家AAAA级旅游景区、江西省商业旅游文化融合发展示范区，成为全国著名网红打卡点。打好"陶瓷+互联网"融合牌，建设三宝国际文创中心，吸引中国网库集团、大龙网等大批互联网企业落户，并探索"线上直播+线下产业"新模式，大力发展"网红经济"，拓展三宝陶瓷产品及特色文创产品销售渠道。

三是打造陶瓷文化交流新平台，实施三宝文创中心、教授街、"景漂"部落等文化交流项目，发挥"三宝论坛"、三宝国际陶艺村、景德镇陶瓷大学古陶瓷研究所等平台的对外文化交流作用，现已形成"春游""夏泼""秋展""冬论"三宝四季品牌活动，把三宝的陶瓷资源优势转化为文化优势、传播优势。2017~2020年，三宝国际瓷谷三宝蓬先后举办了"第三届景德镇市诗歌论坛""在我土地请跳华语""语言的回声·程小雨个人诗歌朗诵会""返乡——田园与城市的精神对话""大音希声·徐清原梵音演唱会""埃及之夜""蓬荜生辉潮青文化音乐节"等数十场诗歌朗诵、音乐、舞蹈甚至话剧表演；2016~2020年，连续举办了三届"泼墨&泼泥嘉年华"户外活动；

2020年跨年之际，携手"景德镇职工管弦乐团"举办了一场自发的、非官方的、本土的、公益的《景德序曲》音乐会。2017~2020年，三宝国际瓷谷共举办70多场线下阅读、分享、讲座、沙龙活动，以其独特而深度的内容引起行业人士的思考、共鸣，并成为全民探讨的文化活动。如今的三宝国际瓷谷，各类陶瓷艺术文化交流培训频繁，群展、个展、微展百花齐放，陶瓷文化与非陶瓷文化、传统文化与现代文化、中华文化与世界文化在这里交融互鉴。

四是打造陶瓷人才聚集新生态。三宝国际瓷谷以其开放包容的氛围、千年陶瓷文化的独特魅力和陶瓷艺术创作的多元生态，吸引了大量国内外陶瓷艺术家、文化创意人才、商业经营人员等不同群体聚集于此，构成一个多元文化艺术人才生态圈，逐步形成了陶瓷人才聚集生态。根据调研，三宝国际瓷谷吸引了3000多名国内外"景漂"在三宝创新创业。其中，超过60%的"景漂"属于"常住型"和"候鸟型"，80.4%的"景漂"从事陶瓷艺术创作、文化交流、陶瓷收藏及瓷文化研究[①]。

三、陶溪川：陶瓷工业遗产保护利用案例实践

景德镇陶溪川文创街区（以下简称陶溪川）是以陶瓷工业遗产保护利用为基础，融产业升级与城市更新为一体的商旅文项目，以原国营宇宙瓷厂为核心启动区，在保护利用陶瓷工业遗产的基础上，通过结构改造、活力再造，融传统、时尚、艺术、科技于一体，主打品牌涵盖文化旅游、艺术交流、双创孵化、电商直播、研学教育，创建"国际范、强体验、混合业态、跨界经营"的文化创意综合体，成为江西省唯一的国家级文化产业示范园区、国家双创示范基地、全国创业孵化示范基地、全国版权示范园区、国家级夜间文化和旅游消费集聚区、国家旅游科技示范园区、全国非遗旅游街区。截至

---

① 郭建晖.推动陶瓷文化创造性转化和创新性发展——基于景德镇三宝的调查[J].江西社会科学，2021，41（8）：5-13.

2022年底，陶溪川园区业态丰富，设有景德镇陶瓷工业遗产博物馆、陶溪川翻砂美术馆、邑空间双创平台、陶公塾教育实训平台、陶溪川艺术中心、国际工作室、玻璃工作室、木工坊、直播基地、中德（景德镇）工业4.0智能制造公共实训基地、大剧院、文创商店、餐饮酒店等业态，打造了一个国内外知名的、无边无墙的文化艺术街区。

（1）陶溪川邑空间：原是宇宙瓷厂的烧炼车间，现已成为全国各地"景漂"聚集的双创空间，总占地面积3000平方米，空间以原创和年轻为入驻标准，联动每周末的创意集市，实行晋级制度和动态管理。

（2）陶溪川大剧院：景德镇唯一一个现代化、国际化的综合性剧院，能同时容纳上千人观看演出，大剧院立足本土文化，不断丰富创新理念，开发优秀的原创剧目，于2021年10月对外开放运营，景德镇陶文旅集团携手东方演艺集团、九维文化、江苏大剧院等知名演艺机构，带来了舞蹈诗剧《只此青绿》、《红楼梦》，原创音乐剧《上镇》、In-box空间舞台《经海山》等优秀剧目。

（3）中德（景德镇）工业4.0智能制造公共实训基地：位于陶溪川二期，建筑面积15000平方米，积极对接《中国制造2025》《景德镇市"3+1+X"产业人才发展实施办法（试行）》的政策规划，推动景德镇市打造"中部地区制造业基地"，发挥中德资源优势，促进智能制造产业与职业教育深度融合，先后荣获工业和信息化部发布的"2020年制造业与互联网融合发展试点示范"、江西省首批省级区域性职业教育产教融合公共实训基地、江西省高技能人才培训共建共享基地。

（4）景德镇陶瓷工业遗产博物馆：全国首个以陶瓷工业遗产打造的博物馆；利用宇宙瓷厂内留存的旧窑房，通过修补修复创新，采用"以物展史"的方式，以时间为序，充分运用现代新材料、新造型，以及声、光、电等辅助手法，利用珍贵实物、图片资料，展示了1903~2015年景德镇陶瓷工业的发展历史，展现了景德镇陶瓷工业遗产风貌。

（5）陶溪川美术馆：是集展示、研究、收藏于一体的现代型美术馆，总建筑面积7517平方米，拥有八个展厅以及一个长达81米的隧道窑装置；全馆展陈面积约3000平方米，展线总长度达670米；展厅采用滑轨式活动展板和展墙，使展览陈列、布置更加灵活，视觉上富有变化。

（6）陶溪川球磨美术馆：坐落于陶溪川二期，总建筑面积7192.86平方米，总展陈面积1830平方米；是一所集展示、研究、收藏于一体的艺术平台，涵盖绘画、雕塑、摄影、装置、行为等多种艺术创作形式。

（7）陶溪川翻砂美术馆：由原景德镇市陶机厂翻砂车间改建而成，总建筑面积3948.70平方米，总展陈面积1895平方米；是一所集展览、公教、培训、研学等于一体的展览平台，聚焦"创新"、"跨界"、"开放"与"交流"，致力于整合国内、国际艺术资源，并推动中国当代艺术的前进和发展。

（8）陶溪川玻璃工作室：位于陶溪川二期，占地面积4000平方米，是全国规模最大的玻璃艺术创作平台，是向广大玻璃艺术爱好者以及专业人士提供作品创作、艺术家驻场、专业讲座、艺术展览、国际交流、研学旅行及跨界合作等多样化服务的平台。自2021年10月开始，陶溪川玻璃工作室正式开展驻场活动。

（9）陶溪川直播基地：由景德镇陶邑文化发展有限公司于2020年投资建设，联合抖音、快手、京东、淘宝为线上达人、直播店铺、新媒体机构赋能陶瓷销售。景德镇市人民政府公布的数据显示，2022年，通过抖音平台"景漂"创客实现线上营收57.6亿元，同比增长87.8%，直播基地入选"江西省电子商务示范基地""江西省数字经济集聚区（第一批）"名单。

（10）陶公塾教育实训平台：是陶溪川教育研学的特色业态，拥有8000平方米的教育场地，设立22个独立教学工作室、6个公共共享区以及9个不同功能的其他区域，聚焦陶艺、美学、艺术等培训及游学体验领域，通过实践教育课程的开发、师资队伍的培养、教学空间的打造，为中小学生、大学生提供艺术研学旅行场所，为国内外艺术家提供分享互动平台和创作交流空间。

总体而言，陶溪川在项目规划及运营方面具有以下成功经验与做法：

一是以"遗产项目"传承文化基因。陶溪川坚持保护工业遗产的核心价值，对宇宙瓷厂22栋老厂房、煤烧隧道窑、圆窑包、工业设施等保护修缮，完全保留原有建筑肌理和风貌，将这些原生态的物件"变废为宝"融入街区每一个角落，还将宇宙瓷厂原有的原料、成型、包装彩绘等生产车间变身为陶瓷工业遗产博物馆、美术馆、教育培训平台、国际工作室、设计中心、文化交流中心等服务配套，成功打造了文化传播平台、国际交流平台、非遗保护平台、双创孵化平台，将老瓷厂转型升级为"国际范、跨界经营"的文化创意街区。

二是以"景漂双创"集聚文化人才。陶溪川是年轻人的造梦空间，聚集着来自全国各地乃至海外的青年艺术家、设计师、手艺人和大学生创客。2022年，全新打造了设计师集市，大力实施"景漂工匠"劳务品牌提升项目。根据陶溪川官方信息统计，截至2022年，陶溪川"景漂"创客增长到2万余名，新增版权登记8012件，会聚了来自海内外的2.1万名艺术家、设计师和"景漂"创客，2022年接待游客390余万人次。2023年1月，陶溪川双创示范基地被国家发展和改革委员会列入《2022年区域双创示范基地督查激励推荐名单》。

三是以"艺术交流"推动文化传播。2022年11月，全新推出陶溪川艺术集市——陶然集，为期三天的活动吸引了10万余名文艺青年参与，实现了传统手工艺和当代艺术的融合，成为新华社、《人民日报》等各大媒体聚焦的现象级文化活动。2022年，承办了第五届阿拉伯艺术节、中日陶瓷科技创新发展大会、国际版权论坛等活动。此外，依托国际一流的陶溪川大剧院，携手东方演艺集团、九维文化等知名演艺机构，带来了舞蹈诗剧《只此青绿》、原创音乐剧《上镇》、In-box空间舞台《经海山》等优秀剧目，圆满展演了"学习宣传贯彻党的二十大精神——听故事见江西大型原创主题故事剧"。

四是以"数字经济"推动文化"变现"。2022年1月,陶溪川直播基地入选江西省数字经济集聚区(第一批),通过与抖音、快手、京东的全平台合作,成为集产品设计、溯源认证、电商培训、仓储选货、直播带货、物流配送于一体的"线上+线下"数字经济平台。

四、陶博城:陶瓷文化贸易交流案例实践

景德镇国际陶瓷博览交易中心(以下简称陶博城)是景德镇市推进国家陶瓷文化传承创新试验区"两地一中心"战略的重要标志性项目,位于江西省景德镇市浮梁县洪源一路寺山路,占地2平方千米,建筑面积约150万平方米,投资近百亿元。陶博城以"会聚八方来客、展示天下风采"为理念,以"买全球、卖全球"为目标,以陶瓷文化的传承、创新、发展为主线,成为陶瓷品类齐全、国内最大、国际有影响力的陶瓷博览交易中心。

陶博城以"发展会展经济,聚焦陶瓷贸易"为宗旨,线下规划建设国际会展中心、国际陶瓷交易中心、国际物流中心、商业配套中心四大核心业态,全力打造以陶瓷贸易为核心,集配套会展、跨境电商、仓储物流、文化旅游、国际研学、酒店住宿等功能于一体的全球陶瓷贸易综合体。其中,国际陶瓷交易中心一期建筑面积32万平方米,设50平方米左右商位2800余个,计划2023年10月正式开业运营。线上依托实体市场量身定制陶博城综合性数字贸易官网,该官网集产品溯源、数字贸易、支付结算、智慧物流、供应链金融于一体,打通中国(景德镇)跨境电商公共服务平台、景德镇市场采购贸易联网信息平台接口,以数字经济助推陶瓷贸易繁荣发展。同时,陶博城采用多业态联动,线上、线下一体化的贸易生态思路布局,努力打造成"品牌响、政策好、规模大、品类多、品质优、价格实、功能全"的陶瓷专业贸易市场,全面实现"买全球、卖全球"。

总体而言,陶博城的成功经验与做法可概括为以下几个方面:

一是市委、市政府高位推动，全力提升陶博城品质定位。在景德镇市委、市政府的领导和市文旅局、市商务局的精心指导下，作为国家对外文化贸易基地的运营主体，陶博城积极推进创建工作，遵循"功能布局科学合理、市场要素高效集聚、工程建设层级推进"的原则，按"展贸、产学研、新业态三大功能联动，物流、服贸两大支撑要素集聚"的思路布局，高水平创建国家对外文化贸易基地的景德镇特色生态体系。作为深入贯彻景德镇国家陶瓷文化传承创新试验区"两地一中心"战略，打造对外文化交流新平台的重点项目，陶博城大力发展陶瓷会展经济，打造集创意、设计、定制、展示、鉴定、交易、物流、产品发布于一体的国际陶瓷博览运营平台，同时打造"瓷博会""中国陶瓷工业互联网平台""1039市场采购试点""陶瓷艺术品官方溯源平台""跨境电商公共服务平台""景德镇陶瓷官方旗舰店"六位一体的运营体系。

二是科学布局多元化的产业生态空间。陶博城形成了完整的产业链体系，采用展览、交易、产学研、物流、服贸、配套设施等一体化布局，创新博览交易中心全场景展览模式，创新建立瓷博会国际国内参展企业延展（保税）代运营中心，商业配套一期与陶瓷博览交易中心形成互补，共建共享一站式商业+酒店+文旅休闲+会展+人才培养等配套服务功能，形成"商服组团+餐饮组团+住宿组团+商业组团+文娱组团+研学组团"的产学研生态圈。商业配套二期依托景德镇跨境电子商务综合试验区的建设，按照"博览交易+"的思路，配套建设跨境电商产业园、景德镇陶瓷官方旗舰店、文创园、保税区，全域创建购物旅游市场，引进电商直播、跨境电商、创意设计、购物旅游等新业态。在交易中心西侧布局国际物流港，打造景德镇陶瓷国际物流中心，加速实现景德镇商贸配套资源的集约化、规模化发展，该物流港成为了中国陶瓷产业物流枢纽之一，为陶博城提供一站式快捷便利的物流运输支撑。除了完善的主体基建和商业配套、物流支撑外，还有强大的服贸支撑——体系化构建公共贸易服务平台，包括国际贸易（跨境电商）线上公共服务平台、中国陶瓷工业互联网平台、直播供应链金融服务中心、瓷博会延展运营中心、总部基地、互联网直播生态区。

三是招商业态的多元化、多样性。陶博城项目不同于其他陶瓷市场或平台的独特优势，其优势主要在于有品牌、有平台、有政策、有资源、有生态链，成为中国向世界展示陶瓷文化的新窗口。陶博城一期招商启动以来，以其良好的区位优势、品牌优势、平台优势、功能优势、补贴政策等，吸引陶瓷企业落地。根据《景德镇日报》报道，自2023年3月陶博城启动招商动员以后，组建招商小分队奔赴全国各产瓷区为陶博城招商，2023年3~5月，陶博城签订意向企业803家，入驻优秀陶瓷企业150家，地区分布福建德化、湖南醴陵、广东潮州、山东淄博、山东临沂、河北唐山、浙江龙泉、广西北流、江西黎川、江西吉安等全国各地产瓷区。产品覆盖日用陶瓷、酒店用瓷、艺术陶瓷、生产资料、先进陶瓷等。其中，湖南华联瓷业、淄博华光国瓷、广西三环、江苏高淳陶瓷、浙江楠宋瓷业、德化陆升陶瓷、山东银凤、淄博汉青、醴陵陶润、湖南银和瓷业、泰山瓷业等知名品牌相继落户，且50%以上为规上企业，市外入驻企业占比40%，市内入驻企业占比60%，实现了企业与产品的广泛性和多样性[1]。

四是运营模式的线上化、线下化。积极探索新时代陶瓷贸易新模式，首创陶瓷B2F2C商业模式，以陶博城为主体，以陶博城数字贸易服务平台和陶博城交易中心为两翼，打通供应端和需求端，以数字经济助推一体两翼双市场繁荣发展。线上依托陶博城实体市场，建设一个近30000平方米的电商直播产业园，导入MCN机构和运营主体，大力发展"前店后仓""前店后厂"的核心数字贸易履约中心，与陶博城前端销售形成有效的闭环，既为陶博城商家提供仓储空间，又能够降低包装与物流成本，提高物流效率。同时，还将发挥好跨境电商、市场采购贸易试点、中国陶瓷工业互联网的政策优势和

---

[1] 杨宇欣. 陶博城：打造新型陶瓷贸易市场 [N/OL]. 景德镇日报, 2023-07-05 [2023-10-06]. http://www.jdz.gov.cn/zwzx/jrcd/t909966.shtml.

资源优势，为更多的市场主体赋能，实现销售端、供应端、履约端的互联互通，线上线下双维发展，实现"买全球、卖全球"。

五、陶瓷工业园区（名坊园）：手工陶瓷创意聚集案例实践

景德镇陶瓷工业园区（以下简称名坊园）地处景德镇昌南新区东北角腹地，毗邻景德镇机场，紧邻景北高速路出入口，是景德镇市委、市政府认真贯彻落实江西省委、省政府"加大对历史传承保护，加快陶瓷文化创意产业发展"有关指示而精心打造的，旨在归集和保护传承手工制瓷经典的文化创意产业项目。该项目规划面积1.3平方千米，是国家AAAA级旅游景区、江西省文化产业示范基地，以名人、名品、名作坊的企业化运作模式，打造传统手工制瓷的产业化、规模化集聚地，是全国高端手工企业制瓷集中地，已发展成为"朝圣千年瓷都，领略生态环境，欣赏传承技艺，购买高端精品"的理想之地，被称为"浓缩版景德镇"。

名坊园项目自2012年开始规划设计，2013年8月正式动工建设，2015年开园，总体规划占地面积共有1000余亩，分三期建设。其中，一期占地300余亩。截至2022年底，名坊园已吸引邓希平、蔡玲玲、镇尚、云之味、观宋、九段、饶玉、筷乐生活、厚森、诚德轩、明成坊、景浮宫、赖德全艺术馆、客栈、开元名宿等28家企业入驻，聚集了全国各大窑口及知名工坊的传承人，代表了陶瓷行业各个领域顶尖水平。二期占地面积约300亩，于2016年5月正式开工建设，2018年正式投入运营，截至2022年底，已吸引观道堂、高淳、研学基地、何窑、鼎器、创客基地（游客服务中心）、福美艺术馆、北厂等13家企业入驻，聚集了新中式陶瓷、国瓷、珐琅彩、鼎器、艺术瓷板、古法陶瓷、创客、研学等不同的陶瓷业态。在一期聚集各大窑口传承人和知名工坊的基础上更加丰富了陶瓷领域其他业态。三期占地160余亩，于2019年开工建设，2021年投入运营，按"工业成本、景区风貌、城市功能"的理念打造，进一步吸纳了有绝活、有情怀、有品牌、有市场和有

非遗传承手工制瓷的手工陶瓷企业落户，截至2022年底，已吸引辰天、集美青云、彭氏陶瓷、洵堂、华玉轩、武凤、何炳钦艺术馆等13家企业入驻，是在一、二期传承弘扬陶瓷文化的基础上，对陶瓷创新、设计等方面的重要补充。名坊园现已成为国内高端手工制瓷基地，同时也是景德镇AAAA级景区。

总体而言，景德镇陶瓷工业园区（名坊园）的主要经验与做法概括如下：

一是坚持具有景德镇特色的"手工制瓷基地"的功能定位。该项目立足景德镇"千年瓷都"特有的历史文化优势，充分挖掘陶瓷文化底蕴，抢救和保护散落在景德镇市内古街偏巷的知名手工制瓷名人名坊，是集文化创意、旅游休闲、生活娱乐高度融合的多业态文化街区。街区作为全国乃至全世界唯一一个手工制瓷非遗集聚地，拥有16家非遗传承基地、70位非遗手工制瓷技艺传承人，以及来自各产瓷区如官、哥、汝、钧、定等十大"窑口"的手工制瓷名人名坊。项目大力扶持手工制瓷业的发展，大力开发和制造高端陶瓷奢侈品牌及其产品，充分实现陶瓷工业作坊的集中、集聚，有力地推动了陶瓷历史文脉、传统制瓷工艺技术的挖掘和传承，全力发展陶瓷工业旅游。

二是采取"政府搭台，企业唱戏"的运作模式。名坊园项目从项目策划、实施到运营全过程，采取以政府为主导、企业市场化运营的方式，通过"海选"方式聚集散落在景德镇古街偏巷的名人名坊，致力于打造一个既具有景德镇特色，又具有国际范儿的"手工制瓷基地"。项目规划建设秉承了"生态园林""花园工厂""博物馆群""高端市场"等理念，在搅动业界思想、更新理念、传承与保护文化、优化生产布局、改善产品质量、服务和促进景德镇城市化进程等方面，越来越发挥着重要作用。

三是构建"功能齐全、业态多元"的空间格局。名坊园作为一个特色的AAAA级景区，还拥有丰富的商业配套。例如，住宿方面具有特色的名坊园客栈、商业酒店开元美途、高端五星级酒店开元名庭；餐饮方面具有特色餐饮潮汕火锅、铁板烧等，地方特色饭店山水宴、小佐小佑等，以及具有小资情调的茶餐厅茶宴等；还有迄今为止中国山水实景演出最为庞大、最为立体的视听表达"china"演出。名坊园·记忆文化街区结合"生态园林""花园工坊""博物馆群""文旅融合集聚区"等理念打造园区风貌，使园区兼具"博物馆"式的文化功能和"大观园"式的观赏功能，现已成为一个综合性、多功能、高品位的以陶瓷文化传承为主的陶瓷工业旅游区和陶瓷奢侈品集聚区，成为全国手工制瓷业的重要创意高地。

第三节 景德镇陶瓷文化创意产业基地建设的困境

景德镇陶瓷文化创意产业聚集区和基地项目的建设虽然取得了良好的成绩，但是仍然在体制机制创新、资源整合布局、产业融合发展、陶瓷文化品牌和数字发展赋能等方面存在一些客观困境。

一、体制机制协同不够

第一，政府、社会和市场共建共享体制机制协同不够。景德镇陶瓷文化创意产业聚集区及重点基地建设方面主要是以政府推进为主导，社会、市场参与力度不足，政府、社会和市场的三方共建共享机制尚未完全形成。如何充分利用市场机制推动基地项目的运营发展，如何充分调动社会力量参与后续运营，成为"五陶"项目建设过程中亟待破除的困境。例如，陶博城项目的运作主要是以景德镇市的政府力量为主导，社会资源、企业资源力量的参与力度仍有待加强。

第二，政府职能部门之间联动协作体制机制协同不够。在景德镇推动陶瓷文化产业发展和"五陶"项目基地的建设过程中，景德镇市各政府职能部门之间仍然存在协调职责不清晰、协调层次不明确、行政问责对象不明确等问题。在具体操作环节上，也未能从体制机制层面对执行、监督等环节进行系统规范。

第三，在管理体制、协同运行机制、资源整合融合等方面仍然需要创新探索，如何推动实现景德镇陶瓷文化产业资源的全区域、全要素、全产业链融合发展，如何发挥"五陶"项目基地对全市陶瓷文化产业的带动作用，强化陶溪川与三宝国际瓷谷、名坊园等的联动效应，推动形成区域内文化企业协同发展机制，促进资源要素集聚，优化全市文化产业空间布局。

二、资源整合布局不优

首先，"五陶"各个项目之间的差异化定位还不够明确，需要结合各自的陶瓷文化优势、陶瓷遗址资源、陶瓷人才基础以及陶瓷资源禀赋进行差异化定位，避免同质化竞争和资源分散布局。其次，"五陶"项目内部的空间布局、业态布局以及资源布局仍有优化空间，大多数在陶瓷文旅、陶瓷文化交流、陶瓷创意创作等方面进行布局，缺乏以产业生态为视角进行系统构建和科学规划，对于陶瓷文化的资源整合性开发利用仍然不够。最后，部分陶瓷文化产业集群主体地位不突出，产业构成与分布不合理，特别是上下游产业缺乏产业配套与协作，难以形成互补性强的产业链，因而产业集群发展程度不高，一些集群内的各文化产品系列趋于同型同构，在细分市场上差别不够显著，产品同质化较为普遍。

三、产业融合程度不高

景德镇陶瓷文化产业集群效应不强，尚未形成共生互补的产业链和价值链。虽然已经形成了一批以陶溪川、陶源谷等为代表的陶瓷文化集群基地。但是，这些创意集群基地之间的产业融合程度和产业链的互补程度仍然有限。

一是陶瓷文化产业基地整体开发统筹不足。当前，以陶源谷（三宝国际瓷谷）、陶溪川、陶阳里、陶博城、陶瓷工业园区（名坊园）为代表的"五陶"基地已经形成了各自的特色与成功经验，但"五陶"基地建设之初，并未被纳入一个统一的总体规划，从而导致了"五陶"基地建设开发和运营都是各自分别独立进行。二是陶瓷文化产业在资源共享与运行协同程度有待提高。景德镇"五陶"基地同属同一产业链，"五陶"协同发展是理想模式。但在实际中，由于分属不同行政区、不同政府部门主管，"五陶"在资源共享与运行协同程度方面都有待提高。

四、文化品牌影响不强

景德镇具有得天独厚的陶瓷文化资源、遗存资源和历史底蕴积淀，陶瓷文化也是景德镇的一张亮丽的城市名片。但是，与景德镇"千年瓷都"和"国际瓷都"的定位相比仍任重道远。一是陶瓷文化产业存在中小企业多、龙头企业少，品牌数量多、知名品牌少，大小老板多、知名企业家少的"三多三少"问题。龙头企业在技术示范、产品辐射、产业链整合等方面没有起到有效的带动作用。景德镇仍然缺乏高端陶瓷文化产品和顶级国际品牌。二是陶瓷文化精神内涵的挖掘仍然不够，没有充分挖掘中国传统陶瓷文化的精神内涵，对陶瓷文化个性、中华文化属性、世界文化共性的精神标识系统性凝练不足，亟须打造一批具有景德镇陶瓷文化特色的IP产品。

五、数字赋能效应不明显

数字化建设是当今产业发展的基本趋势，景德镇坚持做优做强数字经济，在陶瓷产业数字赋能建设方面积极探索，获批国内首个标识解析二级节点[①]

[①] 标识解析二级节点：一个行业或者区域内部的标识解析公共服务节点，能够面向行业或区域提供标识编码注册和标识解析服务，以及完成相关的标识业务管理、标识应用对接等。

（陶瓷行业）运营授权城市，上线运营陶瓷工业互联网平台，打造全国特色领域试点示范。但是，整体上而言，景德镇陶瓷文化产业数字化发展仍然存在突出短板。一是陶瓷园区企业的数字化设计能力偏弱，大多数陶瓷设计仍然依靠艺术家个人创作，技术共享的3D云设计等平台较少。二是陶瓷园区的数字化运营能力尚需加强，数字化服务平台、数字化运营平台、现代产业生态构建问题还比较突出，"产业大脑"建设相对滞后。三是陶瓷企业数字化营销能力偏弱，多数企业未深度融入"互联网+"时代，跨境电商、海外仓等国际贸易的上网上云尚处于起步阶段。

第四节　本章小结

本章主要围绕景德镇陶瓷产业和陶瓷文化创意产业发展现状进行研究，分别从景德镇陶瓷产业发展的基础、陶瓷文化创意产业五个典型基地建设案例角度进行实践分析，对陶阳里、陶源谷（三宝国际瓷谷）、陶溪川、陶博城、陶瓷工业园区（名坊园）五个陶瓷产业基地的成功经验做法、存在的问题以及建设思路等方面进行总结。研究认为，景德镇陶瓷产业具有良好的产业基础和陶瓷文化底蕴优势，也形成了一批以"五陶"为代表的陶瓷文化产业基地项目，在国家陶瓷传承创新试验区建设过程中获得了长足的发展，在探索陶瓷产业高质量发展的道路上积累了成功经验，为本书后续的研究奠定了实践基础。

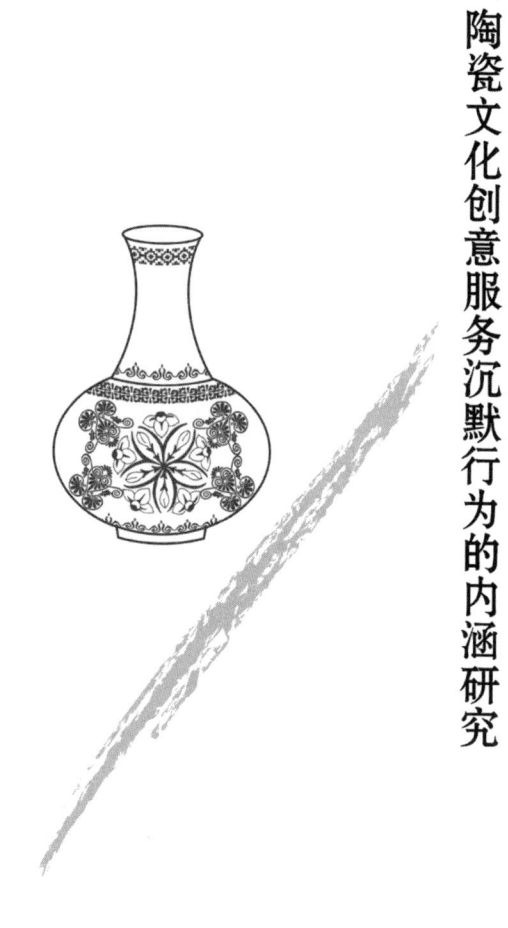

第四章 陶瓷文化创意服务沉默行为的内涵研究

现有研究对于沉默理论研究多限制在组织内部情景下,是员工对组织内部潜在问题保留或隐藏观点的行为,这一情景下的沉默被界定为员工沉默或组织沉默。同时,先前的研究也未对服务型组织这一特定组织类型进行区分研究,与制造型企业的员工沉默现象混而论之,缺乏对服务接触情景下的服务沉默行为的针对性研究,在更微观情景层面下的分析甚少。

服务型企业中的"服务接触"作为一个全新的分析情景,具有一定研究价值,也势必为员工沉默理论研究带来新的变化和突破。尤其是以陶瓷文化创意服务为典型情景的文化创意类服务,具有其他服务业态的显著情景特征和服务交互特征,研究这一文化创意服务接触情景下的员工沉默行为机理,能够为更加微观地解析文化创意服务交互过程机理提供有益的探索思路。为此,本章以陶瓷文化创意服务作为行业背景,在借鉴以往组织内部情景视角下员工沉默理论研究思路的基础上,深入分析陶瓷文化创意服务接触情景下的服务交互活动,界定服务沉默行为的定义和构成,开发服务沉默行为测量量表。

第一节　服务接触情景下的服务交互行为分析

一、服务接触与交互过程

服务生产理论是解释服务生产、运营过程的理论。过程特征是构成服务的基本结构,也是描述服务体系发挥作用的方法与工具。服务生产理论基于对服务过程特征、交互特征分析,从服务运营角度对顾客服务生产与消费过程进行阐述,为人们揭示服务生产过程中的诸多主体行为和活动特征提供了有益的分析框架。

在国外服务生产理论的研究当中，Langeard 等（1981）提出了服务系统观，他将服务系统明确分解为服务作业系统（Service Operation System）和服务传递系统（Service Delivery System）（见图4-1）。其研究提出，服务传递系统是可见的前台（Front Stage），服务作业系统是不可见的后台（Back Stage）。另外，Grönroos（1983）则从顾客视角来建构服务生产系统模型，它将服务从企业传递到顾客的过程分解为前场、后场与服务接触点三大部分。

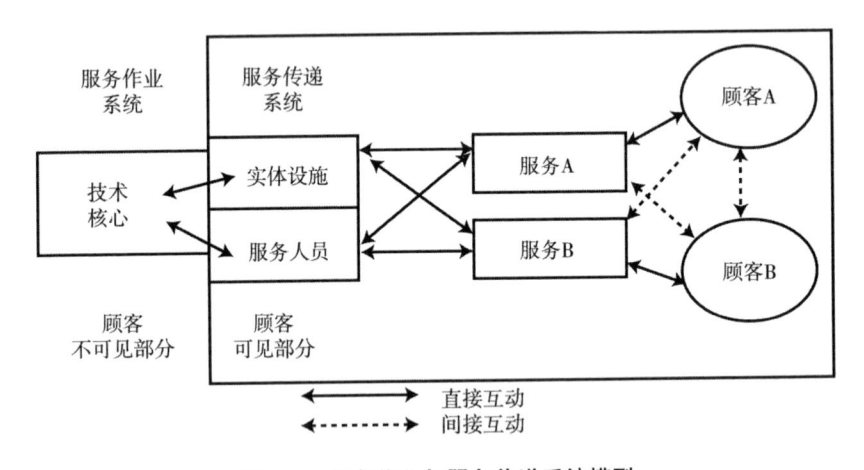

图4-1 服务作业与服务传递系统模型

资料来源：Langeard E, Bateson J E G, Lovelock C H, Eiglier P. Services Marketing: New Insights from Consumers and Managers [M]. Cambridge: Marketing Science Institute, 1981.

Grönroos（1983）指出营销是一个动态的过程，传统的外部营销活动和互动营销资源、活动互相协作建立和维系长久的、有利可图的顾客关系。关于顾客及其消费过程与服务过程的问题，顾客关系生命周期理论将服务消费过程划分为三个阶段：初始阶段、购买阶段、消费（使用）阶段（见表4-1）。

表 4-1　三阶段模型

阶段	营销目标	营销职能
初始阶段	培养顾客对企业和服务的兴趣	传统营销职能
购买阶段	将一般兴趣转化为销售，实现初次购买（做出承诺）	传统和互动营销职能
消费（使用）阶段	创造重复销售、交叉销售及持久的顾客关系（兑现承诺）	互动营销职能

资料来源：Grönroos C. Strategic Management and Marketing in the Service Sector［M］. Cambridge：Marketing Science Institute，1983.

在初始阶段，当潜在顾客对企业和服务没有清晰的概念或脑海中存在旧概念时，此阶段的营销目的就是培养顾客对组织和服务的兴趣。在购买阶段，一般兴趣应该转化为销售。更进一步说，企业应给出一些积极承诺，顾客也会接受。这时，当顾客与企业的生产资源接触时，应采取互动营销活动。在消费（使用）阶段，营销目标是达到重复销售、交叉销售和持久的顾客关系。在本阶段，企业的承诺应予以兑现，而顾客会意识到企业能满足他们的要求并值得信赖。如果不想在本阶段失去顾客，企业就要重视生产过程中的营销导向、服务过程与资源的服务思维。为了满足目标市场的需求，服务组织必须考虑顾客关系生命周期中的三个阶段，而且在每个阶段的营销目标和本质以及运用的营销职能都是不同的。

下面以某次陶瓷文化创意服务消费过程为例，通过服务消费过程的描述方法，对陶瓷文创消费接触过程进行详细解释。整个服务过程可分为三个阶段，分别是服务初始阶段、服务消费阶段、服务分离阶段，表现出不同的服务接触点（见图 4-2）。

在初始阶段，主要是对进入陶瓷文创街区的顾客进行礼仪欢迎、服务引导、氛围体验等，培养顾客的服务消费兴趣。可能包括停车服务（F1）作为辅助服务，引导服务（S1）、街区场域展区服务（S2）和街区文化体验服务

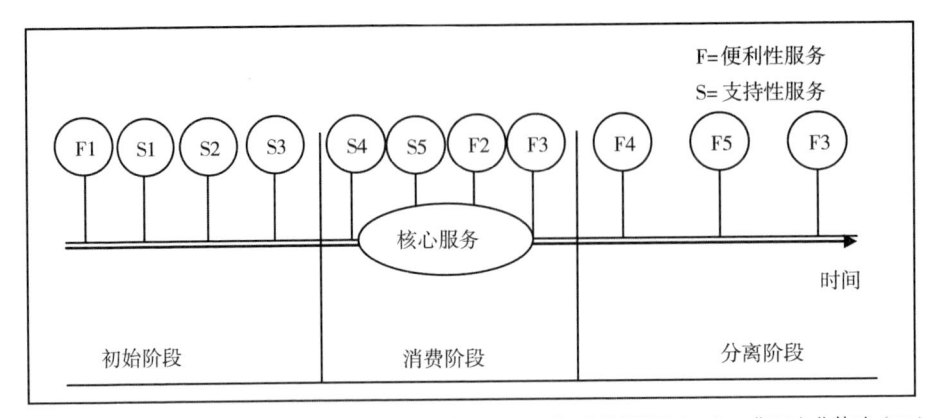

```
                                              F=便利性服务
                                              S=支持性服务

  F1   S1   S2   S3    S4   S5  F2  F3    F4      F5     F3

                          核心服务
                                                        时间

        初始阶段              消费阶段            分离阶段
```

图标示意：初始阶段：停车服务（F1）、引导服务（S1）、街区场域展区（S2）、街区文化体验（S3）
消费阶段：创意设计（S4）、陶瓷文化（S5）、陶瓷工艺（S6）、陶瓷产品介绍（S7）
分离阶段：导出服务（F3）、致谢服务（F4）、停车服务（F1）、售后交流服务（S8）

图 4-2　陶瓷文化创意服务消费过程

（S3）作为支持服务出现。由于陶瓷文化创意产业多以创意街区的形式聚集发展，顾客进入创意街区的文化场域后，就已经开始了服务消费过程的体验与参与，对于陶瓷文化的特有文化内涵和文化精神进行了感知体验和精神互动，因此在初始阶段，有效加强街区整体服务氛围、文化品牌的塑造，是提升服务感知质量的关键内容。

在消费阶段，主要是为顾客提供陶瓷文创产品或文化体验服务的过程，由于陶瓷文化服务的专业性和文化性特征，消费者参与服务消费过程中，需要与陶瓷创作者或艺术家进行深度的交流互动，交流陶瓷文创产品的创意设计、文化内涵、工艺工法以及产品特征等。在消费阶段的服务内容，主要是提供陶瓷文创产品或陶瓷工艺产品的推荐等，实现顾客对此次服务消费的价值转移，核心服务包括创意设计（S4）、陶瓷文化（S5）、陶瓷工艺（S6）和陶瓷产品介绍（S7）。

在分离阶段，顾客实现产品购买和服务消费之后离去，这时需要某些特定的辅助服务，如导出服务（F3）、致谢服务（F4）和停车服务（F1）作为支持服务，以及陶瓷文化创意之后与顾客的售后交流服务（S8）等。

由此可见，陶瓷文化创意服务的服务接触过程并不仅仅局限于顾客与企业面对面的接触阶段，还延展至从顾客了解需求、感知环境、进入场景到互动沟通、体验服务、参与创造以及最后阶段的评价反馈、售后服务等全过程。服务生产过程也是涉及服务型组织多个部门的协同活动过程，包括后台服务作业系统和前台服务传递系统，其中一线员工与顾客的服务接触环节作为顾客体验服务的"关键"的"真实瞬间"，在整个服务生产、传递及消费过程中处于重要位置。

在服务接触及消费过程中，由于不同的顾客具有差异化的服务经历、个性特征及文化背景，在面对同一服务过程中也会有不同的消费需求，形成差异化消费风格。例如，对于陶瓷创意产品选择，投资型顾客和艺术收藏型顾客具有不同的消费诉求。前者对于陶瓷文化产品的经济价值和投资价值更加注重，消费决策过程中会考量创造者作品的长期价值和升值空间；后者对于陶瓷作品的艺术价值和精神性更加注重，从陶瓷作品的创意特色、艺术流派和独特价值角度进行鉴赏。再如，在其他餐饮服务消费业态中，年轻的消费者在餐饮消费中喜欢热情、温馨的服务风格，而年龄较大的消费者则侧重于对餐饮服务过程中的安全、养生以及服务便捷性的需求。这种消费风格差异也对服务企业的资源配给与过程管理提出了新的要求。

Grönroos（2008）从服务生产与消费匹配角度解释了如何管理这一问题，指出服务企业需要根据不同的顾客消费风格进行服务匹配，在前期顾客需求分析与调研的基础上，设置多元化的服务风格，匹配多样化服务供给。他认为服务质量及顾客价值生产过程是由服务企业与消费者共同创造的过程，质量生成资源包括人员、系统、技术和有形资源以及顾客，必须经过周详的规划和有效的组合，才能使服务过程产出具有竞争力的功能服务。Grönroos认为，员工的工作风格必须与顾客的消费风格相适应。如果这两种风格不匹配，那么顾客感知服务质量会受到损害，由于不同的顾客会在同一时间出现，他们的消费风格也必须都得到满足。

二、服务接触与交互类型

互动是指一种使对象之间相互作用而彼此产生改变的过程。国内外学者根据服务特点，对服务交互给予更详细的定义阐释。Shostack（1985）最早提出了"服务互动"概念，认为服务交互是顾客与服务企业的直接互动，包括两个层面的交互：顾客与服务人员的互动、顾客与设备及其他有形物的互动。Johnston 和 Lyth（1991）从系统论出发，认为服务接触是通过对顾客、材料和信息的三种输入获得特定的服务结果。Bitner（1990）扩大了服务互动的内涵，进一步指出，服务互动是顾客与服务传递系统之间的互动。范秀成（1999）整合国外学者的观点，提出了扩展的交互服务模型，除包括传统意义上的顾客与服务系统互动、顾客与员工互动、顾客与实体环境的互动外，还应包括顾客与顾客间互动。

过程性是服务最核心和基本的特性。对于服务产品消费，消费者客体的核心价值是在消费过程中创造的，本质上服务就是过程，是一种活动（Grönroos，1997）。服务的生产和消费往往同时进行，在服务生产和消费过程中，顾客要与企业发生多层次和多方面的交互活动（Eiglier and Langeard，1977）。顾客与服务提供者之间的动态交互贯穿整个服务接触过程，顾客与员工承担各自的角色。

根据服务交互理论，服务接触过程中的交互主体行为可区分为以下几类：一是服务提供者（一线员工）与服务消费者（顾客）之间的服务交互行为，这也是服务接触过程中的基础性活动；二是服务后台系统及运营资源与一线员工的交互行为，这是作为服务支持系统的有效构成；三是有形资源及设备（如服务设施、灯光、氛围等）与服务接触主体的交互活动，也就是一线员工及顾客对服务场景因素的感知与评价，或者说服务环境对服务接触的影响作用；四是其他顾客（非直接消费顾客）对服务接触活动的交互影响，如等待区顾客的抱怨行为、已消费顾客对未消费顾客的服务口碑行为等（见图4-3）。

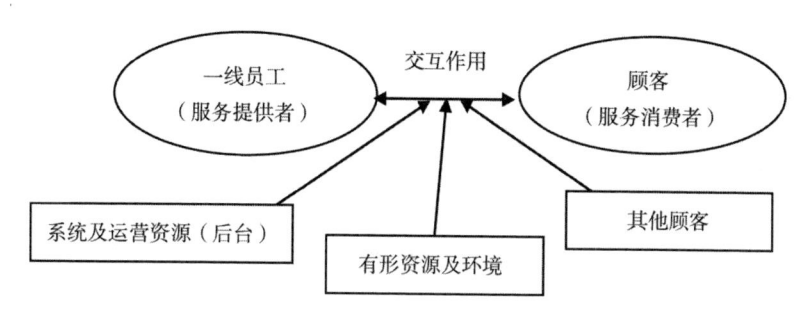

图 4-3　服务接触中的交互作用

（一）与顾客接触的员工（一线员工）

直接和顾客打交道的员工被称为与顾客接触的员工（Customer Contact Employee），也就是"一线员工"。任何人都可以扮演这一角色，不管他在组织层级中处于哪个位置。互动既可能是面对面的，也可以借助电话、电子邮件、传真或信函进行。通常，与顾客接触的员工是服务提供者最关键的资源。系统、技术和有形资源是很有价值的支持资源，但大部分服务组织还是要依靠与顾客接触的员工，因为他们比这些支持性资源更重要。与顾客接触的员工占有很重要的地位，他们要在关键时刻通过观察、提问及对顾客行为做出反应来识别顾客的愿望和需求。随后，他们还要进一步地追踪服务质量，在发现问题时及时采取对策。在这个程度上，与顾客接触的员工是服务生产、传递的核心要素，也是服务交互活动的重要主体，他们与服务接触其他主体都有交互行为发生。

（二）顾客

顾客作为质量生成资源直接参与到服务生产过程中去，服务生产和消费的本质决定了顾客并不是简单被动的消费者。在服务消费的同时，他们也积极地参与到服务生产过程中来，只是参与的程度不同（在文化创意类服务消费过程中，顾客与创造者之间具有较为深度的顾客参与互动；在发型设计或在银行理财服务时，顾客参与比较积极，而在接受运输公司的服务时，顾客积极程度就没有那么高)。以陶瓷文化创意产品消费为例,在某些场合(如展厅服务)中,顾客与服务人员接触;但在另一些场合(如画室)中,顾客与艺术创造者会进行更加一对一的深度交流,了解创意产品特色、艺术创造背景以及其他相关知识之后,极大地增强了顾客对艺术作品的购买意愿。同时,一些顾客在同一过程、同一时间进行顾客之间的互动,如在艺术展陈现场,不同顾客之间对于艺术作品的不同鉴赏评价,将成为顾客消费购买决策的重要依据,顾客之间的独立性交流将对顾客感知服务具有显著性的影响。但在任何情况下,顾客总是积极地参与服务过程中,并参与服务生产,这就造成了顾客与其他服务接触主体发生交互活动的可能,尤其是与一线员工、服务有形设施及环境等。

(三)系统及运营资源(后台)

在组织的不可视部分(笔者将其称为后台)对顾客与服务提供者之间的互动质量有很大的影响。后台支持有时甚至是提供优质服务的重要先决条件。根据 Grönroos(1983)的研究,互动服务生产的后台支持系统主要有三种:管理支持、物质支持和系统支持,其中最主要的支持是管理支持:第一,管理支持。如果企业想培育一种服务文化,经理和主管就必须支持这种文化价值,需要对工作群体、团队、部门的共享价值、思考方式和工作情况负责。若想员工维持一种服务导向的态度和行为,那么经理就是关键的因素之一。第二,物质支持。与顾客接触的员工常常必须依赖组织所提供的物质支持。这些支持员工必须将与顾客接触的员工视为自己的内部顾客。在支持部分可能会有一系列支持职能。支持人员必须作为内部顾客的身份借助服务系统背后的支持职能获得相应的帮助。银行处理账目、信贷风险审批等就是物质支持的实例。第三,系统支持。例如,技术、计算机系统、信息技术、办公大楼、设备和文件等方面的投入构成了可视线背后的支持系统。如果银行购置了一套运转速度很慢的计算机系统,就无法及时回答顾客提出的问题,也无法为与顾客接触的员工提供更新过的顾客信息,这时服务系统就缺乏优质的系统支持。

(四) 有形资源及设备

有形资源及环境包括服务系统使用的所有资源。计算机、文件、工具都属于此。某些有形资源是产出的优质技术质量的必要前提。但是，它们会对功能质量产生影响，因为顾客可以在感觉到自己在进行自助服务时的难易程度后得出一个服务界面是否友好的结论。服务过程中的有形资源及环境对员工和系统同样有内在的影响。有形资源及环境构成了服务过程中的服务环境组合，顾客、与顾客接触的员工、系统和资源在此相互作用。如果要打造良好的服务质量，那么服务过程的每个部分（包括顾客）都必须与整体系统匹配。这些系统和程序对服务质量有双重影响。首先，它们直接影响顾客的感知服务质量，因为顾客必须和这些系统进行互动，如果他们感到要被迫去适应这种系统，那么系统就还有待提高，这样的系统就会毁坏质量。其次，系统和程序对员工有内在的影响。如果某种系统是老套的、复杂的或非服务导向的，那么系统中的员工可能会感到困惑，当然也会对激励产生负面影响。

(五) 其他顾客

在大多数的服务环境下，顾客或者和其他顾客同时接受服务，或者在其他顾客接受服务时等待，在这两种情况下，其他顾客都在服务现场，他们会影响服务结果或服务过程的特征。Bateson（1985）曾指出，没有其他人的参与，顾客难以进行社会交往，但若是顾客数量太多而出现拥挤，就会影响顾客感知质量和顾客满意度。黎建新等（2009）认为，顾客间的互动应该受到重视，服务场景下顾客间的关系会影响顾客与服务组织之间的关系，顾客因顾客之间的行为或关系所引起的满意和不满意都将归因于服务组织。王永贵和马双（2013）以虚拟品牌社区为研究背景，系统地剖析了顾客互动的关键维度，并运用实用—享乐理论探讨了顾客互动的关键驱动因素——实用需求和享乐需求，检验了各种顾客互动对社区满意的差异性影响。刘高福和李永华（2021）则结合数字经济背景趋势，认为数字化时代价值共创研究重点由服务主导逻辑向线上社区价值共创转变，用户互动的各维度正向影响共创关系价值、享乐价值和学习价值。

三、服务接触中的员工行为

现代服务理论普遍证实了一线服务人员在服务生产、传递及消费过程中的积极而不可替代的作用（Grönroos，1990；Bitner et al.，2000）。在服务经济日益兴盛的今天，服务企业与顾客之间的互动已经是服务营销研究的焦点，这也使服务互动中的一线员工行为被放在突出的地位（Beatson et al.，2023）。

Grönroos（2008）研究指出，员工不友好和冷淡的态度和行为对感知服务质量的过程质量有显著的负面影响，也对生产率产生反作用。被员工行为激怒的顾客容易给员工制造麻烦，这将使服务过程放慢，从而导致额外的工作和更低的生产率。相反，具有服务导向的员工会因为其出色的工作而提升顾客感知质量，生产率也由此得以提升。卡斯帕尔等（2008）也指出，服务生产过程就是为顾客创造一段难忘的服务经历，在这个过程中，人员、服务过程和有形环境共同影响着服务产品的生产。其中，首先要考虑的就是人员。那些与顾客发生交互影响的服务人员被称为"边界跨越者"（Boundary Spanners），他们在服务传递过程中起着十分重要的作用，正是他们实践了服务品牌价值和服务营销活动，代表组织推销服务产品，从而传递了顾客感知的服务质量和价值。

从服务运作管理的角度来看，服务流程可分为前台作业和后台作业。前者是指有顾客直接参与的活动，在这些接触中顾客形成了对服务质量的感知，而后者则是服务过程中顾客看不到的部分，如银行后台单据处理。顾客接触程度增大，意味着顾客与企业之间出现更多面对面的机会，有可能导致更多的不确定性。根据客户参与程度，可以把服务过程分为基本不与客户发生接触的后台服务支持过程和直接与客户打交道的前台服务接触过程。前台服务接触过程是影响客户服务质量感知的主要来源，客户对服务质量问题的抱怨和不满主要集中在服务接触环节。为理解一线员工的服务行为，需要先明确服务是一种过程消费而不是结果消费，顾客已经将服务的生产过程视为服务消费的重要组成部分，消费过程本身对顾客来说就是一种结果，而且是服务过程一个重要的组成部分。员工既能为设计薄弱的服务过程提供支持，也能破坏一个设计良好的过程。简言之，他们是服务企业最重要的人。由于服务是看不见的，所以在一个服务互动剧场中，一线员工角色、情感付出以及顾客参与成为关键性要素。

从角色和脚本理论角度来看，顾客和服务人员在服务接触过程中实际上扮演着不同的角色，如果这些角色被很好地界定、理解，那么双方就会非常清楚彼此有什么期待，这样认知上的共识会增加、差异会减少；反之，认知和感受上的差异会增多。金立印（2008）以银行服务为背景，通过对服务接触中员工沟通行为对顾客的情感状态与行为反应影响的实证研究，点明了顾客的情感状态与其服务品质的直接关系，指出了要获得顾客的满意度，服务人员及其管理者在服务接触的过程中要积极关注顾客情感状态的变化并及时调整服务策略。赵宇飞（2012）根据服务接触理论、社会互动理论和"刺激—机体—反应"模型，认为在服务接触过程中，服务员工的行为对顾客参与会产生影响，而且这种影响可以通过顾客情感发生作用。王永贵等（2021）对中国40年来服务营销发展历程进行了梳理，认为中国服务营销研究发展阶段的一个重要议题就是聚焦在服务价值的交付阶段。在交付过程中，基于服务的不可分离性特征，顾客参与服务的过程也是其与企业进行接触，进而实现价值共同创造的过程，通过价值共创，企业和顾客将同时提升价值。因此，价值共创研究也成了近年来服务价值交付阶段的热点研究领域。

第二节　陶瓷文化创意服务沉默行为剖析

一、服务沉默行为的构成

通过前文中对员工沉默概念的研究回顾，借鉴 Morrison 和 Milliken（2000）的沉默概念定义，员工沉默行为可以理解为个体对"组织内"存在或潜在问题的消极沉默行为。同时，根据不同学者的综合性研究，员工沉默行为可以概括为以下几类：一是默许性沉默行为，是指员工在没有能力改变现状或解决问题的心理预期下，采取消极、被动隐藏想法与保留观点的行为（Pinder and Harlos，2001）；二是防御性沉默行为，是指员工为了维系人际和谐或自我保护而采取主动的、有意识的沉默行为，这与中国人的关系观、面子观的传统思维具有一致性（郑晓涛等，2009）；三是漠视性沉默行为，是指员工对组织承诺及信任程度较低时，低水平卷入漠视组织利益，而消极保留观点的行为；四是亲社会性沉默行为，是指基于利他或合作的动机，为了他人和组织的利益而保留相关的信息与观点的行为（Van Dyne et al.，2003）。

由此可见，以上员工沉默行为的研究情景多数是基于组织内部的交互过程中，如组织内员工对同事沉默、对上级沉默、对组织沉默或者领导者对组织沉默等，而这一研究情景视角限制了对组织外部的相关交互行为的关注，如服务接触中与顾客交互过程的沉默类型，这也是本书的研究出发点。

在员工沉默的传统研究范畴基础上，本书将员工沉默由"组织内部情景"延伸到"服务接触"特定情景中，并探讨两个层面的员工服务沉默内涵：

一是员工对服务过程中的组织问题的沉默行为,这些行为与组织情境线索密切相关。例如,本书将员工对于由于服务流程不流畅、服务产品与顾客需求不匹配、服务支持资源不及时,以及其他影响顾客服务体验的内部问题进行的沉默,描述为"组织情境下的对内服务沉默"。这发生在服务接触过程当中的员工沉默行为主要归因于组织方面的因素,与以往的员工沉默具有相同的内涵与特征。二是员工对服务接触中顾客问题的沉默行为,受到服务情景线索的影响。例如,对顾客参与、顾客需求以及服务交互反应的沉默,本书描述为"服务情景下的对外服务沉默"。前者是对以往研究思路的延续,只是将所沉默的"问题"由组织内转移到"服务接触"这一情景下;后者是将"沉默"对象由组织内部顾客向组织外部顾客转移,在一定程度上丰富了"员工沉默"的内涵,也突出体现了服务接触情景下的沉默新内涵。

从图4-4中可以发现,本书对服务沉默行为的研究并没有完全摒弃以往员工沉默的相关构念,而是将其与现有研究范畴有机糅合在一起,构成了服务接触情景下的一线员工服务沉默行为结构。从行为的表现类型来看,该行为结构可以归纳为两个层级,层级一区分为"组织情境下对内服务沉默行为"和"服务情景下对外服务沉默行为";层级二区分为对内沉默中的默许性沉默、防御性沉默和漠视性沉默,以及对外沉默中的与顾客服务接触及交互过程下的服务沉默,其具体结构维度将在后面章节中进行探索研究。

由于陶瓷文化服务本身的精神性、文化性和艺术性特征,陶瓷文化创意产品及其服务接触过程同样也具有其独特特征,本书结合陶瓷文化创意服务的特定情景,对服务沉默行为进行解析和描述。首先,陶瓷文化创意服务接触过程中,服务提供主体大多数为陶艺创造者本身或者艺术家,他们对于陶瓷文化作品具有个人情感投入和文化价值表达,在一定程度上他们对于文化创作作品是否能够获得消费者的价值认同与积极肯定,有时比经济价值的实

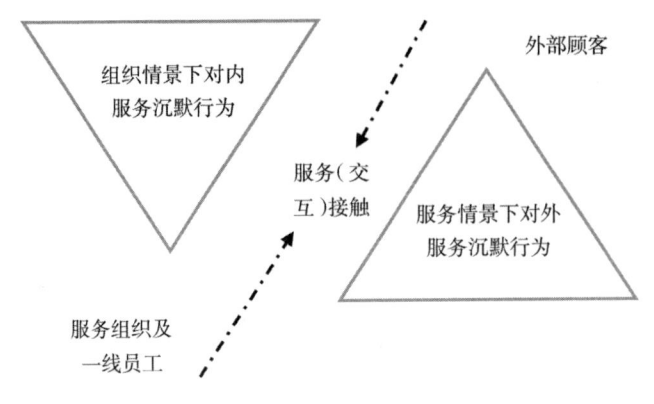

图 4-4 服务接触情景下服务沉默行为结构剖析

现会更加在意。因此，服务接触过程中的作品获得认同、肯定以及积极评价成为影响服务提供者的重要内容。其次，陶瓷文化创意服务的消费过程和服务接触过程需要顾客与创作者之间进行深度的互动沟通，而创作者与消费者之间的互动效果和互动体验影响了其对创作作品的价值表达和深度互动意愿，这也在一定程度上影响了服务提供者（创作者或员工）在服务接触过程中的沉默行为。

二、服务沉默行为的定义

本书研究员工服务沉默行为的定义，有必要在梳理以往员工沉默行为概念定义的基础上获得有益的借鉴。Morrison 和 Milliken（2000）最早将员工沉默概念界定为员工对组织潜在的问题保留个人观点的行为，员工不说出观点或想法是因为担心负面的结果或认为其观点对组织来说并不重要，这也是员工沉默最经典性定义。另外一个员工沉默的经典学术定义来自 Pinder 和 Harlos（2001），他们认为员工沉默是当员工有能力改进组织现状或提供信息时，保留或隐藏对组织环境等方面的行为、认知或感情上的真实评价。此外，Van Dyne 等（2003）则强调沉默行为的边界条件，认为沉默的边界条件包括三个方面：一是员工是有意识的主动行为；二是员工具有可以表达的观点、信息及意见的沉默行为；三是发生在组织内员工交互活动中。

现有员工沉默行为的概念研究为本书定义员工服务沉默行为提供有益指导，服务沉默行为研究的一个基本前提就是要建立其操作定义，界定概念的具体内涵，明确其外延。下面从行为主体、行为客体、行为性质和行为结果四个方面对服务沉默行为内涵进行梳理。

一是行为主体。这是界定行为概念的基本前提，也就是界定"谁沉默"的问题。本书将服务沉默行为主体定义为服务接触过程中与顾客面对面互动沟通的直接接触主体，即服务提供者或一线服务员工，由于陶瓷文化创意服务的特殊性，服务沉默主体可能是陶瓷创意产品的创造者，也可能是一线服务人员。由于服务接触研究情景特征需要，一线员工是服务接触中对内、对外服务交互活动最频繁、最关键的参与主体，也是体现服务接触情景下沉默特征的最好载体；同时，一线员工承接着对内传递服务内容，对外服务顾客需求的双重身份，具备发现或改进"组织问题""服务问题"的相关信息与能力，符合本书中行为主体界定要求。

二是行为客体。这是指服务沉默行为的作用对象，也就是界定"对什么沉默"的问题。与传统组织情境下员工沉默的作用对象相区别，服务接触情景下的服务沉默行为客体，不仅包括组织内的员工交互活动中的组织问题，更重要的是服务接触中的员工与顾客交互过程中的服务问题，也就是对内组织问题和对外顾客（服务）问题两个方面。在本书中，更加突出和聚焦到服务接触情景下的服务沉默行为研究，也就是第二个层面的沉默问题。

三是行为性质。这是指行为本身的特征或性质，描述"怎么样的沉默"问题。在以往员工沉默行为研究中，突出强调了两个"沉默"特征：首先，就行为的意识水平而言，沉默行为是个体有意采取的，即故意的、自主决定的行为，也就是说沉默行为是一种有意识的主观行为，融合了个体对外部环境的价值判断及得失权衡的结果；其次，就行为的边界与前提而言，沉默行为是在个体"发现了组织的潜在问题",并且"具有个人独立意见与看法"后的隐藏观点的行为,这样就可以把那些确实没有观点或想法的员工排除在外(如员工努力地工作,但是由于其能力有限而不能积极建言),这些就不属于沉默范畴。借鉴以上研究,本书对服务沉默行为性质进行界定,认为服务沉默的本身是一种具备发现或改进问题而主观隐藏观点的行为,意味着行为主体对自身建言意愿表达的主观性特征。

四是行为结果。行为结果是服务沉默行为判断的重要依据之一。服务沉默行为的结果就是服务提供者或一线员工保留或隐藏观点后的结果状态。首先,对组织而言,员工如果没有及时将相关组织服务流程、制度、产品问题反馈到决策层,将影响组织对服务过程的掌控与管理,从而影响组织服务效率水平;其次,对顾客而言,服务提供者或一线员工是顾客感知服务过程质量和结果质量的直接载体,在服务接触当中的员工如果具有消极性沉默行为,势必直接造成顾客对服务质量的较差感知评价,从而影响顾客满意和再次惠顾;最后,对一线员工个体而言,持续性的服务沉默容易形成职业倦怠、组织认同感下降、个体价值认知失衡、服务推诿等不利影响,从而影响员工职业心态变化和个体职业发展。因此,在这个意义上,服务沉默的行为结果势必带来对组织、顾客和员工自身的消极性影响,需要企业组织加以管理和引导。

通过上述服务沉默行为的剖析,本书将服务接触情景下"员工服务沉默行为"界定为"在服务接触(或服务交互)情景中,当服务企业一线员工有能力提高顾客服务或为改进组织现状提供信息时,消极保留或隐藏对顾客服务过程或组织服务系统等方面的行为、认知或情感上的真实评价"。这个定义主要表达了这样几个含义:第一,服务沉默是在服务接触情景下的沉默;第二,沉默的对象包括服务中的组织问题和顾客问题等;第三,服务沉默是一种员工有意识的主观性行为,服务沉默的前提是员工具备发现或改进问题的能力;第四,服务沉默的结果是员工消极保留或隐藏自己的观点以及行为、认知或情感上的真实评价。

同样，结合本书研究的陶瓷文化创意服务接触情境特征，笔者认为陶瓷文化创意服务沉默行为是指陶瓷文化创意服务提供者或一线员工在服务接触过程中，当有能力提高顾客服务或为改进服务绩效提供信息时，消极保留或隐藏对顾客服务过程或组织服务系统等方面的行为、认知或情感上的真实评价。同时，陶瓷文化创意服务沉默行为具有自身内涵：一是陶瓷文化创意服务沉默行为的主体不局限于一线员工，还包括陶瓷文化创意产品的创造者或艺术家本身，他们在服务接触中充当了与顾客直接面对面接触的服务交互角色。二是陶瓷文化创意服务沉默行为的表现及动因存在差异，由于陶瓷文化创意服务具有较强的艺术性和文化交流性，需要进行深度的沟通和思想交流，有时由于顾客对陶瓷产品认知程度、文化交流深度以及思想共鸣程度的差异，陶瓷创造者可能对深度沟通缺乏足够的意愿。

第三节 陶瓷文化创意服务沉默行为测量量表的开发

一、服务沉默行为量表编制

（一）研究方法

本书以陶瓷文化创意服务接触为研究情景，为了挖掘服务沉默行为的特征内涵，构建科学的测量量表，采取定性和定量相结合的研究方法。首先，在文献研究基础上梳理员工服务沉默的理论性描述，界定服务沉默行为内涵与概念特征。其次，采取人员访谈和开放式问卷调查，收集服务沉默行为的特征条目，并以类属分析方法进行质化研究，初步归纳服务沉默行为因素结构。最后，以大样本数据对初始问卷项量表进行探索性和验证性因素分析，构建服务沉默结构维度和最后测量量表，并对此进行理论解释和实践讨论。本书量表开发的流程和方法如图4-5所示。

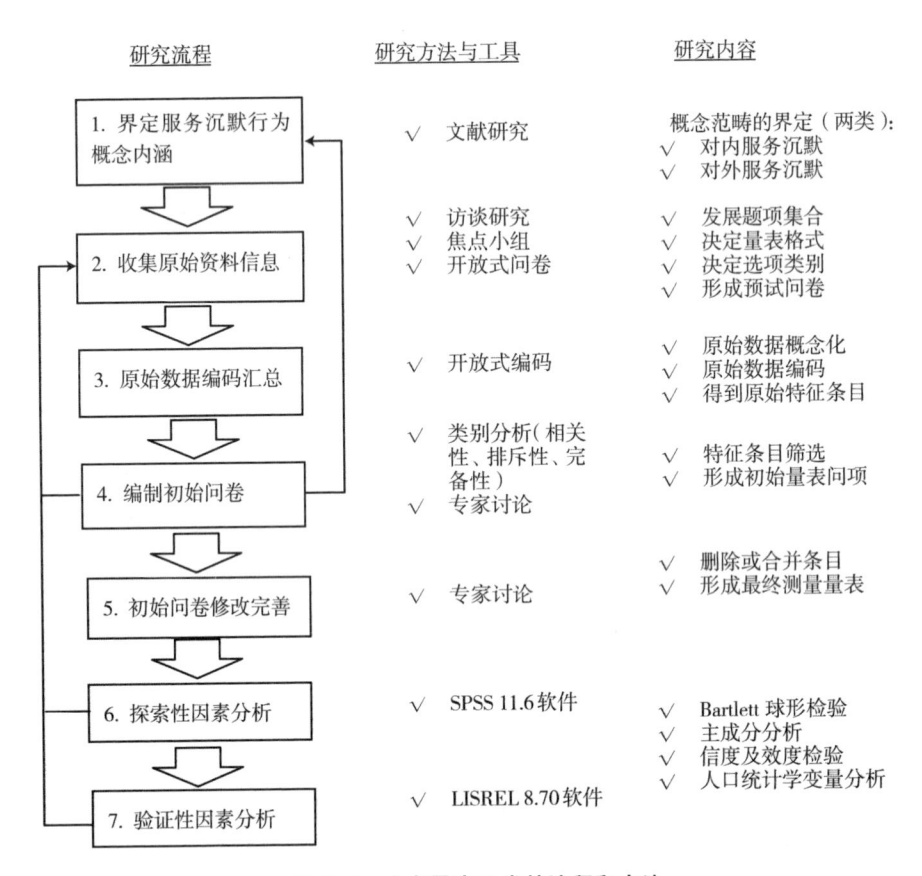

研究流程	研究方法与工具	研究内容
1. 界定服务沉默行为概念内涵	√ 文献研究	概念范畴的界定（两类）： √ 对内服务沉默 √ 对外服务沉默
2. 收集原始资料信息	√ 访谈研究 √ 焦点小组 √ 开放式问卷	√ 发展题项集合 √ 决定量表格式 √ 决定选项类别 √ 形成预试问卷
3. 原始数据编码汇总	√ 开放式编码	√ 原始数据概念化 √ 原始数据编码 √ 得到原始特征条目
4. 编制初始问卷	√ 类别分析（相关性、排斥性、完备性） √ 专家讨论	√ 特征条目筛选 √ 形成初始量表问项
5. 初始问卷修改完善	√ 专家讨论	√ 删除或合并条目 √ 形成最终测量量表
6. 探索性因素分析	√ SPSS 11.6软件	√ Bartlett球形检验 √ 主成分分析 √ 信度及效度检验 √ 人口统计学变量分析
7. 验证性因素分析	√ LISREL 8.70软件	

图4-5 本书量表开发的流程和方法

（二）研究程序

本书从以下步骤对陶瓷文化创意服务接触情景下的服务沉默行为问卷进行编制：

步骤一，采取文献研究、访谈及开放式问卷调研方式，收集原始资料信息。首先，本书对员工沉默研究进行文献梳理，初步界定员工服务沉默行为的研究范畴与内涵，侧重于对内服务沉默和对外服务沉默两个层面，尤其是借鉴了郑晓涛等（2008）在中国文化背景下的员工沉默三因素结构。员工服务沉默行为界定为"在服务接触（或服务交互）情景中，当服务企业一线员工有能力提高顾客服务或为改进组织现状提供信息时，消极保留或隐藏对顾客服务过程或组织服务系统等方面的行为、认知或情感上的真实评价"，它有了两个层面内涵：一是员工对服务生产传递过程中的组织潜在问题保留或隐藏观点的行为；二是员工对服务接触过程中的顾客需求不响应或不作为的行为。其次，在此基础上制定访谈提纲，以景德镇陶瓷文化创意服务为案例对象，笔者在陶溪川抽样选取了32名被试（其中，陶瓷创意工作者15名、陶瓷创意园区管理者6名和顾客11名）进行深度访谈，分别从陶瓷创意主体、陶瓷创意聚集区管理主体和陶瓷消费主体三个角度进行样本选择。在对创意工作者访谈中，主要围绕三个方面内容：一是个人情况及基本经历；二是从整体上描述在对顾客服务接触过程中，是否存在服务沉默现象，您认为这种沉默体现在哪些方面？哪些原因会导致沉默行为产生？三是请您回忆最近一次您消极沉默地应对顾客需求的事件，并请您阐述对这一事件的理解（见表4-2）。访谈时围绕这些问题和捕捉到的重要概念将进行追踪提问，以深入揭示其行为及内在心理。此外，笔者还对创意工作者和园区管理人员采取了焦点小组访谈方式，以获取深层次的延伸信息。最后，根据服务沉默行为内涵编制开放式问卷，对景德镇陶溪川、名坊园、乐天三大陶瓷文化创意聚集区的312个被试进行问卷调查，每人列举4~5条体现陶瓷文化创意服务接触情景下的服务沉默行为的特征条目。

陶瓷文化创意情景下服务沉默行为形成机制与治理研究

表4-2 访谈提纲

访谈对象	访谈问题
创意工作者	1. 在陶瓷文化创意服务消费或接触过程中，您是否愿意与客户深度互动？ 2. 请您整体评价您所在单位或者同事对顾客的服务表现。 3. 请列举在服务接触当中可能存在的服务沉默行为表现，并指出影响因素。 4. 有没有令您印象深刻的服务沉默事件，请回顾当时的情景与感受。 5. 请您谈谈您工作中对顾客或对组织问题的反映情况
现场顾客	1. 请您评价这次服务过程的感受，并说明您认为他/她对您的疑惑解答存在保留或隐瞒吗？表现在哪些方面？您感觉是什么原因导致的？ 2. 请您回顾类似的服务体验，并说明当时的情景状况如何？
园区管理人员	1. 请您对园区当中的日常性服务消费过程进行评价，您感觉他们存在服务沉默吗？表现在哪些方面？您认为哪些因素导致了这一行为表现？ 2. 请您对陶瓷文化创意服务的服务情景进行评价，它们具有什么样的特征？ 3. 请您列举一些具体的陶瓷文化创意服务接触中的沉默行为表现

步骤二，对原始资料进行编码与类别汇总。本书采取开放性编码方式对访谈资料进行编码，以提炼出若干特征条目。首先，对原始访谈资料进行逐句分析和初始概念化。为保持编码的准确性，本书采取双人编码方式，由两位研究生分别进行独立编码，从32名访谈对象和312名调查被试中共列举589条描述，编码内容涉及两个方面，即组织情境下对内服务沉默和服务（接触）情景下对外服务沉默。其次，本书将这些编码条目输入计算机中，依据两条标准（是否有清晰含义；依据出现频次和重要性排序，选取出现频次2次以上的条目）进行筛选，最终汇总结果得到63个特征条目。这63个问卷条目分别归类为两个分类下6个内容维度中（见表4-3）。

表4-3 访谈内容编码及内容归类（N=63）

服务沉默行为内容分析类别	编码要求	条目数量	编码者一致性系数
组织情境下对内服务沉默			
基于人际和谐的沉默（防御性沉默）	有（1）、无（0）	8	0.77

第四章　陶瓷文化创意服务沉默行为的内涵研究

续表

服务沉默行为内容分析类别	编码要求	条目数量	编码者一致性系数
基于组织淡漠感的沉默（漠视性沉默）	有（1）、无（0）	11	0.76
基于认知失衡的沉默（默许性沉默）	有（1）、无（0）	9	0.82
服务（接触）情景下的对外服务沉默			
基于服务交互的沉默（弱参与性沉默）	有（1）、无（0）	14	0.86
基于文化认同的沉默（弱文化性沉默）	有（1）、无（0）	8	0.73
基于服务场景的沉默（弱情景性沉默）	有（1）、无（0）	13	0.77

资料来源：笔者根据访谈结果编码整理。

步骤三，编制服务沉默行为的初始问卷。将第二步得到的63个特征条目作为分析基础，结合服务沉默相关理论研究和访谈结果，根据类别分析的相关性、排斥性和完备性三个原则进行筛选。在对一些交叉性、出现频次较少和歧义性语句进行删减提炼后，由3名陶瓷文化研究、服务营销和组织行为方面的专家进行讨论，最终形成35个最终的语句概念，编制成初始量表问项。其中，关于组织情境下对内服务沉默的语句概念16条，体现在基于人际和谐的沉默、基于组织淡漠感的沉默、基于认知失衡的沉默；关于服务接触情景下对外服务沉默的语句概念19条，体现在基于服务交互的弱参与性沉默、基于文化认同的弱文化性沉默和基于服务场景的弱情景性沉默。

步骤四，对初始问卷进行修改与完善。首先，邀请了6名研究人员对步骤三编制的服务沉默行为问卷的35个条目进行逐一讨论分析。其分析标准包括条目表达的清晰性、简洁性，条目揭示概念充分性，条目的重要程度以及内容效度要求等方面。在此基础上，删减了5个语句描述不清晰的条目，合并了4个语意重复的条目，最终形成了26个条目的预试问卷，并采取Likert五点量表计分，从1~5分别表示从未、很少、有时、时常和通常等不同程度的行为反应。

（三）质化研究结果分析

访谈结果发现，访谈者对服务接触过程中的服务沉默行为的认识较为统一，结合陶瓷文化创意服务的行业特征，大多数访谈者都认为服务沉默体现在两个方面，即对顾客问题沉默（77%）和对组织问题的沉默（59%），其中同时提到两者的有38%。在访谈中，被访谈者认为，陶瓷文化创意服务需要消费者与创意工作者进行积极的互动沟通，在陶瓷服务接触中行为受到组织情境因素、服务情景因素以及员工个体因素的综合影响。其中，顾客对陶瓷创意作品或服务行为的积极评价、价值认同、顾客互动程度、服务场景特征、服务交互质量以及组织服务氛围等因素的作用尤为突出。这一访谈结论与前期文献梳理结果相一致。

结合访谈分析结果，本书对陶瓷文化创意服务沉默行为归纳为以下认识：

（1）服务沉默行为是一种主动性意识行为，是员工具备发现或解决问题能力而主动选择沉默的意识性行为，这种行为后面的心理动因既可能来自对外部情景线索的认知评价，也可能来自员工个体特质的自觉性反应。其中，外部情景线索尤为重要的是顾客对于陶瓷创意作品的认同与肯定，以及陶瓷文化创意服务接触过程中的双方互动交流效果和感知体验程度，是否能够达到一定程度的文化交流。

（2）服务沉默行为具有两个层面的内涵：一是表现为对服务过程中的组织问题的沉默行为。例如，员工发现了服务流程不流畅、服务产品与顾客需求不匹配等问题，却没有向组织反映这些问题。笔者将此描述为"对内服务沉默"，与组织情境线索密切相关。二是表现为服务接触过程中对顾客问题的沉默行为。例如，对于顾客的咨询问题不愿过多表达，对于陶瓷作品评价不发表个体建议与看法，这主要是受到服务情景线索的影响，如服务互动效果、服务场景特征等因素。

根据以上质化研究结果，本书初步确定了服务接触情景下陶瓷文化创意服务沉默行为的两个分类维度，以及这两个分类结构下的内容维度（见表4-4）。

表 4-4 访谈材料内容分类定义

变量	类别	定义	证据示例
服务沉默行为	组织情境下的对内服务沉默行为	指员工对服务接触中的组织潜在问题保留或隐藏观点的沉默行为	S7 "在我们陶瓷文创行业当中，有些问题是普遍事情，我说不说其实意义不大"； S13 "陶瓷创意作品其具有一定的独特性，有些问题说出来会影响同事关系"； S24 "陶瓷文化创意领域，我还是新兵，很多问题还在摸索阶段，不好过多表达"
	服务情景下的对外服务沉默行为	指员工对服务接触中的顾客服务需求及问题消极应对的沉默行为	W12 "有些顾客对于陶瓷创意作品基本没有认知，跟他们多说少说都一样"； W21 "文化创意的事情，其实很多时候需要领悟，我们也很难对顾客的问题都回答"； W33 "我们还缺乏一些增进机制和文化氛围，对于陶瓷文化交流机制还不到位"

资料来源：笔者根据访谈资料质化分析整理。

一是组织情境下的对内服务沉默行为。这与传统的员工沉默行为相一致，本书借鉴郑晓涛等（2008，2009）对中国文化情景下的维度划分，也归纳为默许性沉默、漠视性沉默和防御性沉默三个方面，体现了员工对服务过程中组织问题的沉默反应机理。在编码归类的 58 个条目中，有 35 个条目涉及这一分类，经过精练归纳后为 14 个测量问项。其中，12 个条目与郑晓涛等开发量表问项相一致，新增 2 个条目反映了服务接触情景下特定内涵的条目，从而丰富了测量问项。

二是服务情景下的对外服务沉默行为。本书结合服务接触特定情景，拓展了"沉默"内涵，指出员工服务沉默的另一层面含义，即一线员工对服务接触中顾客服务需求及顾客问题消极应对的沉默行为，本书归纳为对外服务沉默。这一沉默行为涉及了对顾客需求响应性、服务问题反映程度、顾客抱怨补救处理等内容。在编码归类的 58 个条目中，有 23 个条目涉及这一分类，经过专家讨论和量表精练后形成 12 个测量问项。其中，弱参与性沉默 4 个条目，弱文化性沉默 5 个条目，弱情景性沉默 3 个条目。

二、服务沉默行为结构验证研究

（一）研究工具

根据预研究得到的员工服务沉默行为问卷 26 个题项，采取 SPSS 11.6 软件和 LISREL 8.70 软件进行探索性因素和验证性因素分析，检验服务沉默行为结构量表的科学性，并对其人口统计学变量进行分析。

（二）研究对象

为有效验证上述编制的预试问卷，本书选取相关样本数据进行验证，将样本数据（N=544）均分两部分进行探索性因素分析和验证性因素分析。

问卷调查样本来自访谈对象所在的行业，并扩充调查企业范围，以景德镇陶瓷文化创意企业聚集区陶溪川、乐天陶社、名坊园为问卷发放对象，共发放 624 份问卷，回收 579 份，在对缺失值问卷和明显倾向问卷进行废卷处理后，得到实际有效问卷 544 份，有效回收率为 87.18%。其中，陶溪川回收 202 份（37.13%），乐天陶社回收 194 份（35.66%），名坊园回收 148 份（27.21%）。样本信息如表 4-5 所示。

表 4-5 样本信息

分类		人数	比例（%）	分类		人数	比例（%）
性别	男	283	52.02	从业年限	5 年以上	124	22.79
	女	261	47.98		3~5 年	137	25.18
年龄	25 岁以下	110	20.22		1~3 年	171	31.43
	25~30 岁	189	34.74		1 年以下	112	20.59
	30~35 岁	164	30.15	学历	大专及以下	143	26.29
	35~45 岁	69	12.68		本科	267	49.08
	45 岁以上	12	2.21		研究生及以上	134	24.63

调查问卷由项目组采取线上、线下相结合的方式，选择以具有代表性的景德镇陶瓷文化创意阶层三大聚集区陶溪川、乐天陶社、名坊园作为样本来源。

其中，陶溪川是在原国营宇宙瓷厂基础上转型创展的文创综合体，自2016年落地实施以来，已成为景漂族的报到处和打卡地，被列为国家级文化产业示范园区创建单位、全国版权示范园区、江西省首批双创示范基地、全省青年（大学生）创业孵化示范基地和省创业孵化基地。乐天陶社是由中国香港陶艺家郑祎于2005年在雕塑瓷厂内创办的，经过几年的发展，已经成为一个完善的陶瓷创意社区，其发展的多元化模式和影响力成为景德镇陶瓷旅游和创意市场的象征。名坊园是全国知名的一个手工制瓷非遗集聚地，聚集了一批国家级、省级非遗传承基地，国家级、省级非遗手工制瓷技艺传承人，还发展了新中式陶瓷、国瓷、珐琅彩、鼎器、艺术瓷板、古法陶瓷等不同陶瓷业态，是集文化旅游、商业演艺、酒吧餐饮、艺术工坊和高峰论坛等业态于一体的文旅综合体。

（三）数据分析

1. 探索性因素分析

首先，对初始问卷的26个条目进行因素分析，采取KMO和Bartlett球形检验来验证因素分析适宜性，分析显示样本数据KMO值为0.762（大于0.70），Bartlett球形检验卡方值为2046.373，达到显著水平（$P<0.001$），表明调查数据适合因素分析。其次，采取主成分分析法构建因子，并以Promax斜交转轴法进行因素旋转，抽取特征值大于1的因子，探索得到因子结构。再次，使用相关法和临界比率法考察项目分数和相关度，计算每一个项目与问卷总分之间的相关值，综合考察项目重要程度后，将项目因素负荷值低于0.4的条目剔除，最终保留20个条目作为下一步分析的基础。最后，考察问卷项目的聚合效度，将具有重复表达意义的问项进行合并，并对有些尽管负荷值较低但具有特定意义的项目给予保留，这些项目体现了服务接触特定

情景下的服务沉默内涵，对此予以保留，最终形成 22 个项目的服务沉默行为量表。探索性因素分析结果如表 4-6 所示。

表 4-6 探索性因素分析结果（N=272）

因子	条款数	因子荷载	特征根	方差贡献率（%）	累计方差贡献率（%）	Cronbach's α
默许性沉默（F1）	4（1）	0.387~0.811	3.1	12.21	12.21	0.82
漠视性沉默（F2）	4（1）	0.433~0.764	1.66	8.62	20.83	0.79
防御性沉默（F3）	3	0.448~0.773	2.57	9.07	29.90	0.73
弱参与性沉默（F4）	4	0.412~0.792	3.34	14.36	44.26	0.83
弱文化性沉默（F5）	4（2）	0.416~0.706	1.26	9.32	53.58	0.77
弱情景性沉默（F6）	3	0.511~0.824	3.23	13.44	67.02	0.75

由表 4-6 可见，探索性因素分析得出服务沉默行为的六个因素结构，累计方差解释率达到 67.02%，高于 55% 的一般标准，表明因素结构比较理想。根据各个因素内在条目内涵，本书参考文献研究和质化研究结论，对这六个因素分别命名为默许性沉默（F1）、漠视性沉默（F2）、防御性沉默（F3）和弱参与性沉默（F4）、弱文化性沉默（F5）和弱情景性沉默（F6）。其中，因素 F1 具有四个测量问项，方差解释量为 12.21%，解释了基于认知失衡而认为无力改变现状的消极性沉默；因素 F2 具有四个测量问项，方差解释量为 8.62%，解释了基于组织淡漠感而对组织认同较差下的消极保留观点行为；因素 F3 具有三个测量问项，方差解释量为 9.07%，解释了基于人际和谐而避免人际隔阂或他人攻击下的自我保护行为。这三个因素结构与传统意义下员工沉默行为结构表现一致，统一界定为"组织情境下的对内服务沉默行为"，是对组织潜在问题保留或隐藏观点的行为。

另外，因素 F3、因素 F4 和因素 F5 分别定义为弱参与性沉默、弱文化性沉默和弱情景性沉默，方差解释量分别为 14.36%、9.32% 和 13.44%，共有 14 个测量问项进行描述。其中，弱参与性沉默（F4）有四个测量问项，解释了基于弱参与程度而导致低水平感知交互质量下的消极性服务行为；弱文化性沉默（F5）有四个测量问项，解释了基于陶瓷文化价值认同程度较低的服务沉默或低意愿性行为，导致陶瓷服务提供者不愿过多进行交流与回答；弱情景性沉默（F6）有三个测量问项，解释了基于服务环境因素（服务场景、组织环境、服务氛围等）的不匹配而导致陶瓷创意者较低意愿开展主动性服务的沉默行为，这里包括软环境和硬环境等多方面。以上三个因素界定为"服务情景下的对外服务沉默行为"，是对顾客需求的消极性服务行为。

2. 信度及效度检验

本书以Cronbach's α内部一致性系数来测量问卷信度指标。结果表明，服务沉默行为量表的六因素Cronbach's α系数分别为0.82、0.79、0.73、0.83、0.77和0.75，问卷整体Cronbach's α系数为0.81，显著高于推荐指标值0.70，信度指标检验表明量表设计合理有效。同时，探索性因素分析结果也表明，因素结构及各个测量问项内容清晰，六个因素累计解释了方差变异的67.02%，具有较好的区分能力和解释力度，问卷各项指标符合测量学要求，具有较好的结构效度。另外，本次测量量表原始资料均来自现场访谈和开放式问卷调查，访谈样本数据代表性较强，通过多轮内容分析和编码归类，在众多特征条目中精练归纳而得出初始问项，具有较好的内容效度。

3. 验证性因素分析

本书采取LISREL 8.70软件对另一半样本数据（N=272）进行验证性因素分析，验证三个模型（单因素模型、两因素模型和六因素模型）的拟合程度，其中单因素模型考察服务沉默行为的整体状况，两因素模型指对内服务沉默和对外服务沉默两个维度，六因素模型即是前文探索性因素分析得出的因素结构。

一般而言，χ^2/df小于3，RMSEA小于0.08，CFI、NNFI、GFI和IFI大于0.90以及PGFI大于0.5是衡量模型拟合指数的建议值。其中，χ^2/df是一个主观的整体拟合优度指标，六因素模型的χ^2/df为2.58，小于3，拟合优度理想。RMSEA均方根误差的点估计值在0至1之间,越接近0拟合程度越高,两因素模型和六因素模型的RMSEA均为可接受水平。此外,六因素模型在CFI、NNFI、GFI和IFI指标上均大于0.90,表现良好。从表4-7中可见,六因素模型和两因素模型显著优于单因素模型,其中六因素模型的各项拟合指标均在建议值范围内,模型拟合程度较为理想。

表4-7 验证性因素分析结果(N=272)

模型	x^2/df	RMSEA	GFI	AGFI	NFI	CFI	IFI	PGFI
单因素模型	6.37	0.212	0.74	0.66	0.71	0.63	0.81	0.54
两因素模型	4.16	0.089	0.86	0.81	0.88	0.91	0.86	0.71
六因素模型	2.58	0.063	0.91	0.92	0.90	0.93	0.94	0.77

4. 人口统计学变量分析

为了考察人口统计学变量及少数控制变量(性别、年龄及行业)在服务沉默行为中不同结构因素是否存在显著差异,采取SPSS 11.6软件进行单因素方差分析。方差分析结果表明:

(1)不同性别下的陶瓷创意工作者服务沉默行为存在差异(P<0.05),女性行为表现容易受到顾客行为、组织行为、服务环境等内外部情景线索影响而表现沉默,而男性对于服务接触过程中的价值认同和作品交流深度更加在意。

(2)不同年龄下的陶瓷创意工作者服务沉默行为表现存在差异,尤其是在对外服务沉默行为(P<0.01)中,处于年龄轴两极的员工由于经验缺乏或者知识有限(年轻的陶瓷创意者)、世故老成(年长的工艺大师)而表现较多的服务沉默。

(3)不同类型下的陶瓷文化创意服务沉默差异不大。即都表现出较多的弱参与性沉默和弱情景性沉默,弱文化性沉默更不显著,这反映了陶瓷文化创意服务行业的服务特征,由于陶瓷文化创意服务本身的专属性、个性化和文化性等特点,服务接触过程中需要与顾客进行互动交流和顾客参与,但是每一个创意工作者本身就是作品的创作者,所以基本上很少受到组织授权因素的影响。

三、结果与讨论

本书从服务接触情景角度,在借鉴传统员工沉默行为结构研究基础上,结合陶瓷文化创意服务的行业情境,构建了陶瓷文化创意服务沉默行为结构(组织情境下的对内服务沉默行为、服务情景下的对外服务沉默行为),并细分为默许性沉默、漠视性沉默、防御性沉默及弱参与性沉默、弱文化性沉默和弱情景性沉默六个内容维度和22个条目,研究表明,问卷具有较高的信度和效度,符合测量学要求。最终形成的测量量表如表4-8所示。

表4-8 陶瓷文化创意服务沉默行为测量量表

分类	序号	条目内容	从未	很少	有时	时常	通常
默许性沉默（F1）	A11	这是约定俗成的行规,我多说也没有多大用处	1	2	3	4	5
	A12	我的建议不会影响园区现行状况	1	2	3	4	5
	A13	我认为采纳我意见的可能性较小	1	2	3	4	5
	A14	园区不会更改一些决定,我们的建议没有必要	1	2	3	4	5
漠视性沉默（F2）	A21	这是整体创意园区的事情,和我关系不大	1	2	3	4	5
	A22	我对园区的事情不关心,多说和少说都无所谓	1	2	3	4	5
	A23	陶瓷文化创意都是各自的事情,多说无益	1	2	3	4	5
	A24	我只是入驻到园区而已,没必要多说	1	2	3	4	5
防御性沉默（F3）	A31	有些问题说出来会影响同行之间的关系和感情	1	2	3	4	5
	A32	有些问题还是不要轻易出头,以免成为众矢之的	1	2	3	4	5
	A33	大家的关系都很好,没有必要得罪其他人	1	2	3	4	5
弱参与性沉默（F4）	B11	顾客没有提出要求,我觉得没必要多说什么	1	2	3	4	5
	B12	这不是我一个人的事情,其他人也没有这样做	1	2	3	4	5
	B13	我感觉顾客不愿多听这些,多说和少说一样	1	2	3	4	5
	B14	还有一些难缠的客户在场,他们的要求更苛刻	1	2	3	4	5

续表

分类	序号	条目内容	从未	很少	有时	时常	通常
弱文化性沉默（F5）	B21	顾客对陶瓷不了解，没有必要跟他多说其他的	1	2	3	4	5
	B22	作品的文化价值和艺术内涵要跟懂行的人沟通	1	2	3	4	5
	B23	顾客只关心陶瓷的经济性价比，没有必要多说	1	2	3	4	5
	B24	涉及一些陶瓷专业性知识，顾客可能听不懂吧	1	2	3	4	5
弱情景性沉默（F6）	B31	我在这种消费买卖过程中不想多谈其他的	1	2	3	4	5
	B32	如果服务流程和制度不顺畅，感觉使不出力来	1	2	3	4	5
	B33	园区对我们很少支持，我做好自己的事情就行	1	2	3	4	5

从陶瓷文化创意服务沉默行为测量量表可见，与传统员工沉默行为结构相比，本书突出了员工与顾客服务接触的特定情景特征，将顾客参与意愿、服务交互质量、服务场景特征以及文化价值认同等组织内外因素考虑在内，新增了弱参与性沉默（4个条目）、弱文化性沉默（4个条目）和弱情景性沉默（3个条目）三个内容维度，这三个维度统称为服务情景下的对外服务沉默，累计方差解释率为37.12%，解释了在服务接触情景下对顾客需求的推诿或回避等消极性行为。具体而言，三个服务接触情景下的服务沉默行为内涵解释如下：

（1）弱参与性沉默：是指由于服务过程中顾客低参与意愿或者参与程度，造成较差服务交互效果，从而导致陶瓷创意工作者或者服务人员感知低水平交互质量下的消极性服务行为。积极的顾客参与行为和赞许语句能够激发一线员工更主动的服务表现，从而打破"沉默"瓶颈，增加角色外工作内容。而消极的顾客抱怨或投诉行为将导致一线员工情绪低落，表现出消极应对服务活动的沉默行为。因此，从企业角度来看，应该重视对服务生产传递过程中的顾客管理活动，一方面引导顾客的积极性行为，如主动地描述服务需求、表达服务赞许性评价以及进行服务建议等，另一方面当出现顾客的消极性行为时，及时加强顾客沟通和顾客意见处理，减少顾客的负面情绪对服务交互质量的影响，以增强顾客服务质量和员工自我认同，提高员工主动服务意愿。

（2）弱文化性沉默：是指由于陶瓷文化创意产品的专业性、文化性和艺术性特征，陶瓷创意者对陶瓷作品具有较深的创作情感投入和艺术理解，当顾客与陶瓷创意者之间不能进行深度的文化交流与思想共鸣时，陶瓷创意工作者或服务人员存在对服务交流和主动服务的低意愿程度。服务过程是与顾客接触的"瞬间"活动，也是服务价值传递的过程，陶瓷文化创意者是陶瓷文创产品的创作者，也是陶瓷文创服务的供给者，他们一方面希望达成服务交易过程，另一方面也希望获得更多的产品价值认同和文化对话交流，以体现个人艺术创作作品的艺术价值。因此，当顾客不能积极反馈或评价陶瓷艺术作品的时候，陶瓷创作者就会缺乏深度表达意愿，只提供满足产品交易的基本服务需求，缺乏文化交流的主观意愿。

（3）弱情景性沉默：是指陶瓷文化提供者感知外部情景线索的不匹配，而导致员工较低意愿开展主动性服务的沉默行为。这里的服务情景线索包括软环境和硬环境等多方面，如灯光、空间、温度、装饰等"硬"性的服务场景因素，服务氛围、园区氛围、制度氛围等"软"性的组织环境因素。情境认知（Situated Cognition）理论认为，个体行为与实际环境线索相关联，个体认知首先是对情境环境的认知，而后基于对情景线索认知表现出某种行为反应（Mischel and Shoda，1998）。本书认为服务接触情景下的员工行为，也是在对外部情景线索进行积极或消极认知后的反应。当他们认知到外部情景线索与期望相一致时，就会提高服务产出水平，开展积极性服务行为；反之，就会产生情绪波动或情绪抵触，降低主动性服务行为意愿，出现服务沉默等消极性行为。当然，这一心理认知与行为反应过程受到组织内外多重情景线索的综合影响。

此外，本书借鉴了郑晓涛等（2009）构建的中国文化背景下员工沉默行为结构量表，在组织情境下对内服务沉默行为方面，也区分为默许性沉默（无力改变现状）、漠视性沉默（对组织认同度不够）和防御性沉默（自我保护与人际和谐）三个维度，共 11 个测量条目，累计方差解释率为 29.90%，描述了一线员工对服务过程中的组织潜在问题保留或隐藏观点的行为。

第四节 本章小结

本书通过定性和定量研究，分析了在陶瓷文化创意服务特定情景下的服务接触沉默行为结构及其生成机制，丰富了沉默理论。同时，本书也存在一些局限性，主要表现为：一是受研究条件限制，本书研究样本取样来自景德镇陶瓷产业，并局限于部分陶瓷创意聚集区，难免影响样本的代表性和研究结论的普适性；二是本书采取访谈研究及内容分析来构建初始测量问项，虽然研究过程严格遵循质化研究程序，但由于服务沉默概念的生僻晦涩，难免影响访谈对象及研究人员的理解，从而影响资料编码及项目归类的准确性和一致性；三是虽然本书开发构建了一个服务沉默行为结构量表，但是需要后续扩大样本数据来源加以验证。在未来研究中，将丰富服务沉默行为的理论探索与实证研究，扩大采样范围和研究变量，以期对这一课题有更深的理解。

第五章　陶瓷文化创意服务沉默行为驱动机制研究

在现有的服务管理文献中，对员工服务行为的研究也较为丰富，既有员工服务创新行为、组织公民行为、亲社会行为和进谏行为等积极的角色外行为；也有员工越轨行为、组织不当行为、报复行为和破坏行为等消极的角色外行为。但是，员工服务沉默行为作为服务接触情景下的一种完全情境化的组织现象，以往却鲜有研究涉足。如果借鉴以往员工沉默或服务营销的相关研究结论，也似乎难以有效地解释这一复杂行为。尤其是在服务接触的这一特定研究情景下，服务沉默行为受到了组织情境因素、服务情境因素以及其他变量的综合影响。因此，深入挖掘员工服务沉默行为产生的影响主效应、中介效应及调节效应显得尤为必要。在本章中，一方面将汲取社会交换、服务环境、情感事件、印象管理及情境相关性等理论精华，从理论角度剖析员工服务沉默行为影响机制；另一方面，将基于对景德镇陶瓷文化创意产业访谈对象的深度访谈数据，对陶瓷文化创意情境下的服务沉默行为影响因素进行探索性研究，在此基础上提出驱动机制模型。

第一节　相关理论基础

与传统组织视角下的员工沉默有所不同，员工服务沉默行为的影响机制被赋予了"服务"的色彩，也更多地体现了与顾客服务交互之间的密切关联性，尤其是在服务接触与服务交互过程中，一线员工作为"跨边界"角色执行者，既体现对内部组织问题的识别，又体现对外部顾客问题的反应，具有多种角色要求。因此，本书研究员工服务沉默行为背后的影响机制，需要从多维视角进行论证。

结合以往员工沉默理论的研究和服务接触理论的研究，本章汲取社会交换、服务环境、情感事件、印象管理及情境相关性等理论精华，从组织层面、服务层面和个体层面三个维度对员工服务沉默进行理论推演与论证分析。

一、社会交换理论

社会交换理论兴起于20世纪50年代末期美国的社会学理论流派。社会交换理论（Social Exchange Theory）由Homans（1958）创立，主要代表人物有Blau（1964）和Emerson（1976）等。社会交换理论建立在互惠原则的基础上，一方为另一方提供帮助或者给予某种资源时，被帮助的一方有义务回报给予自己帮助的人，以构筑一种社会交换的道德规范（Gouldner, 1960）。交换理论基于一个假设：人类行为或社会互动是活动、有形物和无形物的交换，尤其是报酬和成本的交换（Homans, 1961）。人们所做的决定甚至人们之间的关系都是基于报酬与成本的比较。一个人如果感觉能从某个社会关系中得到利益，他就会去发展这种关系；相反，如果一个人感觉他所付出的成本和努力大于他得到的收益，那么他会随时中断某种关系。

社会交换理论的关键概念包括满意、报酬、依赖、成本、结果和比较，其中报酬（Benefit）和成本（Cost）是社会交换理论两个不可或缺的概念。报酬包括财务收益、物质享受、情感享受和社会地位；成本包括金钱、时间和机会的丧失。这样所有的社会互动都是感知到的报酬和成本比较之后的结果。社会交换理论的一个主要思想是互惠原则，就是一个人对另一个人的行为是基于对有价值的反应的期望（Emerson, 1976）。也就是说，为了回应友好的行为，一个人出于自私会比之前表现得更友好、更合作，同样，为了回应不友善的行为，人们也会表现得更加令人讨厌和野蛮。互惠原则被认为是人类行为强有力的决定性因素，很小的恩惠可能产生一种责任感来回报更大的恩惠。为什么会产生互惠，原因在于每个人都想保持内心的安静与平衡，所以当他们感觉到自己亏欠对方时，会本能地还与对方。正是这种心理平衡性的作用形成了人们互动之间的互惠原则。

互惠公平分为积极互惠和消极互惠。积极互惠指奖励（通常用合作的方式）那些对人们友好的人，如微笑的服务人员就比不友好的服务人员获得更多的小费；消极互惠指惩罚那些对人们图谋不轨的人。互惠选择是基于以往交换过程的历史，而且对双方的结果具有直接的影响。社会交换理论可能会产生怨恨，如果一个人以一种给他自己带来很多麻烦的方式对他人提供了支持（但是这种支持给对方带来的利益很小），那么他希望能得到较大的回报，但受益者的回报却是微不足道的。这时就会产生怨恨的感觉，会影响到双方关系的稳定和信任感。

此外，也有学者在研究中指出，社会交换有时对一方或双方都感觉是不公平的，施恩者有时觉得他们的帮助没有得到对等的互惠，这样感觉到不公平待遇的一方或双方会产生冲突（Settoon et al.，1996）、情绪压力（Bishop et al.，2000）或者关系质量恶化等情形（Greco et al.，2019）。

当前，从社会交换理论的视角出发，国内学者对于员工沉默的研究主要是基于互惠原则探讨组织、领导与员工之间的交换关系质量好坏，从而影响员工沉默行为的发生（李想等，2018；朱瑜、谢斌斌，2018；黄桂等，2022）。郑晓涛和郑兴山（2013）基于社会交换理论，分别以组织支持、领导—下属交换和同事支持衡量员工与组织、上级和同事的社会交换关系水平，通过对107名员工的调查发现，组织支持和领导—下属交换对漠视沉默有负向影响，领导—下属交换对默许沉默有负向影响，而同事支持对防御沉默有负向影响。郑晓涛等（2017）在探究领导下属交换关系与防御性沉默之间的关系时指出，基于社会交换互惠原则，当领导与下属的交换质量关系较高时，下属为了保持这种交换关系的平衡，会产生义务性的回报行为，在发现组织或工作中存在问题时会减少防御性沉默行为。王洪青和彭纪生（2016）的研究表明，当员工遭到辱虐管理时，员工倾向于做出保留有利于组织发展改进信息的沉默行为，从而达到报复组织和领导的目的。

二、服务环境理论

对于什么是服务环境（服务场景，Service Scape），学者给予了丰富的阐述。该理论可以有效地解释服务接触过程活动，服务场景就是服务过程的背景，服务接触就发生在该场景中，是服务接触主体进行互动的场所（Shostack，1985；Carlzon，1987；Zeithaml et al.，1985）。Bitner 等（2000）认为，服务场景由一系列有形或无形的环境要素构成，并将其归结为三个维度：氛围因素（如场地音乐、照明光线、气味等）、设计因素（布局、设备、流程等）以及人员因素（着装、举止、服务态度等）。

卡斯帕尔等（2008）将服务环境理解为三个维度：氛围、空间展示和有形证据。他们认为这三个维度都是组织可控的因素，而且能用来创造顾客和服务人员的经历。在设计环境时，组织要考虑两个问题：一是如何实现顾客和员工利益的权衡。例如，冬天温度调整既需要考虑顾客的舒适度，又要考虑员工工作的便利性。二是不同的顾客有不同的期望和反应。也就是说，不同的氛围需要根据服务企业类型符合应有的形象。音乐太响或声音太杂会影响年龄大的顾客，而"轻音乐"或"舒缓音乐"又会让年轻的顾客受不了。服务环境的设计与管理，关键是促使向顾客提供一个良好的环境经历。

第一，氛围是指环境的背景条件，如温度、光线、声音和气味。氛围会影响人的感官，从而刺激顾客形成某种积极或愉悦的情绪反应。例如，Milliman（1986）通过背景音乐对顾客在餐馆中逗留时间及消费情况之间的相关关系研究发现，轻柔的音乐能够使顾客逗留时间更长并进行更多服务消费。

第二，服务环境中的空间展示，主要为满足服务要求。通过空间因素，服务环境完全可以实现差异化。不同的家具（现代或旧式），就可以实现环境的保守可靠或是活泼热情的风格；利用职能或非职能设施的空间摆放达到支持效果。

第三，支持服务过程的有形证据。服务接触过程中的这些有形要素的设置会给看到它的人提供丰富而复杂的沟通信号，其中最直接的沟通形式是标识，包括企业的名称、说明、指导原则和服务条件。显然，顾客拥挤的环境（如车站、机场、酒店等）比顾客较少的环境（如律师事务所、理发店、旅行社等）更需要布置大量标识。间接的沟通形式是利用各种材质、油漆和颜色传递不同的信息。质量越高，表明服务水平越高；反之亦然。同样，明快的颜色表示活泼、强烈和兴奋，而暗蓝色和绿色则表示放松。总之，这些标志和信息都会影响顾客对服务的期望。

环境心理学理论对于物理环境与行为之间的关系进行有效的解释。其中，Mehrabian和Russell（1974）提出的"刺激—机体—反应"（Stimulus-Organism-Response，S-O-R）模型最为突出（见图5-1）。

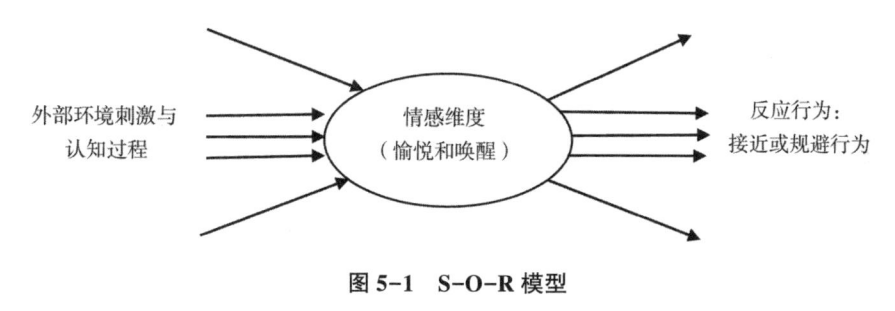

图5-1 S-O-R模型

资料来源：Mehrabian A, Russell J A. An Approach to Environmental Psychology [M]. Cambridge：MIT Press, 1974：8.

S-O-R模型认为，外部环境的各种刺激使有机体产生相应的行为结果，表现出接纳或者规避的行为反应。同时，Mehrabian和Russell指出，在刺激与行为之间具有三种不同的情绪状态：愉悦（Pleasure）、激昂（Arousal）与支配（Dominance）。这三种不同的情绪组合导致了不同的行为结果。在1976年，Mehrabian进一步提出了环境负荷（Environmental Load）的概念，指出任何环境都会引起感官的刺激，而环境负荷的高低（环境传达信息的多寡）使消费者更容易产生激昂的情绪，表现出积极的行为表现。

在营销学领域，许多学者对服务环境对营销行为的影响作用进行了验证。例如，Donovan 和 Rossiter（1982）通过对店铺气氛的考察，研究指出外部环境刺激所激发的愉悦情绪，使顾客滞留时间增加，能够诱增 12%~50% 的购物行为；Bellenger 等（1978）研究发现百货销售中的 30%~62% 是属于冲动性购买，而良好的店铺环境有助于激发顾客的感性情绪，从而促成更多的冲动性购买。Milliman（1982）研究了店铺环境中的音乐节奏的影响作用，认为慢音乐降低店铺中顾客流动速度，会对销量的增加有较好的效果。Engel 等（1995）结合零售店铺进行实证研究，研究了店铺内的音乐、陈列、店内位置、颜色、销售人员及人潮等环境因素对顾客购物行为的影响，认为顾客感知愉悦的店铺环境能引起消费者的互动。Yalch 和 Spangenberg（2000）发现是否为熟悉的音乐背景将对消费者感知购物时间产生影响，熟悉的背景音乐将延长购物时间。赵晓煜和曹忠鹏（2010）通过对服务场景与顾客的情绪反应、感知服务质量和行为意向之间关系的实证研究，验证了服务场景通过情绪和认知两条路径对顾客的行为意向产生影响，对服务场景中各类要素的正面感知将有利于调动顾客的积极情绪，增强顾客对服务质量的认同，进而产生有利于服务企业的行为意向。Johnstone 和 Todd（2012）研究发现，服务场景中的象征要素能够引发顾客的归属感，进而使顾客感到该场所是欢迎自己的，属于自己的"第三空间"，从而重复惠顾该服务场所，同该场所的其他顾客和服务人员互动、交流并建立长期友谊。Biswas 和 Szocs（2019）着重对店铺环境中的气味进行了研究，研究发现中立和一致性的气味能增加消费者的购物体验。

因此，在揭示服务场景对顾客行为的作用机理时，大部分学者借鉴了 S-O-R 范式和"服务场景模型"，并以认知心理学、环境心理学和完形心理学相关理论为基础进行了深入研究。随着对服务场景中社会要素研究的深入，很多学者开始尝试运用社会心理学和组织行为学相关理论，如社会助长理论、行为情境理论和情感事件理论等,从更为多元的视角去探讨服务场景尤其是服务场景中的社会要素和社会象征要素对不同类型顾客行为的作用机理(李慢等,2013)。

三、情感事件理论

情感事件理论(Affective Event Theory,AET)是由 Weiss 和 Cropanzano 于 1996 年提出的一个旨在探讨组织成员在工作中经历的情感事件(Affective Events)、情感反应(Affective Reactions)与其态度及行为关系的理论。AET 理论对于个体在组织工作中的情感反应的结构、诱因及行为后果等问题进行有益解释(Weiss and Cropanzano,1996)。该理论认为个体在工作环境中的事件和状况构成了"情感事件",而这些事件在一定情景条件下对个体的情绪状态产生影响,从而诱导或引发个体的积极的(如愉悦、兴奋、幸福等)或消极的(如郁闷、挫折、怨恨等)情感反应,这些情感反应又进一步对个体行为产生影响(Weiss and Cropanzano,1996;段锦云等,2011a)。

AET 理论认为,个体情感反应对个体行为的影响存在两条路径,并以此进一步区分了两类不同性质的行为:一是情感反应直接影响员工的行为,由此形成了直接由情感反应驱动的行为,称为情感驱动行为(Affect-Driven Behaviors)。例如,员工被领导批评后直接旷工消极应对。二是通过影响员工的工作态度间接影响行为,由此产生了情感反应先影响员工的工作态度,再进一步由这种态度驱动行为,称为判断驱动行为(Judgment-Driven Behaviors),又称态度驱动行为。例如,员工长期消极情感体验容易形成"在公司没有发展前景"之类的态度判断,从而产生消极怠工行为。这一理论对于区分工作满意与情感对个体行为影响的差异具有突出意义,为探讨情感在工作场所的作用机制、情绪与工作绩效的关系、满意感与工作绩效的关系等问题指出了新的思路。

段锦云等(2011a)在《情感事件理论的内容、应用及研究展望》一文中对情感事件理论的研究现状进行了梳理，认为 AET 理论区分了情感反应与工作满意度的差异，并在对工作满意度解构的基础上提出情感驱动型和判断驱动型两类不同性质的行为，这对于研究组织成员情感反应的作用机制具有重要意义。

杜建刚等（2012）研究了高交互服务行业中负面情感事件对一线服务员情绪影响的模型，并以餐饮业为例对模型进行了实证检验，最终证实：管理者关怀导向和雇员的事件归因会对员工负面情绪产生影响，并最终影响其内部补救后的满意和情感承诺；同时，服务人员的情绪智力差异对模型起到调节作用。

叶晓倩等（2022），基于情感事件理论，探讨了团队绩效压力对团队绩效和团队成员工作退缩行为的影响机理以及团队绩效压力所致积极结果的路径。研究应用 Mplus 分析软件，通过对 98 个团队领导和 460 名员工的有效配对调查问卷统计分析证实：团队绩效压力对团队绩效存在显著正向影响和对个体工作退缩行为存在显著负向影响，积极团队情感基调中介了上述影响作用；领导者积极情感表现正向调节团队绩效压力对积极团队情感基调的影响，且正向调节了积极团队情感基调在团队绩效压力和团队绩效之间的中介效应。

情感事件理论对于管理无疑具有重要的启示。情绪对于人们理解员工的行为具有重要的价值，通过情感事件理论能够了解工作场所中的困难事件以及愉悦事情将如何影响员工的绩效和满意度。情绪成为组织行为中一个特别且具有挑战性的变量在于它的动态特性。与在组织行为中通常被研究的许多变量（如个性、态度、价值观等）不同，情绪和情感状态日复一日地发生很快的变化，甚至变化于转瞬之间。员工和管理者不能忽视情绪和起源事件，即使它们看上去微不足道，但是它们也会积聚起来，影响员工的态度和行为。

情感事件理论通过"事件—情感—态度行为"这一完整链条，系统地揭示了工作场所中员工的情感作用机制（见图 5-2）。

从图 5-2 中可以看出，情感是对工作环境中的事件的反应，由于工作环

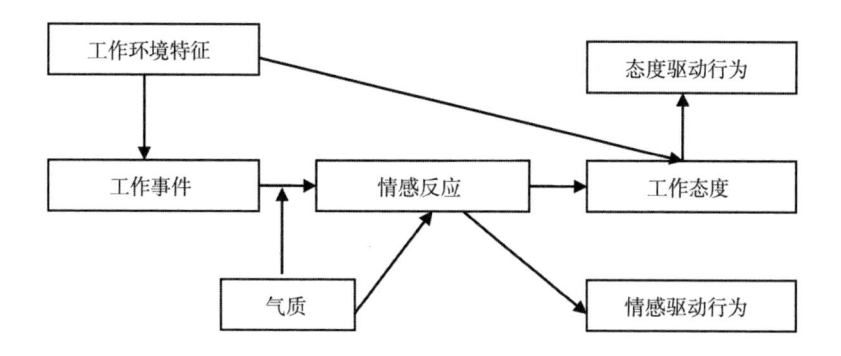

图 5-2　情感事件理论

资料来源：Weiss H M, Cropanzano R. Affective Events Theory: A Theoretical Discussion of the Structure, Causes and Consequences of Affective Experiences at Work [M] //Staw B M, Cummings L L. Research in Organizational Behavior: An Annual Series of Analytical Essays and Critical Reviews. Greenwich: JAI Press, 1996: 1-74.

境当中的任务多样性、工作自主性、工作要求、情绪劳动等方面的不同环境特征差异，导致员工在这些环境中具有不同的工作体验和工作事件。这些工作事件会引起积极的或消极的情感反应，但是员工的人格和心境会调节他们对这些事件的反映程度。例如，低情绪稳定性的人更有可能对消极事件反映强烈。最后，情绪反映会影响工作满意度和工作绩效方面的变量，如组织公民行为、组织承诺、离职意向等。

四、印象管理理论

印象管理作为解释人际交往中个体行为及自我表现的重要理论，在营销情景中的人际交互过程中也具有积极意义。在本书服务接触员工沉默行为研究中，也借鉴了印象管理理论进行释义。

印象管理（Impression Management）最早是由美国社会学家 Goffman（1959）提出，他认为印象管理是个体在社会交往情境中控制他人形成自己期望印象，并加以维持、保护或改变已经形成的非期望印象的过程。与之类似的概念是自我呈现（Self-Presentation）、印象整饰（Impression Decorating），前者是指个体在人际互动中，如何控制他人形成自己印象的过程；后者是指留下非期望印象后，如何保全面子来改善或改变留给他人的不良印象。

现有研究表明，印象管理是人际交往中非常普遍的一种心理现象，也是解释人际交往互动行为的重要视角之一。Goffman（1959）认为，每个人总是试图在社会情境下保持适当的印象，寻求获得外部对其的肯定性评价，而非消极性评价。Schlenker（1980）将印象管理定义为表演者对自己在他人眼中的资讯进行操控，表演者试图影响目标观众对表演者本身的知觉的行为。Leary 和 Kowalski（1990）在分析印象管理的诸多概念基础上，指出其中的两个核心要素：一是印象动机，即个体试图控制他人对自己形成印象的愿望或动机；二是印象建构，即个体决定让他人形成什么样的印象，并且如何形成这种印象。个体的印象动机水平取决于三个因素：印象与目标的相关性、提升印象的价值、目前与期望印象之间的差距。与个人目标越密切相关的印象，他进行印象管理的动机就越强烈。例如，个体认为建言行为有助于形成"好形象"，越倾向于主动建言，否则将表现更多沉默行为。当个体意识到自己的行为正在或将要被他人评价时，就会触发印象管理动机。

印象建构包括两个过程：一是选择要传达的印象类型；二是决定如何去做。要传达的印象类型不仅包括个人的人格特征，也包括态度、兴趣、价值观或物理特征等。当选择了要传达的印象类型后，接下来就是如何去传达这一印象。比如，是以直接的方式表达自己有能力，还是通过间接的方式传达自己有能力，并判断哪种方式客观效果更好。

印象一般指我们对别人的看法。但事实上，印象包含了我们对认知对象各方面的突出特点，它所反映的是印象的总体特征。但是在大多数情况下，我们并不是等到掌握了对象的全部特征之后才形成对它的印象，有时候甚至只需要看一个人的照片或者跟他说几句话就可以形成一种最初的印象。

个体通过言语或非言语，有意或无意地控制他人对自己的印象的方法称为印象管理策略。不同个体的印象管理策略不同，甚至是同一个体也经常会根据其对情境的判断或受到其他因素的影响而采用不同的印象管理策略。总体来说，可以将印象管理策略分为三大类，即获得性印象管理策略、保护性印象管理策略和非言语印象管理策略（见表5-1）。

表 5-1 印象管理策略的比较

印象管理策略	定义	行为动机	具体策略
获得性印象管理策略	指人际交流过程中，个体使他人积极看待自己的努力的行为	带来他人对策略使用者的积极看待	包括自我抬高、威慑、讨好和恳求
保护性印象管理策略	指尽可能弱化自己的不足或避免使别人消极看待自己的防御性措施	避免显著的社会赞许丢失或避免积累社会不赞许	包括合理化理由（借口和辩解）、事先申明、自我设障、道歉
非言语印象管理策略	一种间接的印象管理策略，通过非语言等表现方式获得外部的积极性评价	展现接收者认可的积极形象	运用非言语性行为，如面部表情、触摸、身体位置、姿态等

资料来源：笔者整理。

其中，较为经典的是 Jones 和 Pittman（1982）提出的获得性印象管理策略，这种印象管理常用于平常情景或有利情景中，可以带来他人对策略使用者的积极看待。一是讨好。在组织缺乏兼容性时，讨好行为是一种有效的社会影响手段，它能提供一种保持和谐的社会黏合剂。二是自我抬高。自我抬高策略是个体向目标观众表现出他们的能力与成就，让目标观众觉得他们比较有竞争力。三是威慑。表演者希望制造自己是危险人物的印象，来展现力量以控制人际间的互动，让他人能够服从、跟随他的意见。四是恳求。通过给他人留下弱势者的印象，通过激活社会责任规范使自己获益。印象管理策略或行为很多，个体在特定情境中使用哪一种策略或行为是内外因素交互作用的结果。例如，如果希望得到他人喜欢可以奉承、讨好、表现谦虚等，而不是自我拔高策略。

印象管理在人际互动情景中也普遍存在，它实际上就是人与人之间相互"表演"、"印象装饰"或"自我展现"的过程。现有印象管理的研究中，也有许多基于人际互动的研究，研究应用好印象管理的策略进行更良好的人际互动。Smallwood（2022）最近的研究则从印象管理的角度出发，认为员工放弃提出观点是担心他人将此行为理解为一种批评，从而影响他人对自己的印象。相反，也有人通过进谏行为希望留下一个积极的印象，会认为他们有较好的胜任能力，这将提升其在组织中的知名度。再如，一线员工为了更好地扮演自身角色，控制与顾客互动的结果，都会运用印象管理策略，结合具体的情景，及时调整自己的"表演"，建立良好的互动关系。

五、情景相关性理论

情景相关性是管理问题中最明显的特征之一（孙波等，1997）。这是由于管理问题都是发生在受到多种要素交互影响的开发性系统中，任何管理行为或管理事件都涉及外界环境情景、当事人特质及主观态度等多方面的影响。事实上，情景因素对管理问题的影响是普遍的，在考察"情景"问题时，需要考虑管理系统中的复杂性及不确定性，既包括内部环境因素和外部环境因素，又包括管理主体与管理客体，而对管理问题的影响更多地带有或然性、偶发性。

本书研究员工沉默行为及其管理问题，需要立足于服务接触这一情景下，围绕服务接触与服务交互过程来展开，而情景相关性及情景调节理论则提供了良好的理论借鉴。李华敏和崔瑜琴（2010）认为，情景是影响消费者行为的重要因素之一，提出17个影响消费者行为的情景变量，通过对其进行因子分析得到了六个情景因子：心理、环境、营销、时间、物质及互动因子，并进一步分析指出，情景因素对消费者行为的影响受到其他影响因素的交互作用。曹曼等（2020）基于社会情景理论，研究探讨高绩效工作系统对主动性行为的影响机制，外部环境因素、环境不确定性的引入扩展了主动性行为研究的边界条件。通过对110位高层管理者、110位人力资源经理、1005位员工的配对样本数据进行分析，研究发现，当环境不确定性程度越高时，高绩效工作系统对雇佣关系氛围的影响越弱，反之越强，这为深入理解战略人力资源管理和主动性行为提供了新的理论视角。

1997年，Higgins提出了调节定向理论（Regulatory Focus Theory）。这一理论描述了个体为达到特定目的会努力改变或控制自己的思想、反应。该理论区分了两种模式的动机调节系统——促进定向（Promotion Focus）和预防定向（Prevention Focus）。其中，前者以"理想的我"来引导自己的行为，关注结果的收益与提高；后者以"应该的我"来约束自己的行为，关注结果的损失与安全。这两种调节方式都强调了外部情景因素对个体行为的调节作用。同时，该理论指出，正面结果凸显的情景会激活促进定向，促进个体采取积极性行为；而负面结果凸显的情景会激活防御定向，导致个体为避免不理想状态而采取消极性行为。根据形成来源的不同，个体调节定向可分为特质性调节定向和情景性调节定向两种。特质性调节定向是个体长期以来形成的稳定的人格特质；情景性调节定向指由外部情景线索（如诱导信息、信息框架等）诱发的暂时性调节定向，表现出临时性和可变性（见图5-3）。

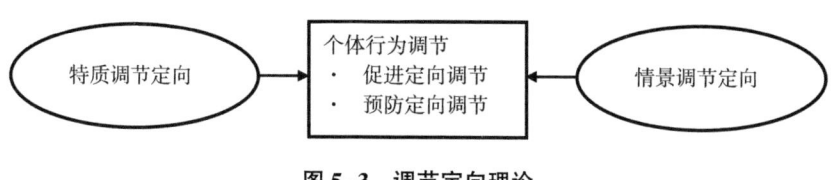

图5-3 调节定向理论

资料来源：Higgins E T. Making a Good Decision: Value from Fit [J]. American Psychologist, 2000, 55 (11): 1217-1230.

根据调节定向理论可以发现，外部情景线索在个体行为调节方面的积极作用，虽然特质调节将形成长期的稳定性人格特质，但情景性调节对短期个体行为具有显著影响。Cooper 和 Withey（2009）指出，外部情景能够为个体期望的潜在行为提供不同程度的线索被称为"情景强度"，同时指出，情景强度能够促使个体心理认知过程，使个体采纳或放弃某种行为反应。高情景强度对于不同个体之间的行为差异影响显著，也就是在高情景强度影响下，不同个体对行为反应的变异性将被放大，特质与结果间原有关系随之可能发生变化。

Tett 和 Guterman（2000）提出了情景相关性的概念，即情景能够提供特质表达的相关行为线索。特质相关情景提供了和特质一致或相反的条件，起到放大或减弱特质对行为的影响的作用。例如，在宗教祭祀的场合，几乎不可能存在激活侵犯行为的线索。对情景强度的效果只能进行事后检验，较难进行综合评价。对情景强度和情景相关性关系作一个比喻，情景相关性像是电台频道，决定播放什么节目，情景强度则类似于电台的音量，决定着节目是否被清楚地听到。情景强度是考察"特质—结果"间关系的必要但非充分条件。因此，情景强度和情景相关性共同组成特质激活潜能（Tett and Burnett，2003；Tett et al.，2021）。特质变量的影响是否显著，取决于环境赋予的线索。

同时，在管理学领域，也有许多学者对情景调节变量在组织层面的相关行为活动中的影响作用进行研究。例如，研究探讨了组织内的人际互动、团队成员交换（Team-Member Exchange，TMX）关系和组织支持感（Perceived Organizational Support，POS）等情景调节变量的影响作用。Kamdar 和 Van Dyne（2007）考察了领导成员交换关系、团队成员交换关系等对责任感、宜人性和任务绩效、周边绩效的综合调节效应。也有研究证实了组织文化、组织气氛、服务环境、顾客服务交互情景等因素的调节作用。此外，根据价值观激活理论，某个体的价值观是否被激活受到了情景线索的影响。例如，有些情景线索有助于促进价值观的展现，有些情景线索则会限制价值观的表达，而目标调节是特质因素与情景因素共同作用的结果，也有研究指出，特质变量和情景变量之间可能存在一定的相互作用，对个体行为产生交互影响（Liu and Li，2018）。

六、理论述评与启发

从前文的相关理论回顾中，笔者发现关于个体行为反应模式的有益结论，也为本书研究服务接触情景下的员工服务沉默行为提供了借鉴。

例如，在社会交换理论中，指出了个体行为是基于双方互惠交换关系的反应，个体对他人的行为及其相互关系是基于报酬与成本的比较，是对有价值的反应的期望（Emerson，1976），这就启示员工服务沉默行为可能受到与组织（或上司）关系交换的影响；在服务环境理论中，研究证实了服务环境对营销行为的显著影响，同时"刺激—机体—反应"理论指出，外部环境的各种刺激使个体产生不同行为结果，表现出接纳或者规避的行为反应（Mehrabian and Russell，1974），这就启示了本书研究员工服务沉默行为需要将服务场景要素考虑进去；在情感事件理论中，指出工作场所中的情感事件将影响员工的绩效和满意度（Weiss and Cropanzano，1996），这就启示了本书需要考虑交互活动过程及服务事件对员工沉默的影响。再如，情景相关理论指出，个体与环境相互作用是个体形成认知过程的重要内容，同时个体行为受到长期特质因素和短期情景因素的调节影响，这就启示了研究服务沉默行为需要考虑个体特质因素和外部环境因素。下面，将这些研究启示进行归纳，如表5-2所示。

表5-2 员工服务沉默行为驱动因素的理论推导

理论背景	主要观点	研究启示	推导线索
社会交换理论	个体行为是基于社会互动活动的交换权衡比较的结果，尤其是报酬和成本的交换（Homans，1961），个体对他人的行为及其相互关系是基于报酬与成本的比较，是对有价值的反应的期望（Emerson，1976）	员工服务沉默行为反应受到员工对他人（上级领导、同事或顾客）交换关系的影响	领导成员交换关系

续表

理论背景	主要观点	研究启示	推导线索
服务环境理论和"刺激—机体—反应"模型（S-O-R）	服务场景就是服务过程的背景,是服务接触主体进行互动的场所（Shostack,1985）;外部环境的各种刺激使个体产生相应的行为结果,表现出接纳或者规避的行为反应（Mehrabian and Russell,1974）	员工在特定服务环境因素刺激下,形成不同的情绪反应,从而表现出不同的行为表现——沉默或建言	服务环境
情感事件理论	个体在工作环境中的"情感事件",在一定情景条件下,诱导或引发个体的积极的（如愉悦、兴奋、幸福等）或消极的（如郁闷、挫折、怨恨等）情感反应,这些情感反应又进一步对个体行为产生影响（Weiss and Cropanzano,1996;段锦云等,2011a）	员工服务沉默行为受到服务接触外部情景事件的影响,包括接触主体（如消费顾客、组织后台人员等）、接触过程（服务交互质量）、接触环境（服务环境、服务氛围）等	服务接触情景线索——顾客行为、服务环境、交互质量等
印象管理理论	每个人总是试图在社会情景下保持适当的印象,寻求获得外部对其的肯定性评价,而非消极性评价（Goffman,1959）,个体的印象建构是人与人之间相互"表演"、"印象装饰"或"自我展现"的过程	员工服务沉默与否,是其对自我印象建构动机及建构意愿的结果,自我印象呈现目的在于获得上司赏识、组织认可和顾客赞许	组织情境线索——组织信任、顾客赞许等
情景相关性理论	任何管理行为或管理事件都涉及外界环境情景、当事人特质及主观态度等多方面的影响。有些情景线索有助于促进价值观的展现,有些情景线索则会限制价值观的表达,目标调节是特质因素与情景因素共同作用的结果（Higgins,1997;Cooper and Withey,2009;Tett et al.,2021）	员工服务沉默行为受到特质情景和环境情景的交互影响,既有个体自身的特质驱动,又有外部环境刺激驱动作用	个体特质及状况;外部环境情景线索

资料来源:笔者根据相关资料自行整理。

第二节 陶瓷文化创意服务沉默行为机制质化研究

为深入挖掘陶瓷文化创意服务沉默行为的前因驱动变量及中介驱动机制，本书结合景德镇陶瓷文创的实际状况，采取深度访谈方法，对陶瓷文化创意产业的服务沉默行为的影响因素进行探索性研究，以期借助现实中的真实服务接触情景，来获取对服务沉默行为的深刻认识与了解。

一、质化研究设计

（一）访谈对象选择

为使研究更加贴近实际，本书选择了景德镇陶溪川陶瓷文创街区32名访谈对象，其中包括8名陶瓷服务人员、12名陶瓷创意工作者、6名陶瓷大学生和6名管理者，32名访谈对象都是一线服务人员，符合服务接触的研究情景要求。

访谈对象之所以选择陶溪川陶瓷文创街区，主要原因在于：一是陶溪川聚集了大量陶瓷产品的创意工作者和大学生，是景德镇"景漂"人才的聚集地和创业梦想空间，样本对象具有较强的代表性；二是前期对于陶溪川进行了部分访谈调研，积累了前期研究成果和素材，能够与本次探索性研究相互佐证和补充；三是为了有助于对访谈提纲设计、资料整理分析以及后续编码工作开展，在访谈设计之前，课题组对陶溪川服务接触特性和服务课题进行了充分的文献搜索和研究。

（二）访谈内容及提纲

围绕陶瓷文化创意服务接触情景下服务沉默行为前因变量探索的核心问题，采取了质性分析方法，结合前人研究成果和第四章对服务沉默行为的概念界定，经过专家修改，形成了具体的研究方案，包括研究目的、研究核心问题、研究边界、样本选择及资料分析方法等。其中，访谈提纲主要围绕以下几个问题：

（1）访谈对象的人口统计学资料，包括性别、年龄、工龄、学历、工作岗位及日常主要工作等。

（2）您认为在服务接触过程中，您或者您的同事存在过对组织问题或对顾客需求问题沉默，也就是不发表自己意见和看法的情况吗？

（3）如果有这样的现象，您认为可能是来自哪方面的影响，或者说是哪些原因会促使您的这种行为表现？

（4）能否谈谈您对您目前工作的看法，您公司或者所在的街区管理单位对您的工作有过哪些规定或服务支持？您认为如何才能提升服务意愿？

（5）能否谈一个您以往的服务经历事件，与顾客服务接触中发生的一些事情，如顾客对您或者您的作品进行表扬、赞许、肯定，或者批评、抱怨、投诉等，您是怎样看这些事情的，并且这些对您以后的工作造成了什么影响？

（6）您认为还有哪些情况会促使您表现沉默？

（7）请您整体评价一下您的工作和当前的工作状态？

（8）请您结合陶瓷文化创意行业的特殊性，分析一下陶瓷文化创意服务过程的整体情况，如何才能激发大家更好地进行主动性建言，而不是服务沉默？

（三）资料获取

本次调研资料都是通过深度访谈获取，围绕陶瓷文化创意服务沉默的核心概念，在访谈提纲的基础上，逐步引导访谈人员进行开放交流，尤其是对与研究相关的关键线索进行挖掘。在具体访谈过程中，采取录音和手头记录两种方式，确保信息真实还原。同时，所有访谈对象的访谈时间在20~60分钟不等，大部分在30分钟左右，对于从业经验较长的访谈对象，在访谈时间控制上更长一些。访谈过程中尽量做到避免简单回答"是、否"，或者简短答案的问题，鼓励访谈者提出对他们来说重要的题，并在访谈前声明访谈结论只用于学术研究，消除访谈对象的顾虑性。通过深度访谈，共获得访谈记录逐字稿32份。

因此，本书为探索陶瓷文化创意服务型企业中的员工服务沉默行为影响机制，采取"目的性抽样"的原则，即抽取那些能够为本书研究问题提供最大信息量的人或事。抽样对象涉及一个行业（陶瓷文化创意行业）、一个地区（景德镇陶溪川陶瓷文创街区）、四个类型（服务人员、创意工作者、街区管理人员、大学生），共抽取32名一线服务人员，具体抽样对象信息描述如表5-3所示。

表5-3 抽样对象基本信息

编号	访谈对象类型	陶瓷业态	性别	年龄	工龄（年）	学历	访谈时长（分钟）
A1	一线服务人员	手工陶瓷	女	22	1	大专	34
A2		手工陶瓷	女	24	4	高中	21
A3		艺术陶瓷	男	24	5	高中	25
A4		艺术陶瓷	男	26	3	本科	34
A5		日用陶瓷	女	28	7	大专	33
A6		艺术陶瓷	男	21	2	大专	15
A7		日用陶瓷	女	24	2	本科	36
A8		日用陶瓷	女	29	5	本科	55

续表

编号	访谈对象类型	陶瓷业态	性别	年龄	工龄（年）	学历	访谈时长（分钟）
B9	陶瓷创意工作者	艺术陶瓷	女	32	11	本科	43
B10		艺术陶瓷	女	28	3	研究生	28
B11		艺术陶瓷	女	27	5	大专	42
B12		手工陶瓷	男	35	12	本科	52
B13		手工陶瓷	男	32	4	本科	25
B14		手工陶瓷	女	23	2	大专	28
B15		艺术陶瓷	男	35	13	本科	55
B16		艺术陶瓷	女	26	2	硕士	21
B17		日用陶瓷	男	33	8	本科	44
B18		日用陶瓷	男	43	23	本科	42
B19		日用陶瓷	男	29	1.5	本科	25
B20		工业陶瓷	男	34	10	本科	32
C21	陶瓷大学生	陶绘专业	男	26	2	研究生	24
C22		陶绘专业	男	24	1	本科	35
C23		美术专业	男	23	2	本科	50
C24		美术专业	女	21	1	本科	38
C25		首饰设计专业	女	24	1	研究生	43
C26		雕塑专业	女	22	0.5	本科	20
D27	街区管理人员	陶溪川	女	27	5	本科	25
D28		陶溪川	男	32	9	专科	32
D29		陶溪川	男	33	6	本科	25
D30		陶溪川	男	35	12	本科	27
D31		陶溪川	女	27	5	本科	20
D32		陶溪川	女	28	5	本科	38

注：男生占比53.12%，女生占比46.88%；一线服务人员占比25%，创意工作者占比37.50%，大学生占比18.75%，街区管理人员占比18.50%；工龄小于2年占比37.50%，2～5年占比34.38%，5年以上占比28.13%；访谈时间在20分钟至60分钟不等。

二、资料分析

（一）资料分析方法

本书采用扎根理论研究法进行访谈资料分析。扎根理论研究法是由 Glaser 和 Strauss（1967）共同发展出来的一种研究方法，是运用系统化的程序，针对某一现象来发展并归纳式推导的定性研究方法。通过运用扎根理论研究法，经由系统化的资料收集与分析，有助于探索出具有某种关联关系的概念模型。这也正适合本书对一线员工服务沉默行为驱动机制的建构。

扎根理论的核心是资料收集与分析过程，该过程既包含理论演绎又包含理论归纳。Strauss 和 Corbin（1990）将扎根理论对资料的分析称为译码（Coding），指将所收集或转译的文字资料加以分解，将现象概念化，再以适当方式将概念重新抽象，提升和综合为范畴以及核心范畴的操作化过程。扎根理论的译码程序，目的不仅仅是从资料中摘取议题（Themes），而是由几个相关概念中开发出一个描述性的理论架构（Descriptive Theoretical Framework）。扎根理论是在经验资料的基础上建构理论，是一种自上而下建立理论的方法，其目的在于建立理论，而不只是验证理论，协助研究者突破前期研究的假设限制，从而更好地进行理论探索与构建（Bryant，2017）。

本次资料分析采用的软件是 QSR Nvivos 8.0。该软件是目前定性研究分析的新一代软件，能够更为弹性地探索及解释定性资料，辅助研究者对文本进行编辑、编码、提取、分析和建构模型等复杂的工作分析，是目前最适合扎根理论研究使用的软件之一。

（二）资料分析程序

扎根理论分析过程是由三种主要的译码手续所组成，对访谈资料的分析主要有三次编码及建模过程，包括一级编码（开放式译码）、二级编码（主轴译码）、三级编码（选择性译码）。下面将逐步展开分析：

1. 开放式译码

开放式译码（Open Coding）指将资料记录逐步进行概念化和范畴化，从资料中发现概念范畴并对其加以命名，确定范畴的属性（Properties）和维度（Dimensions），这是一个将资料打散，赋予概念，然后重新综合的过程。开放性译码是通过仔细检验而为现象取名字或加以分类的分析工作。不经这一分析性的基础步骤，扎根理论研究法的后续分析与成果展示是无法发生的。

开放性译码的程序：定义现象（概念化）—发掘范畴（范畴化）—为范畴取名字—挖掘范畴的性质、维度和属性—形成各种不同的开放性译码。开放式译码中，要求研究者有一种开放的心态，尽量悬置个人的倾向和研究者的定见，将所有资料按其本身所呈现的状态进行译码。

首先，进行概念化，对意义单元进行编码，也就是对访谈资料进行现象定义。从资料中所指认的重要事件、事物、行动等的抽象表征。在本书中，对32份访谈记录进行概念提炼，逐句进行开放式编码，形成了313个初级编码，平均一份访谈记录形成10个初级编码，由3位研究人员分别进行提炼，并且对相互提炼结果进行对照，保证编码过程的一致性和科学性。其次，进行范畴化，将类似的概念进一步归纳为概念类别，对这些概念之间建立联系，对自由节点概念进行再归纳，形成树状节点。再次，进行范畴定义和取名，主要依据以往理论研究成果，综合考虑访谈资料中范畴表现的内涵，合理确定范畴名称，共形成了15个核心范畴。最后，围绕核心范畴将访谈资料进行纬度划分，依据其特定的属性与维度来发展类别。

在开放性编码过程中，通过概念化及范畴化程序，形成了服务环境、服务交互质量、顾客参与、顾客行为、组织服务氛围、主动性人格、自尊水平、认同感、个体特质等核心范畴。例如，在对B16访谈对象的访谈数据整理中，根据访谈资料"我们都是对认同陶瓷作品、能够理解陶瓷文化的顾客会进行更加深入的沟通""如果顾客愿意参与到陶瓷作品的创意当中来，我们是欢迎的，因为更加准确地表达他们的需求，也方便对我们作品价值认同"

提炼了"顾客行为""顾客参与"等核心范畴,也就是指在陶瓷文化创意产品服务过程中,顾客的积极性行为或消极性行为对陶瓷创意者具有怎样的影响。进一步而言,对"顾客行为"范畴属性的提炼中,包括顾客积极性行为(顾客参与行为、积极评价行为)和消极性行为(顾客抱怨行为)等,其中顾客积极评价行为的维度体现在"对陶瓷作品的认同"、"报以微笑或加以奉承"、"表现亲近感"以及"当面表扬和赞许"等方面。再比如,访谈对象B10访谈当中,根据资料编码内容"陶瓷创作人员是从事艺术创作的,大多数都是具有一定个性的,也就是都是有自尊心的人群",D27访谈对象的资料整理当中"我们街区的陶艺创造者具有共同的圈子,也就是陶瓷文化人的身份认同感,大多数时候更愿意跟懂得陶瓷的人进行沟通,对于过来的顾客也是区分对象的",归纳了"自尊水平""认同感"的核心范畴属性,同时对"认同感"进一步区分为身份认同(都是陶瓷创意领域的"圈子人")、价值认同(对陶瓷作品价值给予了积极肯定)和文化认同(能够对陶瓷文化进行深度交流和思想共鸣)。通过类似的开放性编码,为后续进一步质化分析奠定了基础。

2. 主轴译码

主轴译码(Axical Coding)是一个进行关联类别与次类别的历程,将围绕某一类别的轴线进行编码,并在属性和面向的层次上来连接各类别。在主轴译码过程中,需要借助分析现象之间的因果条件,进行现象脉络化,围绕"因果条件—现象—脉络—中介条件—行动/互动—结果"的路径,将各项范畴联系在一起,寻找问题的答案。

(1)条件:将"为何、何处、如何、何时"等问题的答案加以群组的概念性方式。其包括以下几类:因果条件(Causal Condition),指致使一个现象产生或发展的条件、事故或事情;脉络条件(Contextual Condition),指一个现象的事件、事故在它们面向范围内的位置的综合,是行动或互动策略之所以发生的一组特殊条件;中介条件(Intervening Condition),指在某一特定脉络之中，针对某一现象而采取有助的或抑制的行动或互动上的策略，一种结构性条件。

（2）行动/互动（Action/Interaction）：是人们如何处理他们所遭遇的情景或难题的策略，包括策略性行动及例行性行动。

（3）结果（Consequence）：行动及互动的结果。

因此可见，开放性译码是分解资料以便研究者指认资料中的范畴、性质及面向的位置，而主轴译码则要连接一个范畴和它的副范畴而把资料重新整合。主轴译码并不是把几个核心范畴联系起来构建一个全面的理论学架构，而是要好好发展主要范畴，其工作重点仍然是发展范畴，要在性质和面向以外，如何对所译码的一个范畴（现象）获知得更多、更准确。

根据上述思路，在开放性译码的基础上，本书对深度访谈资料进行主轴译码，基于陶瓷文化创意的服务情景，对服务沉默的相关范畴之间的关系进行推导，通过译码得出典型模型（见图5-4）。

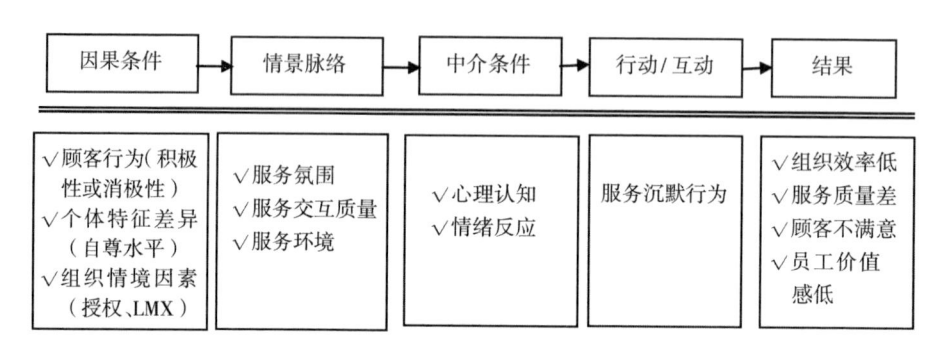

因果条件	情景脉络	中介条件	行动/互动	结果
√顾客行为（积极性或消极性） √个体特征差异（自尊水平） √组织情境因素（授权、LMX）	√服务氛围 √服务交互质量 √服务环境	√心理认知 √情绪反应	服务沉默行为	√组织效率低 √服务质量差 √顾客不满意 √员工价值感低

图5-4　服务沉默行为影响过程的典型模型

根据主轴译码分析结果，围绕员工服务沉默行为的这一中心主题，提炼了上述影响机制的典型模型。其中，在影响服务沉默的因果条件中，主要梳理出顾客行为、领导授权、领导成员交换关系、员工个体状况等因素，进一步归纳可以划分为三个层面的影响因素，即服务情景因素（如服务接触中的顾客行为)、组织情境因素（如领导授权程度、领导成员交换关系质量等）和个体因素（如员工个体特质、情绪状态等）。也就是说，一线员工在服务接触中是否会发生服务沉默，具有来自这三个方面因素的综合影响，其中顾客的参与行为、赞许表扬行为及抱怨行为都会直接影响顾客的情绪体验，从而刺激或抑制一线员工的服务表现，而来自组织方面的领导授权、领导与下属成员交换关系质量将长期影响着一线员工的服务投入状态。在访谈中，尤其是来自顾客方面的影响因素频繁出现，具有较强的影响关系。

此外，在中介条件中，主要归纳了心理认知和情绪反应两个核心范畴，这也符合相关理论结论。陶瓷文化创意服务沉默行为的产生是在员工情绪反应和心理认知状态两个途径发生的。前面的因果条件（顾客行为、领导行为）要对服务沉默行为产生影响，需要通过情绪反应和心理认知起作用。本次访谈调查中，很多访谈对象都谈到了他们当时的情感体验（是愉悦、兴奋的积极情感，还是沮丧、郁闷的消极情感体验），以及他们对风险和安全的心理认知与判断情况，80%以上的访谈对象表现出服务沉默受到了这种情形的影响。

3. 选择性译码

选择性译码是指选择核心范畴，把它系统地和其他范畴予以联系，验证其间的关系，并把概念化尚未发展完备的范畴补充完整的过程。在前面主轴译码的基础上，围绕核心范畴进行统整和精练理论，也就是浓缩访谈资料的核心概念，形成一个核心范畴及解释架构，能够实现所有概念的中心化和理论化。

根据选择性译码的一般要求，选择核心范畴需要遵从以下几点标准：①核心范畴必须是处于所有范畴的中心位置，起到连接中心的作用；②核心范畴在访谈资料中出现频次较高；③核心范畴与其他范畴相连接具有逻辑解释能力；④核心范畴具有足够的抽象性，能够在其他研究中具有普适性；⑤核心范畴能够解释资料表现的变异性，即使条件变化，也能够保证理论的持续解释性。

依据以上核心范畴选择的原则，结合原始资料记录进行互动比较，在对研究主轴译码的范畴进行深入分析的基础上，笔者发现对于陶瓷文化创意服务接触这一服务交互特点明显的研究背景，与其他行业情景下的员工服务沉默行为的影响因素相比，除传统的组织方面和个体方面的因素外，不能忽视来自服务接触情景的影响因素。因此，围绕这三条影响线索，通过访谈资料挖掘分别选择了一些影响因素（见图5-5）。其中，在组织情境影响线索上，笔者选择了"领导成员交换关系"和"领导授权"作为主要情景因素，尤其是领导的授权程度在服务接触中，对一线员工的积极主动性服务表现的影响至关重要。在服务情景影响线索上，笔者选择了"顾客行为"作为主要情景因素，因为顾客是一线员工服务行为所面对的主体，也是所有服务投入和服务表现最后的落脚点，顾客与一线员工发生了激烈的"交锋"，顾客行为势必影响一线员工的情绪反应，从而诱导形成相应的服务行为。因此，本书将顾客行为对于一线员工服务沉默的影响作为另一个研究的核心范畴，并以此统领分析其他范畴。

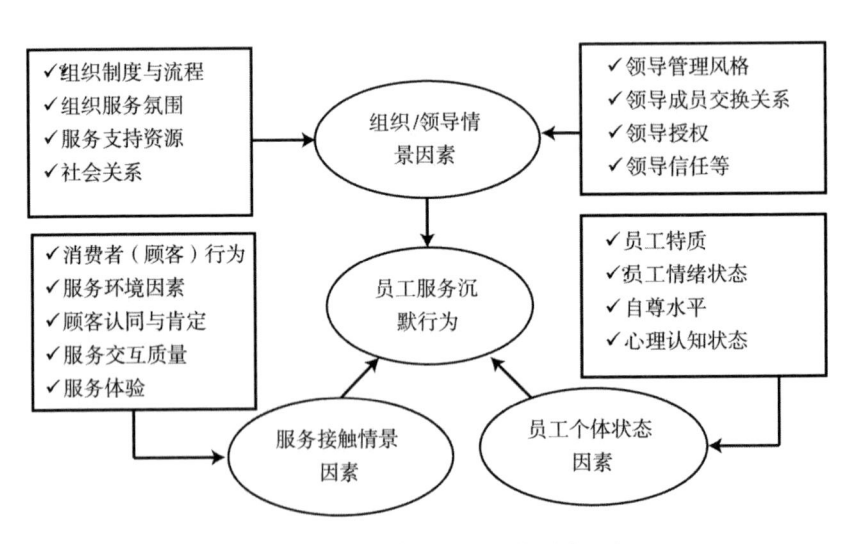

图 5-5 员工服务沉默行为的影响因素

三、质化研究结果

经过访谈和资料的收集与分析，笔者对于服务沉默行为有了更为生动的认识，也梳理了一些有益的探索性的结论：

（1）在陶瓷文化创意服务的服务接触情景下，一线员工服务沉默行为的驱动机制具有复杂性，至少包括了组织情境、顾客情景和个体因素的综合性因素。其中，组织情境主要表现为陶瓷文创街区形成或支持的服务氛围、服务环境和授权支持性行为等；顾客情景主要表现为顾客参与、顾客评价、服务交互质量等；个体因素主要表现为个体自尊水平、个人特性、心理安全感等。相较于组织内的员工沉默行为影响因素，笔者认为在服务接触情景下，更为重要的是来自服务接触这一过程下的情景因素影响，如接触对象（顾客）、接触背景（服务环境、服务支持资源与设备、服务氛围）以及接触体验（情绪反应、服务交互质量等）。

（2）在影响陶瓷文化创意员工服务沉默行为因素中，来自组织情境下的组织服务氛围和来自服务情景下的顾客行为显得尤为重要。在本书研究当中，由于大多数陶瓷创意工作者都是个体创业者，以陶瓷文化创意街区管理单位作为陶瓷服务组织，并且通过对访谈资料的编码分析，归纳整理来自组织情境的影响因素，主要为服务环境、服务氛围以及组织领导风格等因素。研究认为，良好的服务环境和组织服务氛围能够激发陶瓷创意工作者或一线服务员工主动的服务投入；而来自顾客方面的积极性或消极性的不同行为（如表扬或抱怨、参与或抵制、肯定或否定）将直接影响陶瓷服务创意工作者的情绪和行为表现。

（3）陶瓷文化创意服务沉默行为的发生机制的中介因素主要为两个方面：心理认知状态和情绪反应状态（情感体验）。其中，组织情境线索因素是通过影响一线员工心理认知状态来起作用的，例如，街区内的服务氛围以及感知认可感，会形成不同的心理安全知觉，"圈内人"彼此更加信任，也会感觉更加安全,从而抑制服务沉默行为。另外,服务情景线索因素是通过影响员工的情绪反应状态来影响员工行为的。例如,顾客的一个微笑和鼓励将给服务人员带来成就感和亲近感,刺激形成愉悦的情感体验,从而表现出更加积极的服务表现,负向影响服务沉默行为。

第三节 员工服务沉默行为驱动机制构建

在前文相关理论回顾和质化研究基础上,本节结合服务接触这一特定研究情景,以陶瓷文化创意的员工服务沉默为核心问题,从组织情境驱动、服务情景驱动两个方面来分析员工服务沉默的驱动机制。

一、服务情景线索的驱动机制

Surprenant 和 Solomon(1987)指出,服务接触是顾客与服务提供者之间动态交互过程。范秀成(1999)也认为,服务接触是顾客与服务人员、组织设备及环境、其他顾客的互动过程,互动性是服务接触最重要的特征。其中,顾客与一线服务人员之间的人际互动接触比顾客与其他"硬件"要素之间的互动更显重要(Bitner,1992;金立印,2008)。员工作为服务接触中的最积极主动的因素,扮演了至关重要的角色。同时,由于工作处于对内与对外的交叉边界,一线员工成为外部顾客与组织内部运营之间的一条纽带,在对外部顾客的服务传递过程中扮演着关键角色。反过来,服务接触中一线员工行为也具有其特定的情景线索的影响,尤其是与顾客交互过程中的情景因素。

因此,本书认为,在服务接触情景下的服务情景线索是一条重要驱动路径。即一线员工服务沉默行为受到短期某次服务接触经历中的交互情景因素,这些情景因素包括顾客行为、服务环境以及员工个体状况等方面,体现了服

第五章 陶瓷文化创意服务沉默行为驱动机制研究

务的异质性、过程性、交互性等特征对员工沉默行为的影响,具有短暂性、突发性的特点。研究服务沉默行为,就需要将某次服务接触过程或经历中的情景线索作为驱动因素考虑进去,包括顾客行为、服务环境、服务交互质量等因素。同时,这一情景线索因素通过员工情绪反应来影响服务沉默行为(见图5-6)。

服务情景线索因素（顾客/环境/质量等）→ 情绪反应（情感体验状态）→ 员工服务沉默行为

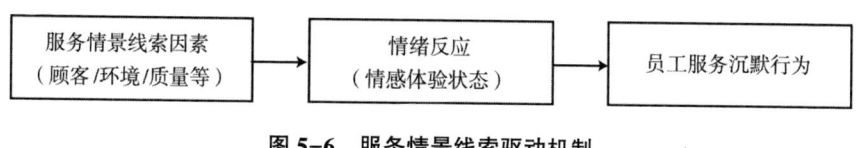

图 5-6　服务情景线索驱动机制

根据服务接触理论、服务交互理论及服务场景理论,结合前文的探索性研究结论,深入分析陶瓷文化创意服务的特定行业背景,将影响陶瓷文化创意员工服务沉默的短期服务交互情景线索因素归纳为三个方面(见图5-7)。

因素1：顾客行为（服务接触中由顾客所表现的参与行为、积极评价行为或者抱怨行为）

顾客（服务消费者与参与者）

因素3：服务交互质量（员工感知到的与顾客服务交互的体验水平）

服务环境（服务消费场所及条件）

一线员工（服务提供者）

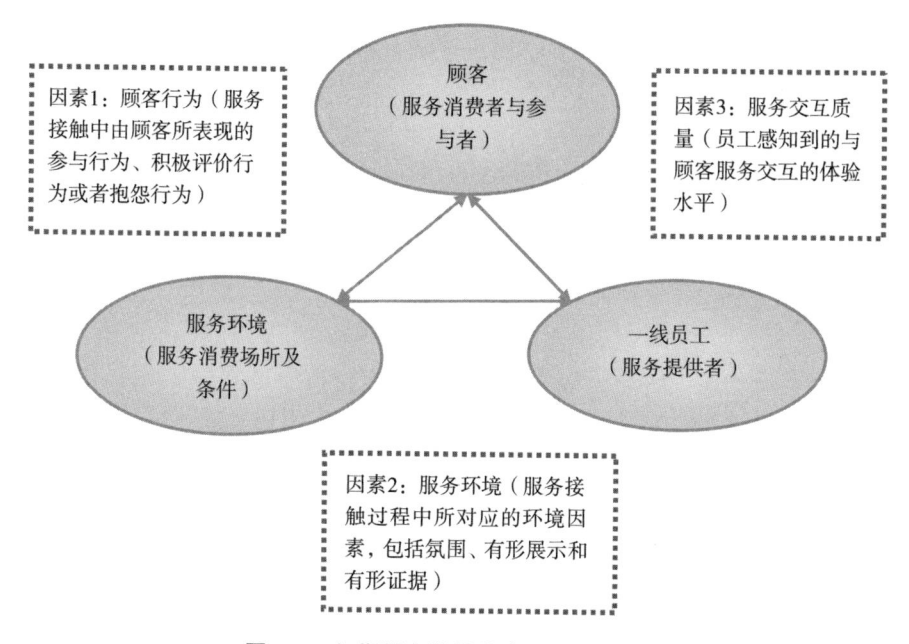

因素2：服务环境（服务接触过程中所对应的环境因素,包括氛围、有形展示和有形证据）

图 5-7　短期服务情景线索下的驱动因素

· 169 ·

结合陶瓷文化创意的行业属性，笔者认为陶瓷文化创意服务沉默行为在服务情景线索方面受到了以下因素的驱动影响：一是受到与服务交互过程中的顾客行为的影响。顾客作为一线员工服务接触的交互主体，对员工行为的影响最为显著，具体表现在顾客对服务生产与消费活动的参与程度（顾客参与行为）；顾客对一线员工的服务态度、行为及服务结果的积极性评价行为（顾客积极反馈行为）；顾客对一线员工的服务态度、行为及服务结果的消极性评价行为（顾客抱怨行为）。二是受到当时服务环境因素的影响。例如，服务场景中的音乐、灯光、设备陈列、颜色、服务人流等硬件环境因素。三是受到服务交互质量水平的影响，也就是一线员工感知的服务交互质量。如果在服务接触中，一线员工与顾客交互交流很舒畅，双方形成了良好的感知体验，那么就容易促使一线员工表现出更积极的服务投入，开展主动角色外行为，抑制服务沉默的发生。此外，服务接触中的一线员工服务沉默还受到某次服务经历下的服务人员个体状况因素影响，如服务人员的当时的生理状况、心理状况及个体特质因素等。

二、组织情境线索的驱动机制

从长期来看，另一条影响陶瓷文化创意员工服务接触沉默行为的重要情景线索就是组织情境。服务型组织作为服务接触活动的设计者、管理者和支持者，在一定程度上为服务接触活动提前制定了规范"行为手册"和指导意见（Bollon，1998），并且作为长期习惯一直在指导一线员工的服务行为。其中，最显眼的组织情境因素莫过于服务氛围、领导与成员交换关系、组织信任等。在陶瓷文化创意服务当中，由于大部分是以陶艺创意工作者身份进行服务供给的，笔者就以陶瓷文创街区管理单位（陶溪川）作为服务型组织进行分析。

本书认为员工服务沉默行为受到了长期组织情境线索的驱动影响。即组织表现出来的关于服务氛围、对员工支持、信任及授权等组织情境因素影响，这些情景因素并不是单单体现在某次独立的服务接触活动中，而是该组织长期固化下来的持续性、约定俗成的特定组织文化或观念。例如，在陶瓷文创街区引进招商时，强调对顾客的服务导向和培育良好的服务氛围、服务环境，那么在街区内的陶瓷创意工作者或陶瓷企业会采取更加积极的主动性服务行为，尤其是在服务规范以及制度条例没有形成明文规定的时候，就更显得重要。并且，这些来自组织的服务理念与服务氛围将长期影响陶瓷服务员工的行为。同时，这一情景线索因素是通过员工心理认知状态来影响服务沉默行为（见图5-8）。

图5-8　组织情境线索驱动机制

本书认为一线员工服务沉默行为受到长期组织情境线索影响，将其归纳为三个方面：一是受到组织服务氛围的影响。组织服务氛围（Organizational Service Climate）是指，组织所倡导的关于支持服务工作、服务行为的政策、管理措施和程序的共同看法，主要表现为鼓励员工参与的程度、对员工授权程度、对员工服务培训程度以及绩效奖励程度等。不同感知的服务氛围形成不同的员工行为反应模式，并对员工行为反应具有调节作用（凌茜、汪纯孝，2007；关新华，2018）。例如，积极的组织服务氛围（鼓励员工参与、较多服务培训、较高绩效奖励）有利于员工进行主动性、创造性劳动，从而在服务接触中具有积极服务表现，抑制沉默行为；反之，消极的服务氛围（限制员工参与、较少服务培训、较低绩效奖励）不容易激发员工的主动行为，从而在服务接触中表现出沉默。二是受到领导成员交换（Leader-Member Exchange，LMX）关系的影响，也就是指一线员工与其上司或主管的交换关系。LMX理论指出，与领导形成良好交换关系质量的员工将构成"圈内"的成员,"圈内"人受到更多的领导关注与支持,而作为交换,"圈内"人将积极主动地付出超出自己职责范围的努力,从而建立一种较高水平的相互作用。因此,领导与不同成员形成亲疏有异的交换关系质量将对员工服务沉默行为产生影响(张桂平、廖建桥,2009;汪曲、李燕萍,2017)。三是受到领导风格及领导授权的影响,也就是来自领导对一线员工的授权程度的影响。授权型领导风格将给予一线员工更多的自主权,在面对服务问题时,具有更多的开展主动性服务的空间,避免了对顾客服务需求的推诿与回避。

此外,还有来自组织制度、企业文化及组织信任等方面的影响。组织信任是指个人或群体成员遵守并忠诚于共同商定的承诺、不牟取任何额外利益的一种共同信念,领导与员工之间良好信任关系的形成,有助于员工对是否隐瞒重要信息(沉默)的行为决定。

第四节 本章小结

首先,本章在对社会交换理论、服务环境理论、情感事件理论等相关理论综述的基础上,梳理了影响员工服务沉默行为的驱动因素问题。其次,以景德镇陶瓷文化创意街区陶溪川 32 个访谈样本的深度访谈数据,采用质性分析方法,对陶瓷文化创意特定行业情景下的服务沉默行为进行深入的探索研究。在开放式译码、轴心式译码和选择式译码的分析过程后,提炼了影响员工服务沉默的核心范畴及其作用路径。最后,在理论分析和质化研究基础上,提出了陶瓷文化创意服务沉默行为的两条影响路径——服务情景驱动路径和组织情境驱动路径。

在随后的内容中,本书将通过更大规模的样本数据,进行实证分析与检验,进一步论证本章的研究结论。

第六章

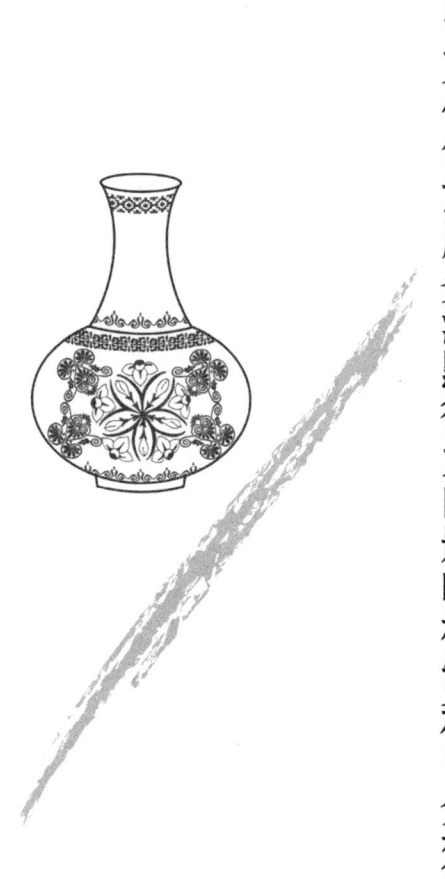

陶瓷文化创意服务沉默行为的影响机制和中介效应

第六章 陶瓷文化创意服务沉默行为的影响机制和中介效应

本书遵从"情景线索—情绪/认知—行为反应"的理论路径，对陶瓷文化创意接触情景下员工服务沉默行为的影响机制进行推演。由于员工服务沉默行为是发生在特定的服务接触及交互情景下，其驱动情景线索必将突破过去单个组织线索驱动，还包括服务层面的驱动线索，其服务沉默行为的影响因素是来自顾客、组织、领导及环境等多种因素的交互作用影响。本书认为，与传统情景下的员工沉默不同，服务接触赋予了员工服务沉默行为的新内涵，形成了不同的影响机制，可归纳为两条情景线索：服务情景线索和组织情境线索。本章分别选取顾客的三类行为（顾客参与行为、顾客积极反馈行为和顾客抱怨行为）代表"服务情景线索"驱动因素，选取"领导成员交换关系"和"授权型领导风格"两个变量代表"组织情境线索"驱动因素，并从"情绪反应"和"心理认知"两条中介影响路径出发，构建理论研究模型（见图6-1）。

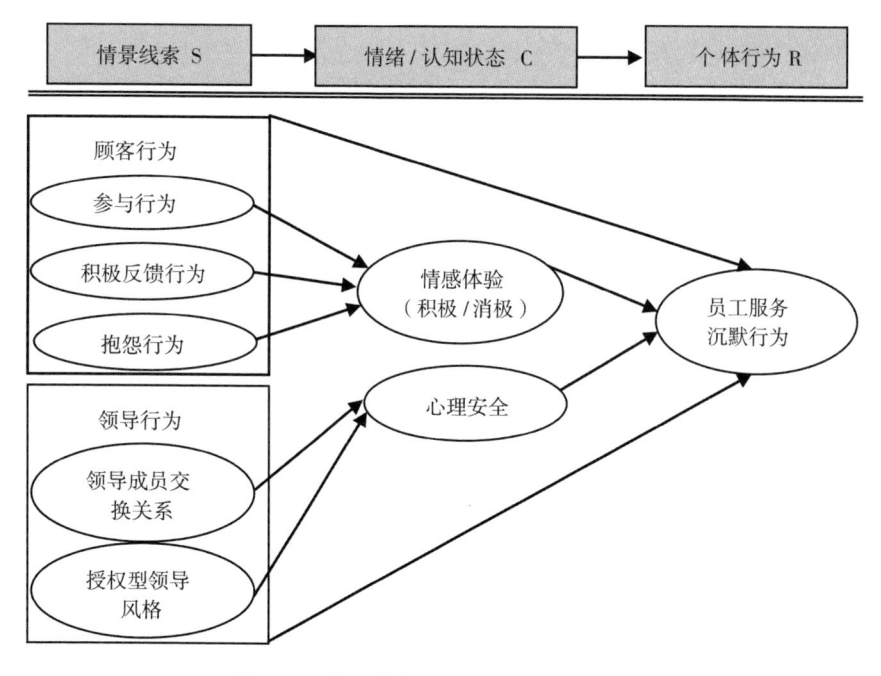

图 6-1 员工服务沉默行为驱动机制模型

第一节　相关假设推导

一、顾客行为、员工情感反应及服务沉默之间的关系

经典的服务营销三角形理论认为，组织、一线员工和顾客是服务性获取战略成功的重要内容。在服务接触情景下，顾客并不是一个单独的服务消费者，同时也是服务生产与传递过程中的兼职生产人员，即顾客与服务型企业、一线员工共同创造服务价值（Grönroos，1990），也就是把顾客看作价值的共同创造者，而不是价值的被动接受者，是价值创造过程的一种资源。在某种意义上，顾客伴随服务内容生产与传递过程的始终，不可避免地，顾客也成为影响一线员工服务行为反应的重要因素之一（范秀成，1999）。

本书遵从"情景线索—情绪/认知—行为反应"的逻辑思路，推演服务接触情景下的服务情景线索（顾客行为），以及员工情绪反应（情感体验）对一线员工服务沉默行为的影响路径。本书认为，在服务接触过程中，一线员工通过与服务消费者（顾客）的服务交互接触，形成对服务交互质量感知差异和情感体验（愉悦或沮丧）差异，进而促使一线员工表现出不同的服务行为。其中，积极性的顾客行为（如顾客参与行为、顾客积极反馈行为等）能够激发员工更主动的服务表现，从而打破"沉默"；而消极性的顾客行为（如顾客抱怨等）将导致服务员工情绪低落，甚至消极应对服务生产与传递活动，出现员工服务沉默现象。

结合陶瓷文化创意服务的特定情景，经过前期扎根研究法和访谈资料分析研究，关于顾客行为对员工沉默的影响作用，也初步获得了一些有益的研究结论。大部分访谈对象都认为顾客因素是影响服务提供者进行积极性服务

表现的重要因素。一方面,由于陶瓷文化创意服务本身具有其特色性,表现为陶瓷产品的文化性、艺术性和思想性,对于产品创意的质量评价需要专业的知识背景和思想认知深度,因此,在陶瓷文化创意服务接触过程中,服务提供者与顾客之间的服务交互深度受到了双方各自的经验、知识、认知以及文化素养等方面的综合影响。对于陶瓷文化创意服务者而言,他们更愿意跟具有良好知识素养的高知顾客人群进行深度交流,不仅是向顾客销售陶瓷产品或服务,还能够在服务过程当中体现个人自身艺术水平和自我价值。另一方面,由于陶瓷文化创意者是陶瓷创意阶层人群,他们普遍具有高知性、文艺性和思想性等个体特征,他们对于自身的艺术作品希望获得更多的价值认同和思想交流,在性格特征方面,也具有较强的个体自尊水平和情绪感知水平,对外界的积极肯定、赞许以及评价性行为能够获得更高水平的个体成就感。

下面主要探讨三种顾客行为对员工服务沉默的影响关系(见表6-1)。

表6-1 不同顾客行为类型对员工沉默的影响关系

行为类型	行为内涵及特征	影响作用	示例
顾客参与行为	顾客参与是指在服务的产生或传递过程中顾客提供的活动或是资源,包含心理、实体,甚至是情感方面的付出(Rodie and Kleine,2000)。顾客参与包括提供信息、合作行为和人际互动三个维度(Silpakit and Fisk,1985;Uzkurt,2010)	顾客的信息分享、责任行为及人际互动等参与行为对服务质量和满意度有正面的影响(Lovelock and Young,1979)。同时,顾客参与有助于提高与服务员工的交互质量,从而提高服务员工的主动性行为,从而抑制员工服务沉默	顾客参与行为 → − → 员工服务沉默行为

续表

行为类型	行为内涵及特征	影响作用	示例
顾客积极反馈行为	顾客积极反馈行为包括顾客对服务员工的关系建设行为（指顾客表现出来试图与服务员工间建立良好关系的行为）；顾客对服务质量的积极评价行为，对服务质量表示赞扬、肯定的行为（翟家保等，2010）	顾客积极反馈行为有助于增强一线服务员工的成就感，促进服务员工努力意向，进而负向抑制员工的服务沉默	顾客积极反馈行为 —→ 员工服务沉默行为
顾客抱怨行为	顾客抱怨行为是指顾客由于在购买或消费商品（或服务）时感到不满意，受不满驱使而采取的一系列行为或非行为反应（Singh，1988）。抱怨行为可分为三类：①寻求赔偿；②宣泄；③个人抵制（庄贵军、朱美艳，2009；王婧宇等，2018）	在服务接触情景下，顾客抱怨作为一种对服务消费经历的负面性评价，在一定程度上将影响一线服务人员对自身服务能力的消极判断，从而影响在后续服务提供中，为避免承担风险责任而采取消极应对行为，如服务沉默行为	顾客抱怨行为 +→ 员工服务沉默行为

资料来源：笔者根据相关资料自行整理。

（一）顾客参与行为对员工服务沉默的影响

参与（Participate），是指以第二方或第三方的身份加入、融入某件事情之中，是一个动词。因此，大部分学者都认为顾客参与是一个行为概念，并对行为内容进行了概括。Lovelock 和 Young（1979）指出顾客是一种生产要素，是服务生产过程效率提升的重要来源之一。Zeithaml（1981）认为，顾客参与就是顾客在服务生产与消费的同时，参加到服务的设计与传递过程中来。Cermak 等（1994）指出，顾客参与反映了顾客的卷入程度，表现为顾客在服务生产和传递中进行的相关物质与精神活动。Rodie 和 Kleine（2000）认为，顾客参与是顾客在服务生产和递送过程中提供的活动和资源，包括信息和智力投入、有形资产和体力投入以及情感上的投入。Dabholkar 和 Sheng（2012）认为，顾客参与是顾客涉入服务生产和递送的程度，顾客参与水平取决于顾客实际涉入他所寻求的服务的设计与递送过程中的程度。Aug 等（2019）认为，顾客参与是表明积极负责任地参与到组织的治理和发展中去的顾客行为。Mustak（2019）认为，顾客参与是顾客在服务生产和递送过程中投入资源的程度，投入资源的形式包括时间、努力、信息提供和合作生产。

关于顾客参与的影响作用，现有研究指出，积极的顾客参与活动不仅能够降低交易时间和组织的劳动成本，还能改善服务绩效，并能提高组织生产力（Lovelock and Young，1979）。顾客参与能增加企业与顾客之间的双向交流，这样，企业会获得更多的顾客反馈意见（Dong and Sivakumar，2017）。Dabholkar（2012）考察了顾客参与服务递送过程对顾客感知服务质量的影响，认为对于一些顾客比较熟悉而且专业性不高的服务，提高顾客参与程度会导致更高的感知服务质量。Claycomb 等（2001）从员工参与的文献中得到启发，当一个人对某件事参与度提高时，感知的结果就会被正面影响。此外，研究结果表明顾客参与和顾客感知服务质量及顾客满意呈正相关，顾客参与可以提高服务质量及顾客满意度。

那么，顾客参与是如何影响一线员工服务沉默行为的？一方面，当顾客实际参与到共同生产中去时，他们就在扮演员工的角色，提供辛勤的劳动、时间和其他资源，承担一部分服务传递职能（Bettencourt and Brown，1997）。Lovelock 和 Young（1979）认为，顾客可以自己完成一部分任务，从而分担员工的部分任务。Larsson 和 Bowen（1989）也指出，顾客参与的程度越高，可以转移到顾客身上的工作就会越多。因此，顾客参与会减少员工的工作量。另一方面，顾客参与有助于服务交互质量的改进与提升，通过服务交互质量来影响一线员工的积极情绪反应。Seo 等（2005）研究指出，服务人员感知到的顾客参与对其工作满意度会有正向影响。汪涛和望海军（2008）基于顾客感知，即感知社会支持和感知控制作为顾客参与和服务员工工作满意之间的影响因素，通过实证表明顾客参与和员工工作满意正相关。当然，也有研究指出，顾客参与可能会带来消极的影响。例如，顾客的粗鲁行为会导致员工产生负面的情绪反应；顾客参与中如果扮演"领导替代者"角色，既要满足顾客的不同需求还要完成主管指定的工作任务，易于引发员工角色冲突（Ford and Heaton，2001）。

那么，在陶瓷文化创意服务接触情景下，陶瓷服务艺术作品的顾客参与就是消费者参与陶瓷作品创作或服务消费过程的行为，也就是在更大程度上与服务提供者之间发生服务交互的活动过程。顾客不仅是陶瓷作品及服务的评价者和购买者，还能够为服务的生产与传递的完成提供必要的资源支持。例如，顾客为陶瓷作品的创作提供消费需求信息，表达个人对陶瓷文化艺术的个人价值判断与品鉴，向陶瓷服务创作者提供必要的意见与建议，在服务接触过程中，对服务环境、服务流程以及服务内容表达个人的评价意见等。因此，本书认为，积极的顾客参与行为有助于提高陶瓷文化创意服务员工与顾客的交互质量，进而激发陶瓷文化创意者或服务提供者对工作的成就感和愉悦感，同时能够提高一线员工对服务生产过程的控制感，进而形成积极的情感体验，提升主动性建言意愿，有效抑制服务沉默行为的发生。反之，在消极的顾客参与情形下，由于顾客没有对其服务需求进行充分的沟通和表达，容易降低陶瓷服务提供者对服务结果产出的控制感，从而降低了积极主动服务投入的意愿，对顾客需求就会形成更多的服务沉默。

（二）顾客积极反馈行为对员工服务沉默的影响

在服务接触中，由于服务的无形性（Intangibility）、异质性（Heterogeneity）和不可分离性（Inseparability），顾客对服务质量的积极评价与赞许性行为成为服务型企业判断服务管理成效的重要维度，作为一种外部信息源，顾客对一线员工服务质量的评价也显得必要和重要（Lengnick-Hall，1996）。

顾客积极反馈行为作为一个新概念，在服务营销领域并不常见。国内学者翟家保和周庭锐（2010）围绕"顾客积极反馈行为对一线员工努力意向"问题展开系列研究，指出顾客积极反馈行为包括两个方面：一是顾客对一线员工服务质量的积极评价，即顾客通过直接或间接的途径，对一线服务员工的服务质量积极肯定的行为；二是顾客对一线员工的关系建设行为，即顾客在服务过程之中或之外，主动与一线员工建立良好关系的行为。

根据强化理论（Reinforcement Theory）的基本观点：行为是结果的函数，个体行为是在对结果的积极或消极预测基础上的行为修正过程。其中，这些结果包括社会性结果，也就是其他个体所表达出来的批评、评论或赞扬，从而对个体行为起到促进或抑制作用。在服务接触情景下，一线员工的服务表现行为除来自组织或领导的评价外，一个尤为重要的评价主体就是顾客。服务员工在较长时间内表现出角色外行为，可能是受到顾客的积极反馈行为的强化影响（翟家保、周庭锐，2010）。

Skinner（1953）认为，相对于消极的反馈，积极的反馈行为是一种更有潜在影响力的激励因素。Ingram等（2007）指出，一线员工会经常收到来自顾客的直接反馈信息或评价，这些反馈信息所表达的顾客的消费体验及态度会显著影响服务人员的行为反应，尤其是在多次服务经历情景下。翟家保等（2010）通过实证研究，指出顾客积极评价行为会增强一线员工的成就感，顾客关系建设行为会增进一线员工感知的人际关系亲近程度，员工成就感和亲近感的提高能促进员工努力意向的提高。也就是说，员工成就感和员工亲近感分别在顾客积极评价行为、赞许行为和顾客关系建设行为与员工努力意向中起中介作用。梅洁等（2023）研究网络自我呈现、线上积极反馈和积极互惠行为的关系，对华南地区5所高校的325名大学生进行两阶段追踪问卷调查，研究认为网络积极自我呈现、网络真实自我呈现、线上积极反馈均与积极互惠行为显著正相关，线上积极反馈在网络积极自我呈现和积极互惠行为的关系间起部分中介作用。

在陶瓷文化创意服务接触情景下，服务人员的消极性服务沉默行为也可能受到顾客反馈行为的影响。其中，顾客对陶瓷创意作品和服务质量的积极赞许行为可以看成一种来自顾客的正面绩效反馈；顾客对服务员工的关系建设行为则含有表示关注、关心的内容。当顾客能够对服务人员提供的陶瓷作品或者服务质量（结果质量或过程质量）进行积极评价时，将增强员工对自己服务投入的肯定，感觉到自尊和自信，具有对服务努力的成就感，并刺激其在下次服务中表现更加积极的服务投入，以进一步获取更多的赞誉和表扬。因此，积极的顾客反馈行为有助于提高一线员工的成就感和亲近感，从而抑制自身的服务沉默表现。

（三）顾客抱怨行为对员工服务沉默的影响

对于顾客抱怨行为，不同的学者具有不同的表述。Singh（1988）将其定义为顾客感觉不满意之后的情绪或情感下所引起的顾客反应。Jacoby 和 Jaccard（1981）认为，顾客抱怨是个人为了传达产品或服务的负面信息而向企业或第三方实体采取的行动。Day（1980）认为，顾客抱怨是顾客在某一次购买或消费中，遭遇了使之非常不满的经历后的某种对抗行为，强调了顾客抱怨产生的事实背景和心理过程。Fornell 和 Larcker（1981）认为，顾客抱怨是顾客为了改变购买或消费不满意的状况而做出的努力，强调了顾客抱怨的目的性。顾客抱怨是一个复杂的心理和行为过程，Singh（1988）认为，顾客抱怨是指顾客由于在购买或消费商品（或服务）时感到不满意，受不满驱使而采取的一系列行为或非行为反应。同时，研究指出，顾客与一线员工之间的服务接触过程是基于双方相互感知评价的过程，顾客与组织之间的经济和社会关系纽带是一种共享的制度（庄贵军、朱美艳，2009）。

学者们从不同的角度对顾客抱怨行为分类做了一些尝试。Day（1980）将顾客抱怨行为分为公共行为和私人行为，他们研究发现，商品的特性与重要性会影响顾客抱怨时的行为方式。比如，对于昂贵且设计复杂的商品（如耐用品），在顾客进行抱怨时，常采取向厂商寻求赔偿、采用法律行动维权或向消费者组织投诉等公共行为；反之，相对便宜且设计简单的商品（如消耗品），顾客进行抱怨时，更倾向于向朋友、家人和亲戚进行负面的口头传播或者停止购买。同时，根据抱怨的目的，Day 和 Landon 又将抱怨行为分为三类：一是寻求赔偿，包括直接或间接向销售者要求给予补偿，如向制造商抱怨或采取法律行动；二是宣泄，因为各种理由而去向他人传达自己的不满，而不是为了获得赔偿，如向自己的朋友、家人和亲戚进行负面的口头宣传，甚至劝说他们不要购买；三是个人抵制，即停止购买让人不愉快的产品或服务，如拒绝某个品牌或拒绝进入某个商店购买。

按照抱怨行为指向的对象，Singh（1988）将抱怨行为分为三类：直接抱怨、私下抱怨和第三方抱怨。直接抱怨是指顾客向其社交圈之外的，并与这次不满意的购买直接相关的对象进行抱怨；私下抱怨是指顾客向其社交圈以内的，并与这次不满意的购买无直接关系的对象进行抱怨，如亲戚、朋友；第三方抱怨是指顾客向其社交圈以外的，同时与这次不满意的购买无直接关系的对象进行抱怨，如法律机构、大众媒体等。实际上，Singh 的分类可以用两个分类变量来描述：一是对象是否在顾客社交圈内；二是对象是否与不满意的购买有关。另外，在直接抱怨、私下抱怨和第三方抱怨之外，还有一种可能，即向自己的社交圈内且与不满意的购买直接相关者抱怨，这个单元是空的。

Craighead 等（2004）关于服务失败的研究表明，当发生了服务失败时，顾客表现出不满或抱怨，而服务员工会采用道歉、表示同情、赔偿等行动作为补救措施。顾客发生不满时的这些消极性行为势必会影响一线员工对自己服务表现的反思与评价，尤其是在特定服务情景下，对顾客抱怨的归因认识存在异议时，一线员工将表现出消极对抗的方式。刘建新等（2023）基于心理所有权理论和焦虑情绪理论，深入探查了新产品脱销等待时间影响顾客抱怨行为的内在机理与边界条件，并通过实验研究方法进行了实证检验，研究发现新产品脱销等待时间会影响顾客抱怨行为，长时等待较之于短时等待更容易引起顾客抱怨，心理所有权与心理焦虑感会共同中介新产品脱销等待时间对顾客抱怨行为的影响。

同时，现有研究发现，由于一线员工作为顾客与企业的主要接触点，是实施服务补救的主体，明确服务接触中其面对顾客愤怒的即时反应，有助于打开服务双方的情绪互动"黑箱"。顾客抱怨作为一种顾客不满情绪宣泄方式，愤怒情绪的表达有利于消费者在心理上的释放，从而产生更好的品牌形象感知和满意度，如果企业能够有效地处理与引导顾客抱怨行为，在长期服务消费情景下将对企业产生积极的作用。但同时，在短期某一次服务接触情景下，顾客抱怨作为顾客对某次服务消费经历的负面评价的现象表征，在一定程度上将影响一线服务员工对自身服务能力的消极判断（罗佳，2021），即一线员工可能产生对顾客抱怨问题的不自信、怀疑自身专业技能及服务能力、消极沮丧等负面情绪反应，从而影响在后续类似的服务情景提供中，一线员工为避免承担风险责任而采取消极沉默行为。

(四) 员工情感体验在顾客行为与服务沉默之间的中介作用

段锦云等（2011a）对情感事件理论的研究现状进行梳理，认为情感事件理论区分了情感反应与工作满意度的差异，并在对工作满意度解构基础上提出情感驱动型和判断驱动型两类行为，对研究组织成员情感反应机制具有重要意义。杜建刚等（2012）研究了高交互服务行业中负面情感事件对一线服务员情绪影响的模型，并以餐饮业为例对模型进行了实证检验，研究发现管理者关怀导向和雇员的事件归因会对员工负面情绪产生影响，并最终影响其内部补救后的满意和情感承诺，服务人员的情绪智力差异对模型起到调节作用。张秀娟等（2008）应用情感事件理论和道义性公平理论，同时在个人层次和团队层次上探讨顾客不公平行为，以及员工对顾客不公平行为的集体感知——团队不公平氛围的水平与强度，对员工工作情绪、工作绩效及团队绩效的影响，他们对广东某电话服务中心44个团队568名话务员及主管的调研数据进行分析，验证了在个人层次和团队层次上探讨顾客不公平行为，以及员工对顾客不公平行为的集体感知对员工工作情绪、工作绩效及团队绩效的影响。朱祖平等（2023）基于情感事件理论与 Meta 分析，从员工工作态度、行为、绩效与创新出发，系统性梳理 121 篇国内辱虐管理的实证研究。研究结果表明：辱虐管理对员工工作态度、行为、绩效与创新四类结果变量有显著的负向影响。具体来看，辱虐管理对工作态度方面的组织认同、工作投入与工作满意度负向影响依次递减，工作行为方面对角色外行为负面影响高于角色内行为，工作绩效方面对关系绩效负面影响高于任务绩效。

在员工沉默的相关研究中，已有部分研究证实了情绪和认知是对个体行为的两大驱动要素，个体行为反应是对外部事件认知评价，激发形成特定情绪状态后的主动性行为，受到认知水平差异、信息加工差异和情绪反应差异等因素影响而表现出差异化的个体行为（段锦云、张倩，2012）。近年来，随着研究越来越注重情景化，越来越多的学者开始从员工的认知、情绪视角探讨对其行为的影响作用（郁傲晨等，2021）。新近研究表明员工情绪可能成为各种前因变量与沉默行为和建言行为之间的重要解释机制，Glomb 等（2011）发现，良好的情绪体验会促使员工做一些组织公民行为，对组织公民行为具有显著的预测作用；另外，也有研究结果显示员工的压力与建言负相关，需要加强员工负面情绪管理；段锦云等（2011b）从情绪视角研究员工沉默与建言行为之间的转换关系，认为在气愤、恐惧和内疚等情绪作用下，员工沉默与建言行为会相互转化。席燕平（2016）研究发现，情绪耗竭在辱虐管理对员工离职意愿以及辱虐管理对员工反生产行为的影响过程中起部分中介作用。孙继德等（2019）研究发现，情绪耗竭在辱虐管理对建筑工人流动意愿的关系中起部分中介作用。郁傲晨等（2021）研究认为，辱虐管理可以正向预测员工沉默行为，情绪耗竭在辱虐管理和员工沉默行为之间起部分中介作用。因此，研究认为员工情绪反应在顾客行为对其服务沉默行为影响中发挥着中介效应。孙旭等（2014）通过对 19 家企业、180 名管理者和 360 名下属的配对研究，采用阶层回归进行分析，应用情感事件理论，探讨消极情绪在辱虐管理与组织偏差行为和主管偏差行为间的中介效应,并比较辱虐管理对两类偏差行为影响的差异性。研究结果表明,辱虐管理显著正向影响两类偏差行为,消极情绪是偏差行为的诱发动机,显著正向影响员工的组织偏差行为和主管偏差行为,并部分中介辱虐管理与两类偏差行为间的关系。吴松等(2023)基于情感事件理论,通过对235位员工的调查研究,考察了员工工作挫折感在领导拒谏与员工工作结果(工作满意度、建言行为和反生产行为)之间关系的中介作用以及员工情绪调节自我效能感对其关系的调节作用。其结果显示,员工的情绪调节自我效能感调节了领导拒谏对员工工作挫折感的影响,即员工的情绪调节自我效能感越高,领导拒谏与员工工作挫折感的正向关系越弱,反之越强。

综上分析,笔者提出如下研究假设:

H1:顾客行为对一线员工服务沉默行为具有显著影响。

H1a:顾客积极参与行为对一线员工服务沉默具有显著负向影响。

H1b:顾客积极反馈行为对一线员工服务沉默具有显著负向影响。

H1b-1:顾客服务评价行为对一线员工服务沉默具有显著负向影响。

H1b-2:顾客关系建设行为对一线员工服务沉默具有显著负向影响。

H1c:顾客消极抱怨行为对一线员工服务沉默具有显著正向影响。

H2:顾客行为对一线员工情感体验具有显著影响。

H2a:顾客积极参与行为对一线员工积极情感具有显著正向影响。

H2b:顾客积极反馈行为对一线员工积极情感具有显著正向影响。

H2b-1:顾客服务评价行为对一线员工积极情感(成就感)具有显著正向影响。

H2b-2:顾客关系建设行为对一线员工积极情感(亲近感)具有显著正向影响。

H2c:顾客消极抱怨行为对一线员工消极极情感(沮丧)具有显著正向影响。

H3：一线员工情感体验对其服务沉默行为具有显著影响。

H3a：一线员工积极情感体验对其服务沉默行为具有显著负向影响。

H3b：一线员工消极情感体验对其服务沉默行为具有显著正向影响。

H4：一线员工情感体验在顾客行为与其服务沉默影响中具有中介作用。

H4a：积极情感在顾客参与行为与其服务沉默影响中具有中介作用。

H4b：积极情感在顾客积极反馈行为与其服务沉默影响中具有中介作用。

H4c：消极情感在顾客抱怨行为与其服务沉默影响中具有中介作用。

二、领导成员交换关系、心理安全感及服务沉默之间的关系

（一）领导成员交换关系对员工服务沉默的影响

领导成员交换理论是由 Graen 和 Cashman（1975）提出的。该理论引发了学术界持久的研究热潮，吸引着大量学者进行相关的理论探讨和实证研究。该理论改变了以往领导研究的假设，通过理论推导指出，由于时间压力等约束条件限制，领导对待下属的方式存在差异性。领导与下属交换代表领导与下属之间形成的亲疏远近的关系，也就是一个领导只可能与少数关键性员工发展较为亲密的交换关系，而与同一团队其他成员保持一定交往距离，从而形成"圈内人"与"圈外人"的不同交往范围。所谓低质量就是说仅限于正式的工作关系范围内的上下级交换关系，此时下属占用领导的时间较少，得到的机会和关照也不多；而高质量则是指超过正式工作说明书范畴之外的上下级交互作用，此时下属会得到领导更多的信任、关怀、特权等（Graen and Uhl-Bien, 1995）。张好雨等（2016）对于领导成员交换进行综述可以解释领导成员交换理论的三种观点：角色扮演理论（Role Playing Theory）、社会交换理论（Social Exchange Theory）和互惠（Reciprocity）连续体。

现有研究也表明，领导与成员之间的社会交换是建立在关系基础之上的，领导与不同成员形成亲疏有异的交换关系（Gerstner and Day, 1997；赵国祥、

宋卫芳，2010；于桂兰、张诗琳，2022）。王震和仲理峰（2011）的研究同样表明领导成员交换在变革型和破坏型领导与下属态度和行为之间的关系中起到了部分中介作用。Walumbwa 等（2011）通过收集中国企业领导—下属的配对数据，运用跨层次分析模型，研究表明领导成员交换在伦理型领导与下属任务绩效之间的关系中具有中介作用，伦理型领导通过影响下属感知到的领导成员交换关系进而影响他们的工作绩效。王震和孙健敏（2013）的研究表明领导成员交换会影响员工的积极性态度，包括工作满意度、情感承诺和留职意愿等，而且在对下属这些态度的影响上，领导成员交换的作用最强，变革型领导次之，破坏型领导最弱。包艳等（2023）基于情绪的认知—评价理论探讨了领导—成员交换关系差异对团队绩效的影响机制，来自 402 名团队领导者和 2039 名团队成员的一手数据支持了团队情绪抑制氛围的中介作用和领导者权力感的调节作用。在领导者权力感较高的情况下，领导—成员交换关系差异通过团队情绪抑制氛围对团队绩效的负面作用更强；在领导者权力感较低的情况下，领导—成员交换关系差异通过团队情绪抑制氛围对团队绩效的负面作用更弱。徐磊等（2023）基于社会交换理论与自我损耗理论，采用经验取样法动态追踪 24 个团队 92 名一线服务员工，探究了不同层次上领导成员交换矛盾心理（LMXA）对顾客导向组织公民行为（COOCB）的作用机制。结果表明：相对领导成员交换矛盾心理与顾客导向组织公民行为显著负相关，自我控制资源损耗在其中具有部分中介作用；同事支持与绝对领导—成员交换矛盾心理的调节作用相反。

此外，社会交换理论也为领导成员交换关系研究提供了有力支持。社会交换理论指出，一个人对另一个人的行为是基于对有价值的反应的期望（Emerson，1976），领导与成员之间的关系交往是基于互惠互利的利益交换活动，强调公平匹配，即下属与领导之间存在付出与回报之间的对等交换，彼此基于特殊连带或情感连带而形成一定的个人义务。高质量的上下属关系能够激发双方的互惠信念和回报义务感，如上司给予下属在工作任务上的更大授权及行动信任能够激发员工主动采取积极性行为。对应于员工沉默行为方面，一方面，高质量的领导成员交换关系将影响员工是否保持沉默的决策，使员工能够站在领导角度思考组织潜存的问题，并积极提出自己的意见，从而抑制沉默行为发生。另一方面，高质量的领导成员交换关系也将影响员工形成明确的行为期望或要求，激活员工个人传统性等价值观，进而影响对沉默行为的预测效果（对关系及回报的影响程度）。因此，领导成员交换关系的差异性对下属的沉默行为表现产生显著影响。例如，"圈内人"成员由于能够在私下非正式场合里与上司有更多的接触机会，这种非正式接触与双向沟通容易让下属对领导的意图、偏好形成更加深刻的理解，从而在正式场合里敢于说出自己真实的想法或建议（知道这种想法与领导真实意图的偏差程度），从而表现更少的沉默。反之，低交换质量的"圈外人"成员不愿意冒风险或者他们不信任他们的上级时，基于自我保护或组织淡漠感，会过滤信息、隐瞒事实以避免上层的批评，在正式场合会表现更多的沉默（Edwards and Peccei，2010；郭晓薇，2011；张银普等，2020）。同时，Edmondson（2003）研究强调，领导在消除员工沉默中发挥着重要作用，如果领导助力于推进形成与员工的宽松、和谐及民主的团队氛围和交换关系，将有利于消除组织沉默。

这些理论研究也同样适用于本书的服务沉默研究情景。本书认为，在服务接触研究情景下，领导与成员交换关系质量对一线员工服务接触沉默行为具有显著影响，高质量交换关系能够抑制员工沉默，增加员工积极性服务表现；低质量交换关系将形成避免问题或自我保护下的沉默行为，导致员工消极性服务表现。

（二）心理安全感在领导成员交换关系与服务沉默之间的中介作用

许多学者对什么是心理安全感（心理安全知觉）进行了丰富释意。Kahn（1990）认为，心理安全感是个体感知安全程度的心理状态，也是一个积极的组织心理特征，是员工成员对某种行为是否安全的认知。Edmondson

(1999)认为,心理安全感是一种信念,这种信念使个体对人际风险感到安全,认为即使自己参与了有风险的行动也不会导致自己受到伤害。Luthans等(2007)提出心理资本的概念,认为心理资本是个体在成长和自我发展过程中体现出来的较为积极的心理状态。与人际信任相近,心理安全被认为是一种对信心的感知,它使其他成员不会感到尴尬、排斥或者受到惩罚。从行为角度来讲,心理安全表明一个开放的沟通环境,个人在此环境中能充分明确地表达自己的意见并且能够承担人际风险(Walumbwa and Schaubroeck,2009)。

Morrison和Milliken(2000)基于访谈研究发现,影响员工沉默行为的关键因素包括员工个体心理安全感。Edmondson(2003)也曾指出,组织中形成心理安全的氛围有利于消除员工沉默行为。风险回避性作为员工内生性特征变量,也是员工保持沉默行为的关键要素。西方学者的实证研究验证了个体的自尊、自我监控以及内外源控制影响员工的表达行为,自尊水平低的员工更倾向于自我保护,不愿意暴露自己而被大家攻击,其沉默的可能性更高(Premeaux and Bedeian,2003)。

Van Dyne等(2003)指出,当员工感觉自己的建言行为将会带来一些重大个人损失时,员工更倾向于保持防御性的沉默,以避免建言行为为自己带来伤害。这是因为员工的建言行为往往包含对于现状的含蓄或者明显的批评,而建言对象往往掌握着组织内部的奖惩权。

Milliken和Morrison(2003)研究指出,上级领导的行为往往会被当作评估建言行为是否会带来个人损失的一种依据。大多数员工没有勇气去挑战一个表现出不愿意接受下属意见的上级领导。领导的态度与行为是员工评估建言行为利弊得失时的重要依据,并最终影响是否建言和建言的方式。对于员工的建言,领导如果经常表现出倾听的兴趣和愿望,就会增强员工感受到的心理安全,有利于鼓励员工提出合理化建议,从而促进组织的健康发展。Edmondson(1999)认为,缺乏心理安全感的成员可能会害怕提出有争议的新观点,因为他们担心受到攻击、奚落或惩罚。在缺少安全感的组织氛围内,成员倾向于保留个人独特的意见和观点,并且他们不会寻求帮助、不会承认错误也不会关心他人。

国内学者李锐和凌文辁(2010)从社会交换理论和互惠理论出发,通过实证研究检验了员工对上司的短期心理状态(心理安全)和长期心理状态(上司信任)在上司支持感与员工沉默行为之间的完全中间效应,研究认为上司对下属的员工信任与支持能够带来一定的满足下属需求的诱因,而下属将产生对上级回报的义务感,从而增强工作投入程度,具有更多建言想法与冲动。吴维库等(2012)基于中国组织情境中辱虐管理对员工建言行为影响的研究,认为企业上级领导实施辱虐管理,首先会削弱员工的心理安全感,继而影响员工建言行为,心理安全感知是辱虐管理与员工建言之间的关系的中介。段锦云(2012a)以上下级配对的236组制造型企业员工为样本,研究探讨了体现儒家传统的领导方式——家长式领导对员工建言行为的影响,并探讨了心理安全感的中介机制。结果发现,家长式领导中的德行领导维度对员工建言行为具有正面影响,权威领导则有负面影响,且德行和权威领导对建言行为具有交互影响,而其影响机制部分的是通过心理安全感所发生。杨晓喆和仲理峰(2020)通过对230名下属及其直接领导的配对数据的统计分析,结果显示,服务型领导对员工角色内绩效有正向影响作用,心理可获得性在服务型领导与员工角色内绩效之间起中介作用;自我效能感不仅调节了服务型领导与心理可获得性之间的关系,还进一步调节了心理可获得性在服务型领导与员工角色内绩效之间关系中的中介效应。史青等(2022)基于依恋理论、进化心理学理论和社会信息加工理论,采用问卷调查法检验员工依恋风格与沉默行为的关系,以及心理安全感的中介作用。研究表明,员工依恋风格与员工沉默行为有正向关系,心理安全感在其中起部分中介作用,关爱下属领导行为负向调节员工心理安全感与其沉默行为的关系。

综上分析,笔者提出如下研究假设:

H5：领导成员交换关系对一线员工服务沉默行为具有显著影响。

H6：领导成员交换关系对一线员工心理安全感具有显著正向影响。

H7：一线员工心理安全感对其服务沉默行为具有显著负向影响。

H8：心理安全感在领导成员交换关系与服务沉默行为之间具有中介作用。

三、授权型领导风格、心理安全感及服务沉默之间的关系

（一）授权型领导风格对员工服务沉默的影响

随着制造业经济向服务型经济的转移，企业的生存环境面临更大的不确定性，许多组织的管理哲学开始发生变化。以传统组织由上而下的控制哲学为标志的管理理念已经难以适应现行管理需求，环境的不确定性与工作的不确定性带来了很多复杂的、难以明确界定的问题，领导难以再借助已有的方式和方法解决问题（Lan and Chong，2015）。当今，大部分企业已经采用了某种类型的授权计划，员工被授予更多的自主权、自我指导和对环境的控制。管理者则要求能够支持团队社会和情感鼓励，建立信任和开放性的工作氛围，鼓励自我目标设定，鼓励自我管理、提高授权。

授权型领导（Empowering Leadership）作为一种积极的管理风格，提倡鼓励员工自主行为和自我发展、参与目标制定和自我奖励。授权型领导代表了领导范式上的转换，强调了员工自我影响而不是外在的由上而下的影响（Cox and Sims，1996）。Thomas 和 Velthouse（1990）从认知的角度来探讨授权赋能的概念，认为权力意味着权威、能力以及赋予能量，而能力和能量正好表达了授权赋能作为一种动机的内涵。Konczak 等（2000）率先探讨了授权赋能在领导行为方面的应用，认为授权赋能领导行为是领导授予员工权力并保证其实施的一组管理行为，并且开发了领导授权赋能行为问卷，提出了领导授权赋能行为的六个维度：授予权力、承担责任、自主决策、信息分享、

技能发展和对创新绩效的指导。Arnold等（2000）也编制了授权赋能的领导行为量表，他们发现领导授权赋能行为包括五个维度：指导、提供信息、以身作则、关心团队互动和参与决策。Srivastava和Srivastava（2006）认为，授权赋能领导行为包括两方面的含义：一方面是"授权"，将权力授予下属或者是给下属分配更多的工作责任和工作自主性；另一方面是"赋能"，通过授权来提升下属的内在工作动机，使下属感知到的工作效能感等心理能量更高。

国内学者时勘等（2012）研究了领导授权行为对员工沉默的影响，并将信任作为调节变量，选择某移动通信集团公司的40个团队、314对员工—上司配对作为研究对象，探究了领导授权行为、信任对员工沉默的影响作用，结果表明，领导的授权行为中展示关心对于员工沉默具有直接的负向预测作用；对管理者高度信任的员工能感受到更多的领导授权行为，且更少保持沉默；员工对管理者的信任会调节信息共享、展示关心和员工沉默（自评）之间的关系。董雅楠、江静等（2022）探讨了差异化授权领导如何以及何时影响员工的主动服务绩效，以来自两家中高档酒店的321位员工和92位团队领导为样本，通过问卷配对、采用跨层次分析方法，研究发现：差异化授权领导通过负向影响员工的和谐激情，降低了员工的主动服务绩效。员工权力距离感削弱了差异化授权领导对员工和谐激情的负面影响，即权力距离感低时，差异化授权领导与员工和谐激情的负向关系更强，权力距离感高时，负向关系则不显著。

现有研究在对员工沉默影响因素的探讨中指出，除员工个体因素之外，还有更多的是来自领导行为、组织文化氛围的影响。由于领导拥有更大的组织权力，领导的指导与发言容易对此发生影响，当团队必须学习新的规则时，成员可能由于焦虑而减少发言意愿，而领导可以强化或者减轻这种焦虑（Bowen and Blackmon，2003）。在领导授权与员工沉默的关系探讨中，有研究指出，员工情感体验表现对于员工参与管理是非常重要的。例如，如果领导展示关心维度，会显著影响到员工是否保持沉默。跨文化研究的结果表明，强调管理者开放管理、鼓励员工参与的授权风格，在权力距离大的文化背景下，不一定会产生与工作相关的积极态度（Eylon and Au，1999）。此外，授权风格除让员工意识到对意见的包容态度外，还必须提供给员工具体参与管理、共享组织内外部的信息，有助于员工提出更有价值的建议。

在领导授权对员工沉默行为影响路径上，领导者可以通过自己的行为影响员工，让员工愿意发表意见，不再保持沉默，也可以在组织内部形成一个宽松建言氛围，达到沟通的良性循环。一般来讲，由于领导行为与组织目标之间的关系在很大程度上依赖员工的行为，而且由于组织活动的多样性和专业化的特点，领导不可能事事精通，领导只有给予下属发表意见和参与管理的机会，才能调动下属的积极性，达成组织目标。已有研究发现，领导授权行为由以下几个维度构成：以身作则、参与决策、寓教于人、信息共享、展示关心（Arnold et al.，2000）。对于不同行业和层级的员工来讲，这些维度的授权有效性是不同的。对知识员工来讲，信息共享是对授权感知影响效果最大的授权行为。宋锟泰等（2022）通过 375 对领导—员工的配对调研数据，借助 Bootstrap 分析、蒙特卡罗模拟检验等方法，探析了领导授权赋能行为对员工主动性行为的影响作用机制，以及雇员敌意和员工时间压力在上述机制中的中介和调节作用。研究结果发现：领导授权赋能行为不会直接影响员工主动性行为，但可以通过雇员敌意向员工主动性行为传递倒 U 形间接效应；员工时间压力对上述倒 U 形间接效应存在显著的调节作用，即员工时间压力较高时，领导授权赋能行为与雇员敌意的正 U 形关系开口变大，从而导致领导授权赋能行为与员工主动性行为的倒 U 形间接关系开口变大，反之亦然。此外，通过模糊集定性比较分析进一步证实了上述观点。

（二）心理安全感在授权型领导风格与服务沉默之间的中介作用

心理安全感，也称为心理安全知觉，是衡量个体从事风险性的行为及行为后果损失的一个概念。Schein 和 Bennis（1965）在研究中指出，心理安全是群体内成员间互相支持的一种共同信念，基于这些信念指导，个体成员愿意承担具有创新性和需要一定勇气去完成的任务。Kahn（1990）则从个体层面将心理安全描述为一种主观感受，使个体表现真实的自我，能够进行一些创造性或角色外行为活动。

另一个相关的概念是心理授权，描述的是员工对主动性行为的心理体验或者说是心理认知（Spreitzer, 1995）。研究指出，心理授权其实是一种对上级授权的感知，这种感知会让员工觉得自己的工作更有意义，对自己更有信心，让员工在工作中充满动力和能量。关于心理授权的影响因素大致可以分为三大类：一是个体特征方面，也就是个体特征是影响员工对授权感知的一大因素。Spreitzer（1997）发现，员工的受教育水平越高，心理授权越显著。Koberg（1999）发现员工的离职率与心理授权有显著影响，老员工比新员工的心理授权更明显。此外，员工的性别、年龄这两个人口变量也对心理授权有影响。二是工作特征方面，工作任务本身的多样性和完整性均会提高授权的感知。Liden（2012）研究发现工作本身的特性对员工在工作意义和自我效能这两维度上产生较强的影响力。三是组织特征方面，Thomas 和 Velthouse（1990）研究指出，组织环境特征（组织气氛、授权气氛、组织公平、领导方式）对心理授权有影响作用。

关于领导授权对员工个体的影响作用，Hall（2008）研究发现，虽然被授权的员工在他们的能力方面收获了信心，但容易造成履行多种角色时形成角色模糊和角色冲突。Alajmi（2016）发现，在组织中员工的信息私有知觉对心理授权有正向影响，即员工的信息私有知觉越高，其心理授权水平也相应越高。然而，Sherf 等（2021）的研究挑战了沉默行为和建言行为与心理安全等变量具有相同关系的观点。他们认为，建言行为和沉默行为反映了不同的潜在监管系统：建言反映了行为激活系统（BAS），而沉默反映了行为抑制系统（BIS）。由于这些系统是独立的，因此它们被触发程度的差异将分别导致不同频率的建言和沉默。研究结果表明感知影响（通过激活 BAS）对建言行为有更强的影响，而心理安全（通过激活BIS）对沉默行为有更强的影响。

关于心理安全感在领导授权与沉默/建言之间的影响作用，胡晓娣（2011）认为，员工心理安全感只是员工建言的必要条件，尤其在权力距离较大的中国情景下，个体可能会出于对权威的崇拜和顺从而保持沉默，也可能会信奉"事不关己高高挂起"而沉默，只有充分地激发员工的主动性认知动机，才可能使员工自动自发地进行建言。在组织中，由于员工建言可能是对于组织现状的挑战或批评，对现有组织传统形成一定挑战，往往伴随着较大的风险性，心理安全感也构成了建言行为的"热认知"，得到了众多学者的关注。具体而言，如果员工心理安全感知程度很低，担心建言后会导致个人的损失（如领导批评、自我印象不佳、工作等受到负面影响），就会产生顾虑情绪，从而导致他们尽量避免公开地表达其真实看法或意见，会选择防御性沉默。相反地，当员工感知建言后不会影响到自我形象、地位、工作，甚至可能会获得相应的利益（如组织的认同、绩效奖励等）时，他们往往愿意积极地建言。王琳琳等（2023）对一家大型连锁药店的167名新员工及其直接领导进行了调查，研究表明，领导对同事的辱虐管理对新员工的心理安全感有显著负向影响，心理安全感在领导对同事的辱虐管理和新员工的信息搜寻、关系建立行为之间起中介作用。李晨麟等（2023）基于社会信息加工理论与资源保存理论，通过对816名员工与其直接上级进行不同时间点配对数据，探讨包容型氛围感知对员工建言的影响以及心理安全感与惰性感知在两者关系中的作用机制。研究结果表明，包容型氛围感知会增进心理安全感，进而激发促进性建言与抑制性建言，包容型氛围感知会降低惰性感知，进而激发抑制性建言。屠兴勇等（2020）以自我决定理论为基础，运用问卷调查法获得3个时点有效数据，研究指出自我反省在心理安全感对创造性问题解决的影响中起中介作用。

同样，在陶瓷文化创意服务接触情景下，笔者认为员工的心理安全感也是影响员工沉默行为的重要因素之一。一方面，当陶瓷服务提供者是陶瓷创作者的时候，他们的心理安全感来自同行的评价和认同，对于涉及行业潜规则和隐私问题的时候，会进行沉默或少说。另一方面，当陶瓷服务提供者是一线服务人员时，他们对于上级领导或老板的管理风格和授权程度具有安全感知，也就是上级领导的授权型领导风格对员工沉默行为的影响作用是建立在员工对这一行为的心理感知安全基础上的。当员工持有较高的可以自由表达自己想法的安全信念时，他们在服务接触中采取积极的态度面对顾客需求和组织要求（Liang and Farh，2008），从而抑制服务沉默发生；当员工认知到上级领导或行业领导、同行对服务过程中的潜规则问题不够支持或反对的时候，陶瓷服务提供者可能会谨慎表达或保留意见，从而导致了服务沉默。

综上分析，提出如下研究假设：

H9：授权型领导风格对一线员工服务沉默行为具有显著影响。

H10：授权型领导风格对一线员工心理安全感具有显著正向影响。

H11：心理安全感在授权型领导风格与服务沉默行为之间具有中介作用。

四、研究假设汇总

综上，本章的相关研究假设汇总如表6-2所示。

表6-2 研究假设汇总表

编号	研究假设
顾客行为、员工情绪反应及服务沉默之间的关系	
H1	顾客行为对一线员工服务沉默行为具有显著影响
H1a	顾客积极参与行为对一线员工服务沉默具有显著负向影响
H1b	顾客积极反馈行为对一线员工服务沉默具有显著负向影响
H1b-1	顾客服务评价行为对一线员工服务沉默具有显著负向影响
H1b-2	顾客关系建设行为对一线员工服务沉默具有显著负向影响
H1c	顾客消极抱怨行为对一线员工服务沉默具有显著正向影响

续表

编号	研究假设
H2	顾客行为对一线员工情感体验具有显著影响
H2a	顾客积极参与行为对一线员工积极情感具有显著正向影响
H2b	顾客积极反馈行为对一线员工积极情感具有显著正向影响
H2b-1	顾客服务评价行为对一线员工积极情感（成就感）具有显著正向影响
H2b-2	顾客关系建设行为对一线员工积极情感（亲近感）具有显著正向影响
H2c	顾客消极抱怨行为对一线员工消极情感（沮丧）具有显著正向影响
H3	一线员工情感体验对其服务沉默行为具有显著影响
H3a	一线员工积极情感体验对其服务沉默行为具有显著负向影响
H3b	一线员工消极情感体验对其服务沉默行为具有显著正向影响
H4	一线员工情感体验在顾客行为与其服务沉默影响中具有中介作用
H4a	积极情感在顾客参与行为与其服务沉默影响中具有中介作用
H4b	积极情感在顾客积极反馈行为与其服务沉默影响中具有中介作用
H4c	消极情感在顾客抱怨行为与其服务沉默影响中具有中介作用
	领导成员交换关系、心理安全感及服务沉默之间的关系
H5	领导成员交换关系对一线员工服务沉默行为具有显著影响
H6	领导成员交换关系对一线员工心理安全感具有显著正向影响
H7	一线员工心理安全感对其服务沉默行为具有显著负向影响
H8	心理安全感在领导成员交换关系与服务沉默行为之间具有中介作用
	授权型领导风格、心理安全感及服务沉默之间的关系
H9	授权型领导风格对一线员工服务沉默行为具有显著影响
H10	授权型领导风格对一线员工心理安全感具有显著正向影响
H11	心理安全感在授权型领导风格与服务沉默行为之间具有中介作用

第二节　小规模预测研究

为了保证理论模型的检验科学和严谨，本节将进行研究设计。首先，介绍理论模型中的各个概念的定义、测量量表的来源和确定初始量表题项，进行初始量表的编制；其次，通过小样本前测及分析对初始问卷的测量条款进行筛选和净化，对问卷的措辞和结构安排加以修正；最后，形成正式的调查问卷。

一、相关概念的定义与测量

针对本书中的7个研究变量，即顾客参与行为、顾客积极反馈行为、顾客抱怨行为、领导成员交换关系、授权型领导风格、情感体验和心理安全感，本书在借鉴前人已开发测量量表及题项基础上，结合服务接触的研究情景进行修改与丰富。由于服务沉默行为定义及其测量量表已经在第四章中阐述，故此部分将不再赘述。表6-3展示了理论模型中各变量的符号定义。

表6-3 理论模型中各变量的符号定义

变量	符号
顾客参与行为（Customer Participation Behavior）	CP
顾客积极反馈行为（Customer's Positve Feedback Behavior）	CF
顾客对服务质量积极评价行为	CF1
顾客对其关系建设行为	CF2
顾客抱怨行为（Customer Complaint Behavior）	CC
员工情感体验（Employee Emotion Experience）	EE
领导成员交换关系（Leader Member Exchange Relationship）	LMX
授权型领导风格（Authorized leadership style）	ALS
心理安全感（Psychological Security）	PS
服务沉默行为（Service Silence Behavior）	SS

（一）顾客参与行为的测量（代码CP）

本书研究中的顾客参与行为采用 Ennew 和 Binks（1999）、Bettencourt（1997）和 Marion（1996）对顾客参与的维度划分，将顾客参与分为信息共享（Information Sharing）、合作行为（Cooperative Behavior）和人际互动（Personal Interaction）三个维度。其中，信息共享是指顾客需要将信息传递给服务员工以保证其个人的特别需要得到满足；合作行为是指顾客在与服务提供者关系中顾客要履行的职责；人际互动是指顾客与服务员工之间的互动，主要包括许多人际因素，如信任、支持、可靠、合作、灵活和承诺等。

本书对顾客参与的测量参考 Ennew 和 Binks（1999）、Claycomb 等（2001）、Kellogg 等（1997）、Bettencourt（1997）和赵宇飞（2012）的研究，并结合本书研究情景（服务接触）和行业背景（陶瓷文化创意）特征，由两位陶瓷文化研究专家和三位研究生进行修改，开发了7个题项的测量量表，量表尺度采取 Likert 五点尺度，从"1"至"5"分别是"非常不同意""不同意""一般""同意"和"非常同意"。同时，为了调查问卷发放的可操作性，本书是从服务人员角度来填写顾客参与行为量表现，需要对量表题项的主体称呼描述进行修改。本书采用的顾客参与行为的测量量表如表6-4所示。

表6-4 顾客参与行为的测量题项

代码	测量题项
CP1	在服务过程中，顾客会向我说明他的服务需求和偏好
CP2	顾客会主动告诉他在接受服务过程中的感受
CP3	顾客会向我提供一些改善服务的建议
CP4	在陶瓷文化创意产品服务过程中，顾客会对产品进行评价并共享观点
CP5	顾客会阐述他个人对陶瓷创意产品的认识和理解
CP6	顾客会认真了解陶瓷创意产品的特点、功能及创意等产品文化知识
CP7	如果遇到问题，顾客会主动进行咨询

（二）顾客积极反馈行为的测量（代码CF）

根据翟家保等（2010）对顾客积极反馈行为的研究，本书将顾客积极反馈行为划分为两个方面：一是顾客对其服务质量的积极评价行为（顾客服务评价行为），界定为顾客通过直接或间接的途径，对服务员工的服务质量积极肯定的行为；二是顾客对其关系建设行为（顾客关系建设行为），界定为顾客在服务过程之中或之外，主动与服务员工建立良好关系的行为。

本书对顾客积极反馈行为的测量也从这两个角度展开。其中，顾客服务评价行为（CF1）的测量题项借鉴了 Kohli（1985）的研究中管理者对下属的适当赞许行为的测量方式，共有 5 个题项；顾客关系建设行为（CF2）的测量题项来源于 Kellogg 等（1997）开发的 5 个题项，量表尺度采取 Likert 五点尺度，从"1"至"5"分别是"非常不同意""不同意""一般""同意"和"非常同意"。同时，为了保证研究测量量表的行业适用性，由两位陶瓷文化研究专家和三位研究生对上述量表题项结合陶瓷文化创意服务背景进行了修改和完善，对相关题项描述进行情景化修改。本书采用的顾客积极反馈行为的测量量表如表 6-5 所示。

表 6-5 顾客积极反馈行为的测量题项

维度	代码	测量题项
顾客服务评价行为（CF1）	CF1-1	当满足了顾客对陶瓷创意产品比较满意时，顾客会表扬我
	CF1-2	当表现很礼貌的服务态度时，顾客会赞许我
	CF1-3	顾客在服务接触过程中，会询问一些其他陶瓷专业知识
	CF1-4	我向顾客介绍相关产品时，顾客会对我的专业表示认可和赞许
	CF1-5	当提供的服务达到顾客预期时，顾客表示还会再来
顾客关系建设行为（CF2）	CF2-1	顾客会对我的陶瓷创意产品和服务表现报以微笑或加以奉承
	CF2-2	顾客会主动打听并试图记住我的名字和联系方式
	CF2-3	顾客使用善意的语言与我进行谈话交流
	CF2-4	在结束服务之后，顾客会表现出对我很感兴趣
	CF2-5	顾客会主动与我一起分享关于陶瓷文化的认知和文化理解

（三）顾客抱怨行为的测量（代码 CC）

在顾客抱怨行为的内涵和分类方面，Warland 等（1975）将顾客抱怨行为分成困扰行动与困扰不行动两类。之后 Day 和 Landon（1977）明确顾客抱怨行为的类型为私下行动和公开行动。私下行动为顾客不再购买该产品或者向亲朋好友表达自己对产品的不满；"公开行为"为顾客向企业索取赔偿或向第三方机构寻求帮助。

本书对顾客抱怨行为测量将主要参考 Singh（1988）和 Day（1980）等的量表，针对各变量设计初始量表，对各个测项语意加以仔细斟酌，并结合陶瓷文化创意服务接触情景，征求专家意见对量表进行修正。顾客抱怨行为测量量表如表 6-6 所示。

表 6-6　顾客抱怨行为的测量题项

代码	测量题项
CC1	顾客会容忍出现的一些小失误，在服务过程中委婉地表达出来
CC2	顾客表示自认倒霉，以后不再光顾我们的生意了
CC3	当顾客感受极差的体验时，顾客直接向领导或街区反映自己的不满
CC4	当顾客对服务体验和陶瓷产品不满意时，会将不满遭遇告知他人
CC5	当顾客感受到消费权益受到损害时，会向第三方投诉自己的不满遭遇

（四）员工情感体验的测量（代码 EE）

人们对情感的认识主要来自心理学领域，但是在营销环境下，对于员工在服务交互经历中的情感的认识目前还相当有限。对消费情感的研究主要是来源于心理学的研究成果。Lzard（1977）提出的分化情感量表，将情感划分为积极情感和消极情感两大维度。在进行实证研究时，也大都从这两个方面来计量消费情感，其中，积极情感包括兴趣、愉快、惊喜、成就、亲近等；消极情感包括沮丧、愤怒、厌恶、挫折等。本书所关注的员工情感体验是指在陶瓷文化创意服务接触过程中服务人员所体验到的各种情感反应，也采取积极情感和消极情感两大维度，其中采取了积极情感中的成就感、亲近感、愉悦感等，消极情感中的沮丧感、挫折感、郁闷感等。

根据研究需要，本书参考了 Richins（1997）和金立印（2008）对顾客情感的测量量表，同时结合服务员工在陶瓷文化创意服务接触中的情绪反应，针对顾客的服务接触交互活动所诱发的情绪状态进行问项修正，共使用了6个测项，其中分别涉及了员工成就感、亲近感、愉悦感和员工沮丧感、挫折感、郁闷感，量表尺度采取的是 Likert 五点尺度，"1"代表"非常不同意"，"5"代表"非常同意"。员工情感体验测量量表如表6-7所示。

表6-7 员工情感体验的测量题项

维度	代码	测量题项
积极情感（EE1）	EE1-1	在这次服务中，我感到实现了自己的价值（成就感）
	EE1-2	在这次服务中，我和客户就像家人一样亲近（亲近感）
	EE1-3	我感觉这次服务比较顺畅，工作也很愉快（愉悦感）
消极情感（EE2）	EE2-1	顾客对我们的产品和服务不很在意，我感到很沮丧（沮丧感）
	EE2-3	顾客对我们的陶瓷创意产品不满意，我甚至怀疑个人能力（挫折感）
	EE2-3	我对这次服务过程体验不太好，感到很郁闷（郁闷感）

（五）领导成员交换关系的测量（代码 LMX）

本书对 LMX 的衡量主要结合了 Graen 和 Uhl-Bien（1995）、Van Breukelen 等（2006）的理论研究，选取了六个领导成员交换的六个维度（沟通、信任、了解、帮助、需要和讨论）对 LMX 进行衡量。Graen 和 Uhl-Bien（1995）的 LMX 调查问卷在衡量 LMX 质量上被广泛使用，具有可靠的信度和效度。LMX 质量的得分由选取的六个指标的均值计算得出，分数越高，LMX 质量越高。同时，测量题项根据本书研究情景（陶瓷文化创意服务接触）和研究对象（服务员工），经过陶瓷文化专家对问卷的题项经过反复的修订、增删，最后形成目前的调查问卷。正式问卷中包含7个领导成员交换的维度，以李克特五点式量表形式设计（答案从"1代表非常不同意"到"5代表非常同意"）。领导成员交换关系测量量表如表6-8所示。

表 6-8 领导成员交换关系的测量题项

代码	测量题项
LMX1	您通常知道上级领导对您工作表现的满意程度
LMX2	上级领导经常了解您在工作中的困难和需求
LMX3	上级领导清楚您在工作上的潜力，并且能够给予机会进行培养
LMX4	运用职权为您解决工作上的重大难题有多大可能
LMX5	牺牲自己的利益，帮您摆脱困境的可能性多大
LMX6	即使不在场，出于信任您会辩护和解释他的决策
LMX7	您和上级领导的关系很好

（六）授权型领导风格的测量（代码 ALS）

根据本书的研究目的与研究对象，授权型领导风格的测量采用了 Arnold（2000）开发的量表。该量表在针对授权型团队的有效领导行为进行了大量的深度访谈的基础上提出，突出强调了授权环境下有效的领导行为与领导授权理念的变化，而没有强调领导是否一定是完全授权。也就是说，领导要改变管理的理念，让团队拥有更多自主权、自我指导和控制权，但仍要承担指导和辅助的职责和责任，帮助团队成长。严格意义上讲，该量表测量的是领导的授权领导风格，而非典型意义上的授权行为。本书认为，就中国目前的管理情景而言，完全意义上的授权尚属少数，该量表对于授权型领导的定义对本书研究而言非常适合。量表尺度采取的是 Likert 五点尺度，"1"代表"非常不同意"，"5"代表"非常同意"。在本次研究当中，根据实际调研了解，陶瓷文化创意服务人员主要有两类：一是本身为陶瓷创意工作者（个体陶瓷创意工作者），在服务接触中既是产品的创意供给者，也承担着一线服务人员的对外角色，其上级领导为陶瓷文化创意街区的管理者；二是陶瓷文化创意公司的一线服务人员，其上级领导为公司负责人。授权型领导风格测量量表如表 6-9 所示。

表6-9 授权型领导风格的测量题项

代码	测量题项
ALS1	我们领导会鼓励我表达自己的建议和意见
ALS2	即使领导不同意我的观点,但仍然会考虑我的意见
ALS3	我们领导会给大家表达自己想法的机会
ALS4	我们领导会帮助我看到哪些方面需要更多提升
ALS5	我们领导非常支持我的工作
ALS6	我们领导会向我说明陶瓷园区的政策、服务规定和他的期望
ALS7	我们领导会花时间耐心地讨论我关心的问题
ALS8	我们领导以自己的行为言行树立良好榜样

(七)心理安全感的测量(代码PS)

心理安全感(心理安全知觉)的测量主要采用Edmondson(1999)编制的7项目Likert七点自陈量表,它最初是为测量团队心理安全感而编制的。该量表被后续的大多数相关研究直接引用或修订后使用(Walumbwa and Schaubroeck,2009)。Brown(1996)也编制了心理安全感的测量问卷,其问卷是基于组织氛围的视角来编制的,主要用于测量个体从组织中知觉到的心理安全氛围。组织心理安全感的三个维度包括支持性管理、角色澄清和自由表达。

由于本书的心理安全感是个人层面的构念,量表的测量采用的是Detert和Burris(2007)的3个问题项的量表,该量表改编自Edmondson(1999)关于团队心理安全感的量表,用来测量下属员工对于建言的心理安全感。量表尺度采取的是Likert五点尺度,"1"代表"非常不同意","5"代表"非常同意"。心理安全感测量量表如表6-10所示。

表 6-10　心理安全感的测量题项

代码	测量题项
PS1	我们公司鼓励开放组织氛围，在组织中说真话是安全的
PS2	指出组织中的问题（含重要的服务问题）不会受到惩罚
PS3	犯错误能够得到组织的容忍和接受

二、预调研及量表修正

为确保测量量表的科学性，本节进行了小样本预调研及其检验，对问卷题项进行分析和净化，提高量表的信度和效度，为研究结果的严谨性提供保障。

（一）样本数据描述性统计

本次小规模调研数据来自两个途径：一是景德镇陶瓷文化创意聚集区（陶溪川和乐天陶社），通过所在的创意街区管理单位将调查问卷发放下去，选择样本对象包括一线服务人员，也符合本书研究需要，共发放 150 份，回收 118 份；二是景德镇陶瓷大学陶艺专业大学生，利用课间时间填写电子调查问卷，说明研究的目的和意义，共发放 85 份，回收 78 份。预调研共回收问卷 196 份，并删除部分无效问卷后得到问卷 174 份，有效回收率为 74.04%。表 6-11 展示了预调研数据的描述性统计。

表 6-11　预调研数据的描述性统计

描述指标		频次	比例（%）	有效百分比（%）
性别	男	81	46.55	46.55
	女	93	53.45	53.45
年龄	25 岁以下	92	52.87	52.87
	25~30 岁	64	36.78	36.78
	30 岁以上	18	10.34	10.34

续表

描述指标		频次	比例（%）	有效百分比（%）
职位	一线服务人员	81	46.55	46.55
	管理人员	15	8.62	8.62
	大学生	78	44.83	44.83
工作时间	2 年以内	57	32.76	32.76
	2~5 年	80	45.98	45.98
	5 年以上	37	21.26	21.26
身份类型	个体陶艺工作者	87	50.00	50.00
	陶瓷文化公司	65	37.36	37.36
	其他类型	22	12.64	12.64

从表 6-11 可见，本次预测研究样本数据具有较强的代表性，也与当前陶瓷文化创意整体的服务现状相吻合，在人员类型上选择了三类不同的代表，即一线服务人员、管理人员和陶艺大学生（未来潜在的行业从业者），兼顾本书中对服务接触的研究情景要求。

（二）测量题项的描述性统计

根据统计学要求，对数据进行探索性因子分析需要保证数据的正态分布特点，测量题项偏度绝对值小于 3，峰度绝对值小于 10（Kline，1998）。本次小规模数据的测量题项的描述性统计结果如表 6-12 所示，符合测量要求。

表 6-12 测量题项的描述性统计

测量题项	统计量	均值	标准差	偏度		峰度	
				偏度值	标准差	峰度值	标准差
CP1	174	3.9464	0.79230	-1.342	0.228	2.545	0.453
CP2	174	3.8393	0.84420	-1.607	0.228	3.019	0.453
CP3	174	3.4732	1.28722	-0.972	0.228	-0.298	0.453
CP4	174	3.2411	1.20991	-0.757	0.228	-0.630	0.453
CP5	174	3.5766	0.99590	-1.031	0.229	1.150	0.455

续表

测量题项	统计量	均值	标准差	偏度值	偏度标准差	峰度值	峰度标准差
CP6	174	3.9464	0.79230	-1.342	0.228	2.545	0.453
CP7	174	3.5766	0.99590	-1.031	0.229	1.150	0.455
CF1-1	174	3.2523	1.03105	-0.881	0.229	0.010	0.455
CF1-2	174	3.6250	1.06648	-1.105	0.228	0.844	0.453
CF1-3	174	3.8673	0.70082	-1.395	0.227	4.380	0.451
CF1-4	174	3.9735	0.73752	-1.046	0.227	2.517	0.451
CF1-5	174	3.9735	0.73752	-1.046	0.227	2.517	0.451
CF2-1	174	2.9115	1.13040	-0.352	0.227	-0.604	0.451
CF2-2	174	3.1327	1.25003	-0.479	0.227	-0.778	0.451
CF2-3	174	3.6126	1.39591	-0.890	0.229	-0.468	0.455
CF2-4	174	3.6339	1.06539	-1.131	0.228	0.898	0.453
CF2-5	174	3.8761	0.69607	-1.445	0.227	4.639	0.451
CC1	174	2.0446	1.05171	0.572	0.228	-0.933	0.453
CC2	174	1.7054	0.91670	1.195	0.228	0.847	0.453
CC3	174	1.5357	0.77026	1.384	0.228	1.338	0.453
CC4	174	1.4732	0.77063	2.075	0.228	5.136	0.453
CC5	174	1.5225	0.85117	1.730	0.229	2.300	0.455
EE1-1	174	4.1429	0.66924	-1.274	0.228	4.770	0.453
EE1-2	174	4.0354	0.66721	-0.958	0.227	3.480	0.451
EE1-3	174	4.0631	0.62201	-0.503	0.229	1.360	0.455
EE2-1	174	1.3540	0.59642	1.486	0.227	1.174	0.451
EE2-3	174	1.7345	0.76786	0.496	0.227	-1.138	0.451
EE2-3	174	1.8850	0.72890	0.181	0.227	-1.086	0.451
LMX1	174	3.1239	1.24737	-0.464	0.227	-0.775	0.451
LMX2	174	3.6036	1.39009	-0.890	0.229	-0.458	0.455
LMX3	174	3.6250	1.06648	-1.105	0.228	0.844	0.453
LMX4	174	3.8673	0.70082	-1.395	0.227	4.380	0.451
LMX5	174	3.9735	0.73752	-1.046	0.227	2.517	0.451

第六章 陶瓷文化创意服务沉默行为的影响机制和中介效应

续表

测量题项	统计量	均值	标准差	偏度值	偏度标准差	峰度值	峰度标准差
LMX6	174	3.2523	1.03105	-0.881	0.229	0.010	0.455
LMX7	174	3.6250	1.06648	-1.105	0.228	0.844	0.453
ALS1	174	4.0541	0.87217	-0.943	0.229	0.917	0.455
ALS2	174	4.4248	0.76538	-1.141	0.227	0.511	0.451
ALS3	174	3.2613	1.04195	-0.643	0.229	-0.023	0.455
ALS4	174	3.6161	1.03319	-1.216	0.228	1.184	0.453
ALS5	174	3.8407	0.60602	0.086	0.227	-0.357	0.451
ALS6	174	3.5664	0.83320	-0.733	0.227	1.108	0.451
ALS7	174	3.0714	1.19845	-0.587	0.228	-0.784	0.453
ALS8	174	3.5315	1.43223	-0.736	0.229	-0.779	0.455
PS1	174	3.6814	0.86876	-0.493	0.227	-0.336	0.451
PS2	174	3.6903	0.86685	-0.522	0.227	-0.294	0.451
PS3	174	3.7965	0.81459	-0.818	0.227	0.442	0.451
SS11	174	1.9381	0.58681	0.009	0.227	-0.051	0.451
SS12	174	1.8482	0.61819	0.105	0.228	-0.431	0.453
SS13	174	2.0000	0.53452	0.000	0.227	0.611	0.451
SS14	174	1.5310	0.55212	0.362	0.227	-0.950	0.451
SS21	174	1.6903	0.61353	0.296	0.227	-0.621	0.451
SS22	174	1.5841	0.52992	0.023	0.227	-1.219	0.451
SS23	174	1.7054	0.57951	0.133	0.228	-0.549	0.453
SS24	174	1.8850	0.69117	0.155	0.227	-0.881	0.451
SS31	174	1.6607	0.65145	0.475	0.228	-0.685	0.453
SS32	174	1.7589	0.72591	0.405	0.228	-1.011	0.453
SS33	174	1.6283	0.58546	0.299	0.227	-0.689	0.451
SS34	174	1.9643	0.67020	0.041	0.228	-0.735	0.453
SS11	174	1.5982	0.57672	0.324	0.228	-0.745	0.453
SS12	174	1.9643	0.67020	0.041	0.228	-0.735	0.453
SS13	174	1.5982	0.57672	0.324	0.228	-0.745	0.453
SS14	174	2.2035	0.55355	0.058	0.227	-0.134	0.451
SS21	174	2.0619	0.60183	-0.024	0.227	-0.195	0.451

续表

测量题项	统计量	均值	标准差	偏度值	偏度标准差	峰度值	峰度标准差
SS22	174	2.0619	0.58681	-0.009	0.227	-0.051	0.451
SS23	174	1.9115	0.57566	-0.003	0.227	0.025	0.451
SS31	174	1.9292	0.63691	0.059	0.227	-0.500	0.451
SS32	174	1.9381	0.60183	0.024	0.227	-0.195	0.451

注：量表题项的描述性统计分析以预调研 174 份问卷数据为基础进行分析。

（三）预调研量表信度与效度分析

本书量表虽选取相对成熟量表，但多为西方情景下研制的量表，在运用于中国情景时，可能会有些差异。因此，需要通过小样本调查进行信度与效度检验，进而修正形成正式研究的问卷。预调研阶段，笔者将对测量量表进行信度和效度分析。其中，信度分析通过计算 CITC 值与 Cronbach's α 系数，对各个量表的内部一致性信度进行分析；效度分析包括内容效度和结构效度的效度检验。其中，在内容效度方面，本书问卷内容根据国内外学者的研究成果，将相关测量进行整理，经消费者小组访谈、陶瓷文化专家与研究生讨论检验，因此本书的量表具有较高的内容效度。

在结构效度方面，本节采用探索性因子分析来检验。在因子分析过程中，本节根据以下三个标准进行测量条款的筛选。一是一个条款自成一个因子时，予以删除；二是测量条款的因子荷载小于 0.5 时，予以删除；三是一个测量条款在所有因子上的荷载都小于 0.5 或在多个因子上荷载都大于 0.5 时，予以删除（Lederer and Sethi，1996）。之后，若剩余条款的因子荷载都在 0.5 以上，且累计解释方差超过 50%，说明测量量表满足科学研究的要求。

1. 顾客行为的信度与效度分析

本书模型中的顾客参与行为（CP）、顾客积极反馈行为 CF（服务评价行为 CF1 和关系建设行为 CF2）、顾客抱怨行为（CC）3 个研究变量 Cronbach's α

系数分析和因子分析结果如表 6-13 所示。从 Cronbach's α 系数分析结果显示，三个变量的量表内部一致性较高，所有量表的 Cronbach's α 系数都超过了 0.7 的最低要求，所以本书中所使用的量表具有良好的内部一致性信度。

通过探索性因子分析结果显示，除在顾客关系建设行为中的 CF2-4 题项"在结束服务之后，顾客会表现出对我很感兴趣"因子负荷 0.432，小于 0.5 的标准值，予以删除外。顾客行为的三个变量的其他所有题项在其对应的因子上都有较高的负荷，而在其他因子上的负荷较低，能够很好地区分各个维度的测量。因此，本次研究的各个变量维度之间具有很好的区别效度和收敛效度。

表 6-13 顾客行为的探索性因子分析

题项	顾客抱怨行为	顾客积极反馈行为 关系建设	顾客积极反馈行为 服务评价	顾客参与行为	Cronbach's α 系数
CC2	0.833				
CC4	0.617				
CC3	0.866				0.79
CC5	0.732				
CC1	0.765				
CF2-3		0.787			
CF2-2		0.836			
CF2-1		0.714			0.83
CF2-5		0.655			
CF2-4		0.432			
CF1-2			0.821		
CF1-1			0.881		
CF1-5			0.755		0.77
CF1-4			0.764		
CF1-3			0.689		

续表

题项	顾客抱怨行为	顾客积极反馈行为 关系建设	顾客积极反馈行为 服务评价	顾客参与行为	Cronbach's α 系数
CP5				0.845	
CP7				0.756	
CP4				0.745	
CP1				0.743	0.73
CP6				0.757	
CP2				0.708	
CP3				0.537	
总体					0.74
KMO	0.732				
Bartlett 检验卡方值	2966.151.250（p=0.000，自由度=172）				

2. 领导行为变量的信度与效度分析

下面对本书模型中的两个领导行为变量，领导成员交换关系（LMX）和授权型领导（ALS）进行 Cronbach's α 系数分析和因子分析，分析结果如表 6-14 所示。Cronbach's α 系数分析结果显示，两个变量的量表内部一致性较高，所有量表的 Cronbach's α 系数都超过了 0.7 的最低要求，所以本书中所使用的量表具有良好的内部一致性信度。同时，通过探索性因子分析发现，在授权型领导（ALS）测量题项中，除在授权型领导风格中的 ALS8 题项"我们领导以自己的行为言行树立良好榜样"因子负荷 0.431，小于 0.5 的标准值，予以删除外，其他变量的因子负荷表现理想，能够很好地区分各个维度的测量。

表 6-14 领导行为变量的探索性因子分析

	领导成员交换关系	授权型领导风格	Cronbach's α 系数
LMX2	0.832		
LMX4	0.838		
LMX3	0.775		
LMX1	0.732		0.727
LMX7	0.681		
LMX6	0.636		
LMX5	0.575		
ALS3		0.855	
ALS5		0.823	
ALS1		0.866	
ALS4		0.812	
ALS2		0.822	0.704
ALS6		0.713	
ALS7		0.643	
ALS8		0.431	
总体			0.676
KMO	0.712		
Bartlett 检验卡方值	1363.328（p=0.000，自由度=173）		

3. 员工情感体验的信度与效度分析

通过对员工情感体验（EE）的 Cronbach's α 系数分析和因子分析结果显示（见表 6-15），该变量的量表内部一致性较高，所有量表的 Cronbach's α 系数都超过了 0.7 的最低要求，具有良好的内部一致性信度。在探索性因子分析结果上，每个题项都具有较高的负荷，能够很好地区分各个维度的测量。

表6-15　员工情感体验的探索性因子分析

题项	积极情感	消极情感	Cronbach's α 系数
EE1-1	0.831		
EE1-2	0.768		0.762
EE1-3	0.614		
EE2-3		0.838	
EE2-2		0.825	0.794
EE2-1		0.539	
总体			0.713
KMO	0.768		
Bartlett 检验卡方值	1372.411（p=0.000，自由度=159）		

4. 心理安全感的信度与效度分析

通过对心理安全感（PS）的 Cronbach's α 系数分析和因子分析结果显示（见表6-16），该变量的量表内部一致性较高，所有量表的 Cronbach's α 系数都超过了0.7的最低要求，具有良好的内部一致性信度。在探索性因子分析结果上，每个题项都具有较高的负荷，能够很好地区分各个维度的测量。

表6-16　心理安全感的探索性因子分析

	心理安全	Cronbach's α 系数
指出问题安全	0.833	
说真话安全	0.885	0.752
犯错能容忍	0.836	
总体		
KMO	0.627	
Bartlett 检验卡方值	564.34（p=0.000 自由度=195）	

第三节　大规模调研与假设验证

本节以正式调查问卷为基础，开展大规模样本数据的实证检验，主要采用 SPSS 18.0 统计软件进行描述性统计分析、信度分析、效度分析和回归分析等，检验研究模型变量之间的假设关系是否成立。

一、数据获取与描述

（一）数据收集

本次大规模调研以景德镇五个陶瓷文化创意聚集区（陶源谷、陶阳里、陶溪川、陶博城、名坊园）为考察对象，选择了陶瓷文化创意聚集区当中的消费顾客、一线服务人员、街区管理人员等多个对象。这一样本对象选择原因在于：

（1）景德镇陶瓷文化创意聚集区以陶源谷、陶阳里、陶溪川、陶博城、名坊园五个陶瓷文化聚集地为典型代表，能够反映景德镇陶瓷文化创意产业发展现状，也聚集了景德镇80%以上"景漂"人才聚集，能为本次调查研究获得准确的样本数据。

（2）陶瓷文化创意服务具有较高的人际互动水平。陶瓷文化创意服务消费过程也是与顾客进行面对面互动交互的过程，体现了面对面的服务接触情景特点，也是体现陶瓷文化创意服务水平的重要内容，符合本书界定的研究范畴。

（3）服务接触管理对陶瓷文化创意服务发展至关重要。陶瓷文化创意属于文化创意产业典型类型，顾客需求是否得到满足是衡量整体服务水平的关键维度。尤其是在文化产业竞争日益激烈的今天，顾客满意和服务优化对于提高陶瓷文化产业发展至关重要。在服务互动中，由于陶瓷文化服务人员与顾客接触程度较高，员工的服务表现对顾客感知服务质量影响显著，员工的行为和顾客的行为（包括参与行为）是顾客满意与服务质量提供的关键。因此，本书以陶瓷文化创意服务为背景具有现实意义。

（4）课题组前期对于景德镇陶瓷文化创意产业进行了丰富研究，积累了相关产业数据，与陶瓷文化创意产业基地形成了密切互动联系，便于本次调研数据采集。同时，在陶瓷文化创意服务接触过程中，可以发现服务沉默的共性现象，不同员工对不同顾客或在不同情景下的服务表现存在显著差异，深入研究和剖析景德镇"五陶"基地的服务沉默行为具有现实意义和研究基础。

本书正式调查采取的是便利抽样方式，通过线上电子问卷和线下调查问卷相结合方式进行发放，在景德镇5个陶瓷文化创意聚集区（陶源谷、陶阳里、陶溪川、陶博城、名坊园）进行大规模数据发放，平均每个聚集区发放问卷120份，共600份，剔除填写不完整、胡乱填写等因素造成的无效问卷，最终得到有效问卷475份，有效回收率为79.17%。

（二）样本描述

样本概况如表6-17所示。问卷填答者中，男性占比45.05%，女性占比54.95%；平均年龄为27.5岁，其中25岁以下占比34.74%，25~30岁占比42.53%，30岁以上占比22.74%；个体创意者占比29.68%，一线服务人员占比44.63%，公司管理人员占比16.42%，街区管理人员占比9.26%；2年以内占比44.42%，2~5年占比32.84%，5年以上占比22.74%；日用陶瓷类占比30.11%，艺术陶瓷类占比41.47%，工业陶瓷类占比18.32%，手工陶瓷类10.11%。

表 6-17 正式调研数据的描述性统计

	题项	频次	百分比（%）
性别	男	214	45.05
	女	261	54.95
	总数	475	100
年龄	25 岁以下	165	34.74
	25~30 岁	202	42.53
	30 岁以上	108	22.74
	总数	475	100
职位	个体创意者	141	29.68
	一线服务人员	212	44.63
	公司管理人员	78	16.42
	街区管理人员	44	9.26
	总数	475	100
工作时间	2 年以内	211	44.42
	2~5 年	156	32.84
	5 年以上	108	22.74
	总数	475	100
企业性质	日用陶瓷	143	30.11
	艺术陶瓷	197	41.47
	工业陶瓷	87	18.32
	手工陶瓷	48	10.11
	总数	475	100

从表 6-17 的样本数据特征可以发现，陶瓷文化创意的服务型企业样本对象具有其特点：一是从性别上来看，由于服务的交互性特点，女性员工比男性员工具有更强的亲和力，更适应从事与顾客的服务接触业务；二是从年龄来看，平均年龄都在 27 岁左右，保持在较低水平，这也体现了陶瓷文化创意阶层年轻化的特色。从工作年限来看，平均从业时间都在 2~3 年；从陶瓷产品类型上，本次调研的陶瓷产品以日用陶瓷和艺术陶瓷为主，综合占比在 71% 以上。

(三）测量题项的描述性统计

接下来对各变量进行描述性统计分析，主要观察各个变量的峰度和偏度指标。根据统计学要求，对数据进行探索性因子分析需要保证数据的正态分布特点，测量题项偏度绝对值小于 3，峰度绝对值小于 10（Kline，1998），峰度和偏度是用来检验数据正态性的首选统计量。不同样本数的偏度和峰度值的置信区间峰度和偏度检验标准如表 6-18 所示。

表 6-18　正式量表题项的描述性统计

样本量=475		题项	均值	标准差	偏度	峰度
顾客参与行为（CP）		CP1	4.1532	0.86498	−1.185	1.618
		CP2	4.0543	0.86548	−0.929	0.906
		CP3	3.9109	0.99500	−0.801	0.314
		CP4	3.7355	0.98287	−0.622	0.174
		CP5	3.7601	0.91503	−0.635	0.506
		CP6	3.9194	0.93504	−0.613	−0.056
		CP7	3.9960	0.97648	−0.920	0.538
顾客积极反馈行为（CF）	顾客服务评价行为（CF1）	CA1-1	3.8720	0.88543	−0.719	0.530
		CA1-2	4.1167	0.81224	−1.055	1.790
		CA1-3	4.1495	0.81601	−0.955	1.271
		CA1-4	4.2073	0.82335	−1.478	3.288
		CA1-5	4.0630	0.88325	−0.978	1.057
	顾客关系建设行为（CF2）	CA2-1	3.4274	1.12760	−0.549	−0.599
		CA2-2	3.4268	1.25746	−0.685	−0.595
		CA2-3	3.7158	1.00525	−0.887	0.320
		CA2-5	3.9679	0.94250	−0.819	0.512
顾客抱怨行为（CC）		CC1	2.4442	1.24070	0.448	−0.885
		CC2	1.7923	1.06326	1.343	1.136
		CC3	1.7304	0.98770	1.393	1.436
		CC4	1.6242	0.94388	1.683	2.553
		CC5	1.6693	0.96987	1.551	1.966

第六章 陶瓷文化创意服务沉默行为的影响机制和中介效应

续表

样本量=475		题项	均值	标准差	偏度	峰度
情感体验（EE）	积极情感（EE1）	EE1-1	4.0645	0.86215	-1.302	2.529
		EE1-2	4.0081	0.85923	-0.998	1.419
		EE1-3	4.0806	0.79236	-1.221	2.784
	消极情感（EE2）	EE2-1	1.9148	0.77881	0.149	-1.336
		EE2-2	1.9918	0.77349	0.014	-1.326
		EE2-3	2.1095	0.67488	-0.135	-0.810
领导成员交换关系（LMX）		LMX1	3.9574	1.00619	-1.141	1.246
		LMX2	4.0121	0.94034	-0.921	0.600
		LMX3	4.1147	0.75996	-0.998	2.106
		LMX4	4.0302	0.93910	-1.133	1.395
		LMX5	4.0694	0.76161	-0.619	0.395
		LMX6	3.9113	0.89228	-0.750	0.615
		LMX7	3.8758	0.84585	-0.980	1.670
授权型领导风格（ALS）		ALS1	3.9899	0.95658	-0.772	0.135
		ALS2	3.9337	0.96708	-0.939	0.743
		ALS3	4.0262	0.83842	-0.791	0.796
		ALS4	3.9880	0.89928	-0.743	0.434
		ALS5	4.0602	0.74547	-0.098	-1.193
		ALS6	3.9880	0.86420	-0.539	-0.382
		ALS7	4.0100	0.93118	-0.846	0.493
心理安全感（PS）		PS1	3.8303	0.91074	-0.724	0.419
		PS2	3.9185	0.85564	-0.726	0.587
		PS3	3.9173	0.89173	-0.781	0.366
员工服务沉默行为（SS）		SS11	1.7221	0.61308	0.246	-0.612
		SS12	1.6931	0.61326	0.295	-0.641
		SS13	1.6230	0.61571	0.450	-0.653
		SS14	1.6701	0.63975	0.424	-0.692
		SS21	1.8720	0.62359	0.096	-0.484
		SS22	1.5746	0.58591	0.444	-0.695
		SS23	1.6380	0.62222	0.439	-0.660
		SS24	1.6166	0.57123	0.256	-0.764

续表

样本量=475	题项	均值	标准差	偏度	峰度
员工服务沉默行为（SS）	SS31	1.8725	0.68446	0.168	−0.869
	SS32	1.7160	0.61730	0.269	−0.630
	SS33	1.6870	0.58459	0.191	−0.618
	SS34	1.5499	0.57769	0.474	−0.712
	SS11	1.5385	0.55301	0.353	−0.932
	SS12	1.6836	0.65120	0.426	−0.722
	SS13	1.6836	0.65120	0.426	−0.722
	SS14	1.5499	0.57769	0.474	−0.712
	SS21	1.9595	0.65140	0.040	−0.637
	SS22	1.9817	0.67368	0.022	−0.788
	SS23	1.9677	0.67260	0.038	−0.782
	SS31	1.8202	0.57088	0.008	−0.206
	SS32	1.8169	0.61621	0.134	−0.500

二、信度与效度分析

（一）探索性因子分析

1. 顾客行为量表的探索性因子分析

本节通过对顾客参与行为（CP）、顾客积极反馈行为（顾客服务评价行为 CF1 和顾客关系建设行为 CF2）和顾客抱怨行为（CC）合计 22 个测量条款进行探索性因子分析，以判断是否存在其他关系因子，以及测量条款的科学性。分析得出，总体上 KMO 值为 0.792，说明适合进行因子分析，Bartlett 得出显著性概率为 p=0.000，小于显著性水平 0.01。同时，研究结果显示顾客参与行为（CP）、顾客服务评价行为（CF1）、顾客关系建设行为（CF2）和顾客抱怨行为（CC）的 Cronbach's α 系数分别为 0.853、0.863、0.821 和 0.768，都大于 0.7 标准，说明量表内部一致性较好，具有较强的信度。在因子负荷度上，各个测量题项都与各自的量表对应，表明量表结构信度较好，因子分析结果与预期相符合（见表6-19）。

表6-19 顾客行为的探索性因子分析结果

题项	顾客参与行为	顾客服务评价行为	顾客关系建设行为	顾客抱怨行为	Cronbach's α系数
CP5	0.842	0.218	−0.012	0.052	
CP7	0.833	0.137	−0.044	0.021	
CP4	0.815	0.254	0.067	0.077	
CP1	0.761	0.231	0.132	−0.014	0.853
CP6	0.756	0.034	−0.056	−0.121	
CP2	0.748	0.241	0.098	0.045	
CP3	0.687	0.173	0.025	0.106	
CA1-2	0.132	0.831	0.057	−0.021	
CA1-1	0.109	0.822	−0.032	0.004	
CA1-5	0.141	0.812	−0.008	0.015	0.863
CA1-4	0.296	0.753	−0.022	0.024	
CA1-3	0.056	0.617	−0.045	−0.035	
CA2-3	0.055	−0.031	0.878	0.045	
CA2-2	0.042	0.005	0.773	0.132	0.821
CA2-1	0.040	−0.051	0.765	0.032	
CA2-5	0.015	−0.045	0.702	0.161	
CC2	0.045	−0.067	0.210	0.852	
CC4	0.035	0.021	0.045	0.724	
CC3	0.031	0.078	0.121	0.707	0.768
CC5	0.121	0.032	0.156	0.635	
CC1	0.105	−0.012	0.144	0.598	
总体					0.760
KMO	0.792				

2. 情感体验量表的探索性因子分析

本节通过对情感体验（EE）进行探索性因子分析，研究发现，量表的KMO值为0.746，符合要求值，适合进行因子分析，Bartlett得出显著性概率为 p=0.000，小于显著性水平 0.01。同时，情感体验（EE）及其维度积极情感（EE1）和消极情感（EE2）的 Cronbach's α 系数分别为 0.724、0.827 和 0.753，均大于 0.7 标准，说明量表内部一致性较好，具有较强的信度。在因子负荷度上，积极情感（EE1）的 3 个测量题项和消极情感（EE2）的 3 个题项都在各自因素上负荷值大于 0.7，表明量表结构信度较好（见表 6-20）。

表 6-20 情感体验的探索性因子分析结果

题项	积极情感	消极情感	Cronbach's α 系数
EE1-1	0.876	-0.043	0.827
EE1-2	0.834	-0.064	
EE1-3	0.821	0.021	
EE2-3	-0.033	0.834	0.753
EE2-2	-0.023	0.787	
EE2-1	-0.017	0.725	
总体			0.724
KMO	0.746		

3. 领导成员交换关系和授权型领导风格量表的探索性因子分析

本节通过对领导成员交换关系（LMX）和授权型领导风格（ALS）进行探索性因子分析。研究结果显示，整体 KMO 值为 0.697，适合进行因子分析，Bartlett 得出显著性概率为 p=0.000，小于显著性水平 0.01。同时，领导成员交换关系（LMX）和授权型领导风格（ALS）的 Cronbach's α 系数分别为 0.811、0.785，均大于 0.7 标准，说明量表内部一致性较好。在因子负荷度上，领导成员交换关系（LMX）的 7 个题项和授权型领导风格（ALS）的 7 个题项都在各自因素上负荷值在 0.5 以上，表明量表结构信度较好（见表 6-21）。

表 6-21 领导成员交换和授权型领导风格的探索性因子分析结果

题项	领导成员交换关系	授权型领导风格	Cronbach's α 系数
LMX2	0.831	-0.088	
LMX4	0.799	0.072	
LMX3	0.653	0.262	
LMX1	0.644	0.323	0.811
LMX7	0.592	0.295	
LMX6	0.571	0.086	
LMX5	0.549	0.441	
ALS3	0.277	0.863	
ALS5	0.167	0.851	
ALS1	-0.073	0.772	
ALS4	-0.068	0.746	0.785
ALS2	0.056	0.705	
ALS6	0.047	0.665	
ALS7	0.043	0.617	
总体			0.704
KMO	0.697		

（二）验证性因素分析

在探索性因素分析的基础上，本节利用大样本数据进行验证性因素分析，以进一步检验各变量所有题项的收敛效度，以及各变量之间的区别效度情况。

根据黄芳铭（2005）的观点，量表的效度检验需要对以下三个条件进行分析：一是违规估计检测（指模型中所统计得出的估计系数超出了可接受的范围）。同时，Hair 等（1998）指出，违规估计通常表现情形包括：有负的误差变异数存在；标准化系数是否超过或太接近1（标准值为0.95）；是否有太大的标准误差。二是模型拟合程度检查。使用验证性因子分析进行效度检验时，需要对模型的拟合情况进行评价。根据 Hu 和 Bentler（1995）的建议，模型拟合参数主要选择 χ^2/df、GFI、AGFI、NFI、CFI 和 RMSEA 等指标，各指标的标准值为 $\chi^2/df<5$（小于3更佳）、GFI>0.9、AGFI>0.9、NFI>0.9、

CFI >0.9、RMSEA<0.08（小于 0.05 更佳）。三是个别变量的效度检验，检验的项目为标准化参数是否显著。

1. 顾客行为的验证性因素分析

首先，对顾客行为量表进行违规估计检验。通过表 6-22 可知，三个顾客行为变量的标准化系数在 0.631~0.831（均小于 0.95），也未出现负的误差变异，标准误差在 0.030~0.045（标准误差较小），表明建模过程没有违规现象发生，可以继续进行模型拟合度的检验。

表 6-22 顾客行为的测量模型参数估计

题项	维度	标准化系数	标准化误差	T 值	误差方差
CP1	顾客参与行为	0.732	0.044	15.131	0.029
CP2		0.774	0.030	17.217	0.035
CP3		0.786	0.037	16.054	0.036
CP4		0.813	0.034	15.211	0.031
CP5		0.742	0.039	17.739	0.017
CP6		0.721	0.036	18.316	0.023
CP7		0.655	0.042	16.078	0.028
CF1-1	服务评价行为	0.741	0.045	16.114	0.023
CF1-2		0.831	0.037	16.125	0.017
CF1-3		0.725	0.033	16.622	0.018
CF1-4		0.756	0.035	17.321	0.025
CF1-5		0.699	0.039	15.231	0.035
CF2-1	关系建设行为	0.731	0.044	19.011	0.019
CF2-2		0.724	0.041	18.433	0.021
CF2-3		0.723	0.033	17.231	0.028
CF2-5		0.756	0.032	15.378	0.021

续表

题项	维度	标准化系数	标准化误差	T值	误差方差
CC1	顾客抱怨行为	0.641	0.031	16.219	0.032
CC2		0.751	0.033	17.517	0.034
CC3		0.631	0.036	16.335	0.031
CC4		0.647	0.034	19.712	0.044
CC5		0.771	0.041	18.620	0.033

其次，进行验证性因素分析。在 AMOS 中建立三个模型：模型一为单因素模型，即顾客行为不分子维度，所有题项测量的是同一个维度；模型二为一阶四因素模型，即顾客行为由顾客参与行为、顾客服务评价行为、顾客关系建设行为、顾客抱怨行为四个维度构成；模型三为二阶单因素模型，即四个维度测量的是另一个高阶维度，即顾客行为。从分析结果来看，就模型拟合指数而言，模型三的 χ^2/df 为 2.31，低于 3，其他的指数均与样本数据拟合状况良好，这说明四个子维度测量的是顾客行为。同时，模型二的拟合指标除 AGFI 略低于 0.9 之外，其余指标都符合要求（χ^2/df 为 4.067，小于 5，仍在可接受范围）（见表6-23）。

表6-23 顾客行为的验证性因子分析结果

模型	χ^2/df	GFI	AGFI	NFI	IFI	CFI	RMSEA
模型一：单因素模型	5.051	0.864	0.736	0.876	0.844	0.901	0.115
模型二：一阶四因素	4.067	0.902	0.886	0.937	0.926	0.957	0.074
模型三：二阶单因素	2.31	0.936	0.909	0.963	0.948	0.972	0.053

2. 情感体验的验证性因素分析

首先，对情感体验（EE）进行违规估计检验。通过表6-24分析结果可知，情感体验量表中的标准化系数介于 0.689~0.772，均小于 0.95；同时，未出现负的误差变异；标准误差较小，介于 0.026~0.044，表明建模过程没有违规现象发生，可以继续进行模型拟合度的检验。

表 6-24　情感体验的测量模型参数估计

题项	维度	标准化系数	标准化误差	T 值	误差方差
EE1-1	积极情感	0.751	0.043	12.341	0.043
EE1-2		0.772	0.037	12.489	0.037
EE1-3		0.731	0.044	17.465	0.041
EE2-1	消极情感	0.738	0.026	15.634	0.033
EE2-2		0.689	0.035	13.569	0.037
EE2-3		0.719	0.041	15.478	0.029

其次，进行验证性因素分析。在 AMOS 中建立三个模型：模型一为单因素模型，即情感体验不分子维度，所有题项测量的是情感体验这一个维度；模型二为一阶二因素模型，即直接测量各个维度之间的关系，而不把情感体验放入模型当中；模型三为二阶单因素模型，即两个维度测量的是另一个高阶维度，即情感体验。分析结果如表 6-25 所示。就模型拟合指数而言，模型三的 χ^2/df 为 1.321，低于 3，而模型一和模型二的 χ^2/df 分别为 9.229 和 4.285，拟合程度较模型三更差。因此，研究结论支持模型三，这说明积极情感和消极情感两个子维度测量的是情感体验，量表符合测量要求。

表 6-25　情感体验的验证性因素分析结果

模型	χ^2/df	GFI	AGFI	NFI	IFI	CFI	RMSEA
模型一：单因素模型	9.229	0.883	0.780	0.826	0.805	0.905	0.153
模型二：一阶二因素	4.285	0.928	0.936	0.945	0.934	0.967	0.134
模型三：二阶单因素	1.321	0.980	0.984	0.970	0.975	0.976	0.025

3. 领导成员交换关系的验证性因素分析

首先，对领导成员交换关系（LMX）进行违规估计检验。通过表 6-26 分析结果可知，LMX 量表中的标准化系数介于 0.743~0.819，均小于 0.95；同时，未出现负的误差变异；标准误差较小，介于 0.016~0.041，表明建模过程没有违规现象发生，可以继续进行模型拟合度的检验。

第六章 陶瓷文化创意服务沉默行为的影响机制和中介效应

表 6-26 领导成员交换关系的测量模型参数估计

题项	维度	标准化系数	标准化误差	T 值	误差方差
LMX1	领导成员交换关系	0.753	0.041	11.216	0.023
LMX2		0.743	0.033	12.513	0.042
LMX3		0.776	0.035	10.735	0.034
LMX4		0.819	0.016	9.628	0.035
LMX5		0.802	0.026	10.852	0.036
LMX6		0.773	0.037	13.727	0.027
LMX7		0.791	0.022	11.367	0.024

其次，通过验证性因子分析发现，LMX 的单因素模型拟合指标达到了模型与数据适配良好的标准（见表 6-27），只有 AGFI 为 0.847，略低于 0.9 标准，其余指标均与样本数据拟合状况良好，例如 χ^2/df 为 2.215，小于 3 的标准值；RMSEA 为 0.033，显著小于 0.05 的标准值，这说明测量量表拟合程度良好。

此外，我们对 LMX 测量模型进行单个题项的效度检验，如表 6-26 所示，所有的标准化负荷均具有较高的显著性水平，说明该量表的题项能够较好地反映领导成员交换关系这一潜在变量。

表 6-27 领导成员交换关系的验证性因素分析结果

模型	χ^2/df	GFI	AGFI	NFI	IFI	CFI	RMSEA
领导成员交换关系单因素模型	2.215	0.914	0.847	0.924	0.935	0.947	0.033

4. 授权型领导风格的验证性因素分析

首先，对授权型领导风格进行了违规估计检验。通过表 6-28 分析结果可知，授权型领导风格量表中的标准化系数介于 0.688~0.817，均小于 0.95；同时，未出现负的误差变异；标准误差较小，介于 0.026~0.045，表明建模过程没有违规现象发生，可以继续进行模型拟合度的检验。

表 6-28　授权型领导的测量模型参数估计

题项	维度	标准化系数	标准化误差	T值	误差方差
ALS1	授权型领导风格	0.688	0.045	10.451	0.032
ALS2		0.721	0.032	9.356	0.029
ALS3		0.734	0.031	12.416	0.038
ALS4		0.814	0.037	11.572	0.038
ALS5		0.783	0.036	10.715	0.042
ALS6		0.817	0.034	8.266	0.036
ALS7		0.773	0.026	10.425	0.026

其次，通过验证性因子分析发现，授权型领导风格的单因素模型拟合指标达到了模型与数据适配良好的标准（见表6-29），只有 AGFI 为 0.861，略低于 0.9 标准，其余指标均与样本数据拟合状况良好（χ^2/df 为 1.936，小于 3 的标准值）。

此外，对授权型领导风格测量模型进行单个题项的效度检验，如表6-28所示，所有的标准化负荷均具有较高的显著性水平，在 0.688~0.817，说明该量表的题项能够较好地反映授权型领导风格这一潜在变量。

表 6-29　授权型领导的验证性因素分析结果

模型	χ^2/df	GFI	AGFI	NFI	IFI	CFI	RMSEA
领导成员交换关系单因素模型	1.936	0.921	0.861	0.907	0.937	0.944	0.025

5. 心理安全感的验证性因素分析

首先，对心理安全感进行了违规估计检验。通过表 6-30 分析结果可知，心理安全感的标准化系数介于 0.673~0.721，均小于 0.95；未出现负的误差变异；标准误差较小，介于 0.033~0.041，表明建模过程没有违规现象发生，可以继续进行模型拟合度的检验。

其次，通过验证性因子分析发现，心理安全感的单因素模型拟合指标达到了模型与数据适配良好的标准（见表6-31），只有 AGFI 为 0.827，略低于

0.9标准,其余指标均表现良好,因此心理安全感的模型拟合程度良好。

此外,在心理安全感的单个题项效度检验中,心理安全感的题项标准化系数均具有较高的显著性水平(见表6-30),在0.673~0.721,说明该量表的题项能够较好地反映这一潜在变量。

表6-30　心理安全感的测量模型参数估计

题项	维度	标准化系数	标准化误差	T值	误差方差
PS1	心理安全感	0.699	0.041	13.252	0.032
PS2		0.721	0.035	12.56	0.023
PS3		0.673	0.033	13.356	0.037

表6-31　心理安全感的验证性因素分析结果

模型	χ^2/df	GFI	AGFI	NFI	IFI	CFI	RMSEA
心理安全感单因素模型	2.426	0.901	0.827	0.924	0.936	0.941	0.033

三、理论模型与假设检验

(一)相关分析

在进行模型检验之前,先对各个变量进行相关性分析。相关性分析是对假设的初步的检验。一般来说,假设中的两个变量应该具有较高的相关性,并且相关系数具有统计意义。表6-32展示了各变量之间的相关系数。从表6-32可以看出,假设的各组关系中,相关系数都具有统计意义,因此,原始的假设得到了基本的验证。

表 6-32 基于相关系数的假设检验

	CP	CF1	CF2	CC	EE1	EE2	LMX	ALS	PS	SS1	SS2	SS3	SS4	SS5	SS6
顾客参与行为 CP	—														
顾客服务评价行为 CF1	0.332**	—													
顾客关系建设行为 CF2	0.365**	0.361**	—												
顾客抱怨行为 CC	0.064	-0.005	0.209**	—											
积极情感 EE1	0.263**	0.246**	0.071	-0.079	—										
消极情感 EE2	-0.167**	0.056	0.123*	0.053	-0.065	—									
领导成员交换关系 LMX	0.656	0.701**	0.365**	-0.035	0.215**	0.133**	—								
授权型领导风格 ALS	0.509	0.321**	0.293**	-0.033	0.044	0.121**	0.424**	—							
心理安全感 PS	0.417*	0.316**	0.246**	-0.045	0.448**	-0.008	0.395**	0.343**	—						
默许性沉默 SS1	-0.133*	-0.315**	-0.073	0.157**	-0.352**	0.125**	-0.209**	-0.137**	-0.411**	—					
漠视性沉默 SS2	-0.177**	-0.257**	-0.215*	0.067	-0.278**	0.046	-0.268**	-0.215**	-0.377**	0.356*	—				
防御性沉默 SS3	-0.243**	-0.322**	-0.203**	0.125**	-0.234**	0.076	-0.311**	-0.306**	-0.443**	0.567**	0.614**	—			
弱参与沉默 SS4	-0.298**	-0.368**	-0.057	0.109**	-0.263**	0.058**	-0.264**	-0.276**	-0.325**	0.523**	0.488**	0.624**	—		
弱文化性沉默 SS5	-0.365**	-0.301**	-0.089**	-0.044**	-0.434**	0.109**	-0.213	-0.156	-0.401**	0.389**	0.313**	0.342**	0.302**	—	
弱情景性沉默 SS6	-0.324**	-0.309**	-0.045	0.064	-0.323**	0.053**	-0.234**	-0.211**	-0.563**	0.423**	0.367**	0.463**	0.432**	0.527**	—
服务沉默行为 SS	-0.345**	-0.252**	-0.123*	0.363**	-0.352**	0.145*	-0.333**	-0.223**	-0.509**	0.645**	0.509**	0.499**	0.545**	0.675**	0.651**

注：***表示在 0.00 水平（双侧）上显著相关；**表示在 0.01 水平（双侧）上显著相关；*表示在 0.05 水平（双侧）上显著相关。

(二) 直接效应检验

考虑到不同性别、年龄、工作年限、职位等人口统计变量对员工服务行为均有相关关系，可能会影响到研究的效度，因此本节将这些变量作为控制变量，采用逐步回归的方法进行模型验证。

在这里作回归分析的目的有两个：一是为了说明各个研究变量被解释的程度，以及各前因变量对结果变量的贡献；二是为了检验模型的多重共线性问题。虽然分析中，检验了各个变量的区别有效性，但是不能给出各个变量之间潜在的关系。如果出现多重共线性，会影响分析结果。因此，本节采用逐步回归分析法，检验各种影响因素对服务沉默的影响。

1. 顾客行为对服务沉默行为的直接效应

由表6-33可知，各个因变量的解释程度较高，残差符合分布要求，各个自变量的容忍度均大于0.1，DW值都接近2，说明不存在多重共线性问题。回归分析表明，在顾客几类行为中，对一线员工服务沉默行为影响程度最大的是顾客关系建设行为（P<0.001），其次是顾客积极反馈行为（P<0.001），接着是顾客的服务评价行为（P<0.001）和参与行为（P<0.001），并且都是显著负向相关，这说明与能够直接带来一线员工积极情感体验的顾客积极反馈行为和关系建设行为相比，顾客的服务评价行为和参与行为的影响作用更缓慢、更不直接。另外，顾客抱怨行为对服务沉默行为的影响系数仅为0.121，也许在服务型企业，其对顾客的抱怨已经习以为常了，会对顾客抱怨的原因和结果进行客观分析，而对员工的服务行为影响并不大。以上研究结论证实了本书中的H1、H1a、H1b-1、H1b-1、H1c。

表 6-33 顾客行为对服务沉默行为的直接效应

因变量	自变量	系数	R^2	容忍度	DW
一线员工服务沉默行为 SS	顾客参与行为 CP	-0.266***	0.238	0.712	1.923
	顾客积极反馈行为 CF	-0.344***		0.245	
	顾客服务评价行为 CF1	-0.309***		0.302	
	顾客关系建设行为 CF2	-0.375***		0.324	
	顾客抱怨行为 CC	0.121*		0.823	
	顾客行为 C	-0.257**		0.465	

注：***表示 $P<0.001$；**表示 $P<0.01$；*表示 $P<0.05$。

2. 顾客行为对员工情感体验的直接效应

由表 6-34 可知，各个自变量的容忍度均大于 0.1，DW 值都接近 2，说明不存在多重共线性问题。回归分析结果显示，顾客几类行为均对员工的情感体验（积极情感或消极情感）具有显著影响。其中，程度最大的是顾客关系建设行为对员工积极情感，回归系数是 0.442（$P<0.01$），其次是顾客参与行为对积极情感的影响，回归系数为 0.357（$P<0.001$）并且都具有显著正向相关，这说明顾客的积极性行为中顾客参与服务生产过程、顾客服务积极评价和关系建设行为都有助于刺激员工形成积极的情感体验。另外，顾客抱怨行为对员工消极情感的影响系数为 0.237（$P<0.001$），也具有显著正相关，说明顾客抱怨作为对员工服务的消极性评价，将对员工带来负面情感体验。以上研究结论证实了本书中的 H2、H2a、H2b-1、H2b-1、H2c。

表 6-34 顾客行为对情感体验的直接效应

因变量	自变量	系数	R^2	容忍度	DW
情感体验 EE	顾客行为 C	0.287***	0.113	0.232	2.112
积极情感 EE1	顾客参与行为 CP	0.357***	0.123	0.256	2.058
	顾客积极反馈行为 CF	0.288***	0.037	0.116	1.836
	顾客服务评价行为 CF1	0.258**	0.083	0.936	1.878
	顾客关系建设行为 CF2	0.442**	0.043	0.854	2.213
消极情感 EE2	顾客抱怨行为 CC	0.237***	0.142	0.737	2.145

注：***表示 $P<0.001$；**表示 $P<0.01$；*表示 $P<0.05$。

3. 员工情感体验对服务沉默行为的直接效应

由表6-35可知，各个自变量的容忍度均大于0.1，DW值都略大于2，说明不存在多重共线性问题。同时，分析结果显示，员工在服务接触中形成的情感体验显著影响服务沉默行为，其中，积极情感（EE1）对服务沉默的影响系数为-0.413（P<0.001），具有显著负向影响；消极情感（EE2）对服务沉默的影响系数为0.277（P<0.001），具有显著正向影响。这说明员工基于外部环境因素刺激后，所形成的情感反应就像指示灯一样，对其行为具有指导作用。积极的情感体验（如成就感、愉悦感、亲近感）有助于员工在服务中展现积极面貌，抑制服务沉默行为；而消极的情感体验（如沮丧感、挫折感、郁闷感）导致顾客表现出消极性行为，形成服务沉默行为。以上研究结论证实了本书中的H3、H3a、H3b。

表6-35 情感体验对服务沉默的直接效应

因变量	自变量	系数	R^2	容忍度	DW
员工服务沉默行为SS	员工情感体验EE	-0.278***	0.267	0.245	2.011
	积极情感EE1	-0.413***		0.712	
	消极情感EE2	0.277***		0.734	

注：***表示P<0.001。

4. 领导成员交换关系、授权型领导风格、心理安全感对服务沉默的直接效应

由表6-36可知，各个自变量的容忍度均大于0.1，DW值都临近2，说明不存在多重共线性问题。回归分析结果显示，领导成员交换关系对一线员工服务沉默行为具有显著负向影响（回归系数为-0.327，P<0.001）；授权型领导风格对一线员工服务沉默行为具有显著负向影响（回归系数为-0.268，P<0.001）；心理安全感对一线员工服务沉默行为具有显著负向影响（回归系数为-0.526，P<0.001），在这三个影响变量中，员工心理安全感影响效应比另外两个更加显著。这也说明，与员工的直接性心理认知状态（心理安全

感）相比，领导成员交换关系和授权型领导风格对服务沉默的驱动影响还需要经过员工的内在"加工"，这也和本书的设想相一致。以上研究结论证实了本书中的 H5、H7、H9。

表6-36 LMX、ALS 和 PS 对服务沉默的直接效应

因变量	自变量	系数	R^2	容忍度	DW
一线员工沉默行为 SS	领导成员交换关系 LMX	-0.327***	0.368	0.712	1.975
	授权型领导风格 ALS	-0.268***		0.776	
	心理安全感 PS	-0.526***		0.753	

注：***表示 P<0.001。

5. 领导成员交换关系、授权型领导风格对心理安全感的直接效应

由表6-37可知，各个自变量的容忍度均大于0.1，DW 值都临近2，说明不存在多重共线性问题。回归分析结果显示，领导成员交换关系和授权型领导风格对员工心理安全感均具有显著正向影响。其中，领导成员交换关系（LMX）对员工心理安全感（PS）影响系数为0.385（P<0.001），授权型领导风格（ALS）对员工心理安全感（PS）影响系数为0.245（P<0.001），影响作用略小于前者。这也说明，领导成员交换关系（LMX）代表了员工与上司之间已经形成的信任和默契，比行政职务上的授权行为更加管用，尤其是对陶瓷文化创意文艺型年轻员工，构建与下属之间的良好关系将更加有助于改进员工的服务表现，有效抑制服务沉默行为的发生。以上研究结论证实了本书中的 H6、H10。

表6-37 LMX、ALS 对员工心理安全感的直接效应

因变量	自变量	系数	R^2	容忍度	DW
心理安全感 PS	领导成员交换关系 LMX	0.385***	0.247	0.790	1.963
	授权型领导风格 ALS	0.245***		0.768	

注：***表示 P<0.001。

(三) 中介效应检验

考虑到不同性别、年龄、工作年限、职位等人口统计变量对员工服务沉默行为有相关关系,可能会影响到研究的效度,因此将这些变量作为控制变量,采用逐步回归的方法进行模型中介作用的检验。

根据 Baron 和 Kenny (1986) 的方法,中介变量的检验需满足以下三个条件:①自变量的变化能够显著解释因变量的变化;②自变量的变化能够显著解释中介变量的变化;③当控制中介变量之后,自变量对因变量的影响应等于零,或者显著降低。如果自变量对因变量的影响不再显著,说明中介变量为完全中介;若影响降低,但仍然显著则为部分中介。

下面本节分别对情感体验和心理安全感在其中的中介效应进行检验。

1. 情感体验在顾客行为与服务沉默行为关系中的中介效应分析

本节采取三个步骤进行回归分析(见表6-38)。回归一:以顾客行为(C)为自变量,以员工情感体验(PS)为因变量进行回归分析,结果显示顾客行为对员工情感体验有正相关关系($\beta=0.267$,$P<0.001$),表明顾客行为对员工情感体验具有正向影响。回归二:以情感体验(PS)为自变量,以服务沉默行为(SS)为因变量进行回归分析,结果显示员工情感体验对其服务沉默行为具有显著负相关($\beta=-0.277$,$P<0.001$)。回归三:采取两个步骤,第一步,以顾客行为(C)为自变量,以员工服务沉默行为(SS)为因变量进行回归分析,结果显示两者之间具有显著负相关;第二步,同时以顾客行为和情感体验作为自变量,以服务沉默行为作为因变量进行回归,结果显示,顾客行为对服务沉默行为的回归系数为-0.199($P<0.001$),依旧具有显著影响,但是影响作用比第一步(-0.234)更弱。因此,可以推论:情感体验在顾客行为(C)与服务沉默行为(SS)之间具有部分中介作用。本书研究假设H4得到检验。

表 6-38 情感体验在顾客行为与服务沉默行为之间的中介效应分析

变量	回归1 情感体验（PS）	回归2 服务沉默行为（SS）	回归3 服务沉默行为（SS）	
			第一步	第二步
顾客行为 C	0.267***		-0.234***	-0.199***
情感体验 PS		-0.277***		-0.223***
R^2	0.149	0.165	0.067	0.112
F	37.14***	32.53***	23.124***	22.04***

注：*** 表示 P<0.001。

下面对员工情感体验两个维度（积极情感、消极情感）在顾客的三类行为（顾客参与行为、顾客积极反馈行为、顾客抱怨行为）对员工服务沉默之间的中介效应进行详细分析，验证假设 H4a、H4b、H4c。

由表 6-39 可知，积极情感体验在顾客参与行为与员工服务沉默之间只起部分中介效应。

表 6-39 积极情感在顾客参与行为与员工服务沉默之间的中介效应分析

变量	回归1 积极情感（EE1）	回归2 服务沉默行为（SS）	回归3 服务沉默行为（SS）	
			第一步	第二步
顾客参与行为（CP）	0.344***		-0.271***	-0.187***
积极情感（EE1）		-0.407***		-0.383***
R^2	0.133	0.236	0.073	0.207
F	11.562***	23.132***	34.186***	60.232***

注：*** 表示 P<0.001。

表 6-40 的回归结果证明，积极情感体验在顾客积极反馈行为与员工服务沉默之间只起部分中介效应。

表6-40 积极情感在顾客积极反馈行为与服务沉默之间的中介效应分析

变量	回归1 积极情感（EE1）	回归2 服务沉默行为（SS）	回归3 服务沉默行为（SS）第一步	回归3 服务沉默行为（SS）第二步
顾客积极反馈行为（CF）	0.284***		-0.334***	-0.286***
积极情感（EE1）		-0.411***		-0.399***
R^2	0.071	0.245	0.117	0.256
F	43.123***	23.341***	54.12***	75.160***

注：***表示 P<0.001。

表6-41的回归结果证明，消极情感体验在顾客抱怨行为与员工服务沉默之间只起部分中介效应。

表6-41 消极情感在顾客抱怨行为与服务沉默之间的中介效应分析

变量	回归1 消极情感（EE2）	回归2 服务沉默行为（SS）	回归3 服务沉默行为（SS）第一步	回归3 服务沉默行为（SS）第二步
顾客抱怨行为（CC）	0.254***		0.122*	0.107*
消极情感（EE2）		0.254***		0.114*
R^2	0.0142	0.152	0.113	0.125
F	10.124***	30.21***	45.123*	45.618*

注：***表示 P<0.001；*表示 P<0.05。

2. 心理安全感在领导成员交换关系与服务沉默行为之间的中介效应分析

为证实心理安全感在领导成员交换关系对服务沉默行为之间的中介效应，本节采取逐步回归法进行检验（见表6-42）。回归一：以领导成员交换关系（LMX）为自变量，以心理安全感（PS）为因变量进行回归分析，结果显示领导成员交换关系对心理安全感有正相关关系（$\beta=0.357$，P<0.001）。回归二：以心理安全感（PS）为自变量，以服务沉默行为（SS）为因变量进行回

归分析，结果显示心理安全感（PS）对其服务沉默行为具有显著负相关（β=-0.425，P<0.001）。回归三：采取两个步骤，第一步，以领导成员交换关系（LMX）为自变量，以员工服务沉默行为（SS）为因变量进行回归分析，结果显示两者之间具有显著负相关；第二步，同时以领导成员交换关系和心理安全感作为自变量，以服务沉默行为作为因变量进行回归，结果显示，领导成员交换关系对服务沉默行为的回归系数为-0.137（P<0.01），显著效应明显降低。因此，可以推论：心理安全感在领导成员交换关系（LMX）对服务沉默行为（SS）之间具有部分中介作用。本书研究假设H8得到检验。

表6-42 心理安全感在领导成员交换关系与服务沉默行为之间的中介效应分析

变量	回归1	回归2	回归3	
	心理安全感（PS）	服务沉默行为（SS）	服务沉默行为（SS）	
			第一步	第二步
领导成员交换关系（LMX）	0.357***		-0.327***	-0.137**
心理安全感（PS）		-0.425***		-0.533***
R^2	0.178	0.387	0.109	0.321
F	93.01***	23.434***	53.854***	25.129***

注：***表示P<0.001；**表示P<0.01；*表示P<0.05。

3. 心理安全感在授权型领导风格与服务沉默行为之间的中介效应分析

同上述研究步骤，本节采取三个步骤进行回归分析（见表6-43），回归结果显示，心理安全感在授权型领导风格与服务沉默行为（SS）之间具有完全中介作用。本书研究假设H11得到检验。

表 6-43 心理安全感在授权型领导风格与服务沉默之间的中介效应

变量	回归方程 1	回归方程 2	回归方程 3	
	心理安全感（PS）	服务沉默行为（SS）	服务沉默行为（SS）	
			第一步	第二步
授权型领导风格（ALS）	0.24***		-0.17***	-0.17***
心理安全感（PS）		-0.55***		-0.56***
R^2	0.06	0.05	0.016	0.06
F	17.39***	6.14***	21.33***	27.25***

注：***表示 P<0.001。

四、假设检验结果

实证结果表明，顾客参与行为、顾客积极反馈行为（服务评价行为和关系建设行为）对员工服务沉默行为起到重要的预测作用，员工情感体验（积极情感和消极情感）在其中起到部分中介作用；领导成员交换关系、授权型领导风格对员工服务沉默行为起到重要的预测作用，其中，心理安全感在领导成员交换关系与服务沉默中起到部分中介作用，在授权型领导风格与服务沉默中起到完全中介作用。这也证实了本书的理论构建，即一线员工服务沉默行为的两条情感驱动机制——服务情景线索驱动和组织情境线索驱动，并且分别通过情绪反应（情感体验）和心理认知状态（心理安全感）对服务沉默形成驱动影响。本书的主要研究假设都得到检验。

综上所述，本书理论假设检验的总体结果如表 6-44 所示。

表 6-44 本书相关假设的检验结果

编号	假设内容	结果
	顾客行为、员工情绪反应及服务沉默之间的关系	
H1	顾客行为对一线员工服务沉默行为具有显著影响	成立
H1a	顾客积极参与行为对一线员工服务沉默具有显著负向影响	成立
H1b	顾客积极反馈行为对一线员工服务沉默具有显著负向影响	成立

续表

编号	假设内容	结果
H1b-1	顾客服务评价行为对一线员工服务沉默具有显著负向影响	成立
H1b-2	顾客关系建设行为对一线员工服务沉默具有显著负向影响	成立
H1c	顾客消极抱怨行为对一线员工服务沉默具有显著正向影响	成立
H2	顾客行为对一线员工情感体验具有显著影响	成立
H2a	顾客积极参与行为对一线员工积极情感具有显著正向影响	成立
H2b	顾客积极反馈行为对一线员工积极情感具有显著正向影响	成立
H2b-1	顾客服务评价行为对一线员工积极情感具有显著正向影响	成立
H2b-2	顾客关系建设行为对一线员工积极情感具有显著正向影响	成立
H2c	顾客消极抱怨行为对一线员工消极情感具有显著正向影响	成立
H3	一线员工情感体验对其服务沉默行为具有显著影响	成立
H3a	一线员工积极情感体验对其服务沉默行为具有显著负向影响	成立
H3b	一线员工消极情感体验对其服务沉默行为具有显著正向影响	成立
H4	情感体验在顾客行为与其服务沉默影响中具有中介作用	部分中介
H4a	积极情感在顾客参与行为与其服务沉默影响中具有中介作用	部分中介
H4b	积极情感在顾客积极反馈行为与服务沉默影响中具有中介作用	部分中介
H4c	消极情感在顾客抱怨行为与其服务沉默影响中具有中介作用	部分中介
领导成员交换关系、心理安全感及服务沉默之间的关系		
H5	领导成员交换关系对一线员工服务沉默行为具有显著负向影响	成立
H6	领导成员交换关系对一线员工心理安全感具有显著正向影响	成立
H7	一线员工心理安全感对其服务沉默行为具有显著负向影响	成立
H8	心理安全感在领导成员交换关系与服务沉默之间具有中介作用	部分中介
授权型领导风格、心理安全感及服务沉默之间的关系		
H9	授权型领导风格对一线员工服务沉默行为具有显著负向影响	成立
H10	授权型领导风格对一线员工心理安全感具有显著正向影响	成立
H11	心理安全感在授权型领导风格与服务沉默之间具有中介作用	完全中介

五、讨论与管理启示

本章基于大样本调研获取的数据资料,对研究理论模型及相关假设进行了统计检验。首先,对大规模调研的样本选择、样本数据特征进行描述性分析。其次，对数据的质量进行了评估与检验，对量表的信度和效度进行进一步的分析。最后，采用相关分析、层级回归等方法对本书提出的理论模型进行了验证。从具体的研究结果而言，本书的先期假设都得到了支持，进而证实了研究模型的合理性。

本书立足于社会认知理论和情景事件理论，遵从"情景线索—情绪/认知—行为反应"的理论路径，打开服务接触情景作用于员工个体服务沉默行为的"黑箱"，引入心理学领域"情感体验"和"心理安全感"的中介变量，设计了"顾客行为—情感体验—服务沉默行为"和"领导行为—心理安全感—服务沉默行为"的研究框架，实证检验顾客行为和领导行为对个体沉默行为的多层次影响机理，以及情绪体验和心理安全感对于员工服务沉默行为的中介效应。研究发现：①中国情景的文化背景下"员工服务沉默行为"具有多层次内涵，与组织情境下对内沉默行为相比，融合了服务接触的交互情景的特点；②服务层面下的顾客参与行为、积极评价行为和顾客抱怨行为会显著影响一线员工的服务沉默行为，组织层面的领导成员交换关系和授权型领导风格对员工的沉默行为具有明显的预测效果；③在顾客行为影响员工服务沉默行为的过程中，员工情绪反应（积极情绪或消极情绪）起到显著的中介作用，在领导行为影响员工服务沉默行为的过程中，员工心理安全感起到了部分中介作用，情绪反应和心理安全感是员工沉默行为背后的内在动机与驱动力量。

基于此，结合本书的行业情景，在陶瓷文化创意的服务接触情景下的员工服务沉默行为治理过程中，如何有效治理服务沉默行为，本书提供了有益的管理启示：一是陶瓷文化创意管理者应充分认识到顾客行为对员工消极工作行为的影响，加强对服务接触和服务交互管理和顾客行为管理，引导顾客的积极参与行为，在陶瓷文化创意过程中，鼓励并创造机会让顾客有充分机会表达意见；同时，陶瓷创意企业要引导顾客对服务过程和陶瓷创意作品进行积极的评价反馈，尤其是陶瓷文化创意作品的本身艺术性特点，鼓励顾客对作品进行深层次的思想交流，提升服务交互互动的深度。而对于顾客的抱怨与投诉行为，企业要及时引导和疏解，创造开放的顾客意见投诉反馈平台，并且对于顾客的投诉意见进行及时回复，对于顾客抱怨原因进行客观分析，避免由于顾客抱怨投诉对员工行为造成的不利影响。二是陶瓷文化创意管理者要给予一线服务人员充分的授权和肯定，构建容错、试错的服务氛围，鼓励员工对服务情景下的问题进行充分意见表达，创造条件维持成员沟通的及时性和同步性，使团队保持适当的心理安全感和主动建言意愿，引导团队共享愿景，增强团队成员的协作意愿和责任意识，促使成员打破沉默，弱化领导行为对员工行为的负面效应。三是陶瓷创意企业管理者应在日常工作中采取干预措施，如给予员工价值认可和社交方面的关怀，创造条件激发员工的积极情感体验，构建员工在服务接触过程中形成积极情感的情景刺激举措，引导员工间的情感互动等，以最大限度地降低员工的职场孤独感和服务沮丧感。四是陶瓷文化创意管理者应充分考虑员工的心理弹性，根据陶瓷文化创意的服务情景特征识别、组织情境识别和员工个体的自身心理安全感，有针对性地开展"弹性教育"和心理安全感引导，丰富多元化员工心理弹性的干预手段。

此外，从陶瓷文化创意街区的管理视角，结合实证研究结论和理论线索，建议陶瓷文化创意街区不仅要关注陶瓷文化创意街区的硬件环境打造，更需要关注街区的文化氛围和服务情景的培育打造。例如，根据陶瓷文化创意的文艺性属性，构建更多的陶瓷文化交流平台，让顾客、陶瓷创意者、管理者以及服务人员都能够共同参与到陶瓷文化互动交流平台中，在深度的文化交流和思想碰撞当中激发深层的陶瓷文化交互体验，既能增强顾客对陶瓷文化创意街区的服务体验感，也能够满足陶瓷文化创意者对陶瓷创意作品的价值认同和积极肯定，从而促进陶瓷文化创意产业的积极良性发展。同时，作为陶瓷文化创意产业的管理者和平台提供者，创意街区要从产业管理角度，进一步规范陶瓷文化创意的行业服务规范，从陶瓷文化创意产品的内容原创、品牌培育、服务标准、行业规范以及投诉平台建设等方面进行体系化构建，强化陶瓷创意知识产权保护机制，培育浓厚的创业氛围和多样化的社区，积极打造吸引陶瓷创意人才集聚的软硬件环境，全方位支持创意阶层的引进和落地生根，激发各类各层次人才特别是"景漂""景归"人才的创新创业活力，把景德镇打造成创业的乐土、艺术的天堂和文化的高地。

第七章

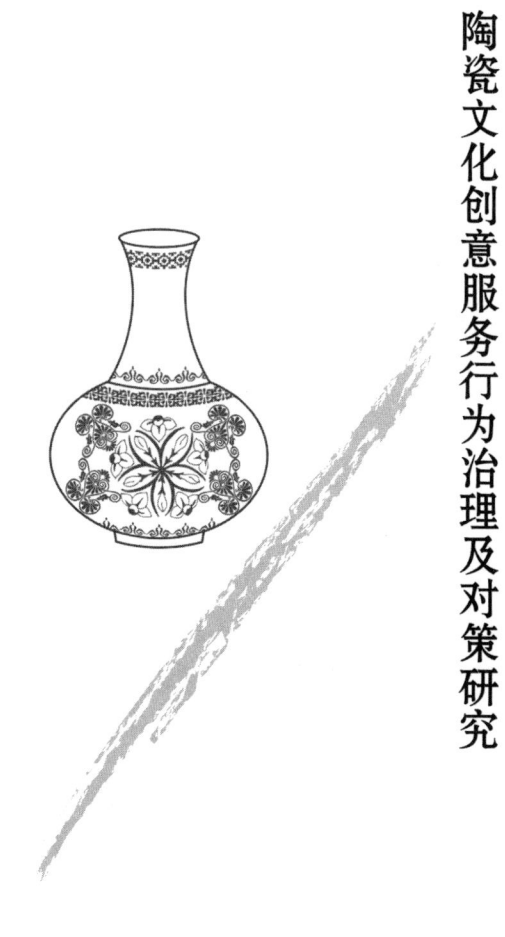

陶瓷文化创意服务行为治理及对策研究

第七章　陶瓷文化创意服务行为治理及对策研究

党的二十大报告强调"要推进文化自信自强，铸就社会主义文化新辉煌"。景德镇市作为国家首批历史文化名城、全国双拥模范城，蕴含深厚的陶瓷文化历史、人文、艺术底蕴，留有丰富的陶瓷文化遗址、工业遗迹、手工艺遗存等文化资源。2023年10月，习近平总书记在景德镇市陶阳里历史文化街区考察时强调，中华优秀传统文化自古至今从未断流，陶瓷是中华瑰宝，是中华文明的重要名片。这是对景德镇陶瓷文化的充分肯定，更是对景德镇陶瓷文化产业传承创新发展提出了新时代背景下的更高要求。因此，围绕如何推动景德镇陶瓷文化产业的高质量发展，我们需要进行更多的理论探讨和实践思考。基于此，本章结合前文理论研究和实证研究结果，从企业微观服务行为治理、园区产业生态培育和政府产业扶持建议三个层面提出相应的对策建议，以期为景德镇陶瓷文化创意服务的微观服务治理和宏观产业发展提供更多的策略指导和管理启示。

第一节　陶瓷文化创意服务交互行为的企业服务治理建议

在服务营销领域，伴随着服务主导逻辑和价值共创理论的不断发展与完善，越来越多的学者深入持续地开展服务接触、服务交互以及服务价值共创等问题的深入研究（王永贵等，2021）。顾客与企业或员工接触的过程，既是顾客参与企业服务提供的过程，同时也是顾客与企业共创价值的过程。近年来，服务营销领域中有关价值共创的研究也呈现极高的热情，关于顾客与服务型企业之间的服务交互行为治理研究也取得了丰硕的研究成果（陈国平等，2022）。

国内学者王永贵等（2021）对中国服务营销发展30年历程进行了回顾

与综述，提出了服务价值"创造—交付—提升"的三阶段模型，提取服务营销研究演进过程中的重点及热点主题。其中，在服务价值交付阶段当中，由于企业与顾客、服务人员与顾客之间发生基于设备、环境或面对面的接触，服务接触会激发顾客感知，顾客对服务的感知源于服务接触过程中顾客感知价值的实现与否、对服务质量的评判以及对整个服务接触经历的总体满意程度（王永贵、洪傲然，2019），因此，服务接触成了服务价值交付阶段的关键研究领域。此外，作为对服务接触研究的扩展和延伸，学者们还研讨了服务感知相关主题、价值共创相关主题及服务失败相关主题的研究（范秀成、王静，2014；简兆权等，2016；焦勇兵等，2020）。

在当前服务经济时代背景下，越来越多的服务型企业开始深刻意识并理解到，如何通过多样化的服务交互活动来创造卓越的服务水平和顾客体验，如何通过服务交互管理，激发一线员工的主动性服务行为来应对服务失误的不利影响，这已经成为服务企业获取竞争力的重要手段。因此，本节聚焦陶瓷文化创意服务接触的行业情景，结合前文对陶瓷文化创意服务沉默行为的探索研究和实证检验研究结论，围绕陶瓷文化创意企业如何更好地进行服务接触过程管理和服务交互行为治理等问题，从企业微观视角提出有效的对策建议。

一、树立科学服务营销理念，引导服务交互管理

在服务营销进入中国的 40 多年发展过程中，关于服务营销理念的科学认知获得了广泛的统一认同。随着中国市场经济发展，营销理念已经从以产品为中心的推销观念向以顾客为中心的服务营销观念发生转变，销售人员是关注销售量还是关注客户需求，更有利于提高自身的销售绩效，成为营销实践关注的重要问题。这两种关注点分别代表了销售人员将会采取哪种销售行为，是选择侧重销售量的销售导向，还是侧重满足顾客个性需求的顾客导向（彭学兵等，2023）。

基于前期访谈研究显示,在陶瓷文化创意服务接触情景下的服务交互过程当中,发现部分访谈对象陶瓷文化创意企业的顾客服务意识仍然淡薄,企业经营中尚未确定清晰准确的服务营销理念,还缺乏以顾客为导向的服务营销价值观。在此背景下,导致陶瓷文化创意企业在服务系统设计、服务交互管理、顾客体验管理,以及对一线员工服务行为管理等方面缺乏系统的管理规划和理念引导,尤其是很多陶瓷工作室、小作坊等小规模经营主体,在服务接触服务过程中仍然以个人经验管理和被动服务为主,由此对企业的服务产出绩效造成了不利影响。

本书认为,作为景德镇陶瓷文化产业的市场经营主体,陶瓷文化创意企业应树立正确的服务营销理念,采取有效的服务管理举措,加强服务交互过程管理:

一是树立服务系统设计理念。服务设计是以用户为中心、协同多方利益相关者,通过人员、环境、设施、信息等要素创新的综合集成,实现服务提供、流程、触点的系统创新,从而提升服务体验、效率和设计的活动(王永贵等,2021)。在服务营销研究领域,基于服务的无形性特征,促使无形服务有形化的服务设计要素(人员、有形展示、服务流程),通过故事设计或顾客情结设计的方式引导顾客购买也成为近些年来企业吸引顾客的有效方式。结合陶瓷文化创意服务情景,也就是要把陶瓷文化创意服务传递系统作为一个整体进行规划设计,从服务前台引导服务、服务中台产品推荐服务,到服务后台售后服务等全过程进行合理规划布局,实现整个服务接触全流程的无缝衔接,既提升企业对服务接触的系统性管理水平,也提升顾客对服务接触体验的感知满意度水平。

二是树立服务价值共创理念。在陶瓷文化创意服务接触情景下,服务接触离不开顾客参与,基于服务的不可分离性特征,顾客参与服务的过程也是顾客与服务企业(一线员工或有形环境因素等)进行接触,进而实现价值共同创造的过程,通过价值共创,企业和顾客都将同时提升价值。价值共创理念也成为近年来服务价值交付阶段的热点理念之一。结合陶瓷文化创意服务，本书认为陶瓷文化创意企业也应树立服务价值共创理念，鼓励和引导顾客参与到陶瓷文化创意产品的创作、评价以及交流等一系列活动当中，激发顾客的参与意愿，提升顾客感知价值。

三是树立服务交互多元理念。服务的生产、传递和消费方式随着信息和网络科技的发展正在日益改变，服务已被分为传统服务、技术支持服务和混合服务三种类型（Ganguli and Roy，2013）。当前服务交互的行为主体、交互形式、交互特征均发生了显著的变化，其中一个重要的变化趋势就是服务交互主体由单一化转变为多元化，由线下化转变为线上线下混合化（沈鹏熠等，2021）。在服务交互主体方面，顾客与员工交互对顾客评价服务体验及质量仍然是至关重要的（马颖杰、杨德锋，2014），此外还包括顾客与服务环境、顾客与顾客、顾客与自助技术设备之间的交互状态等方面（李雷等，2017；沈鹏熠等，2020），都是影响最终服务交互质量的重要因素。结合陶瓷文化创意服务情景，本书认为陶瓷文化创意企业也应认识到服务接触交互主体的多元化特征与趋势，在服务接触管理过程中，兼顾对顾客、服务环境（有形证据）、服务员工、技术设备以及顾客与顾客之间等因素的管理与控制。

四是树立顾客"体验至上"理念。在数字营销和数字经济时代，顾客获取产品信息的渠道更加多元化，对于产品或服务的选择空间更加充裕。因此，企业如何转变服务理念，要更加关注消费者对于产品、服务、环境等多种体验综合感知，要确立"体验至上"的服务理念，并将这种理念贯穿顾客体验全过程当中，包括购买前的信息搜索、购买过程中的接触以及购买后的分享。对于陶瓷文化创意服务企业，也同样需要关注顾客的消费需求满足和服务体验满足，以顾客为中心，尊重顾客的需求，在陶瓷文化创意服务过程中始终坚持"体验至上"的服务理念。例如，在信息搜索阶段，陶瓷文化创意企业可以借助大数据、机器学习等技术手段，实现陶瓷文化创意作品的精准化和多渠道投放,便于顾客获取信息;在消费购买过程中的服务接触阶段,陶瓷文化创意企业应从服务引导、产品介绍、展厅展示、沟通交流、有形环境等环节入手,致力于为消费者提供极致的体验服务;在售后服务分享阶段,陶瓷文化创意企业可以通过及时、高效的售后保障服务,以及陶瓷文化艺术座谈交流等活动,提升顾客的消费体验,强化顾客的消费口碑。

二、重视顾客服务交互行为,加强顾客兼容性管理

"兼容性"最早为计算机术语,它强调了计算机软件之间的相互配合程度。Martin 和 Pranter(1989)最早将其引入管理学,并提出了"顾客兼容性"的概念,认为顾客兼容性是指"在服务环境中顾客与其他顾客的相处程度,尤其强调了对其他顾客负面行为的容忍程度"。由于服务生产和消费不可分离的特性,使顾客需要亲身参与到服务生产及消费过程中,同时在同一服务接触现场中,顾客除与服务环境、服务设施、服务人员等发生联系之外,还同时与其他顾客产生联系。当顾客之间发生互动时,由于个体需要适应他人,因此必然会引起一系列的兼容性问题,而兼容性问题也将直接影响顾客对服务的评价和满意度(黎建新、甘碧群,2006;刘晶晶、苏朝晖,2014)。同时,其他研究也指出,顾客自身或其他顾客行为对顾客满意、顾客价值和服务接触质量存在一定的影响关系,包括顾客间互动行为(赵晓煜等,2012)、顾客异质性(刘刊、杨楠,2020)、顾客自我效能感知(王凤华等,2017)、顾客参与和顾客自我建构(焦勇兵等,2020)等,均会在不同程度上影响顾客对服务质量的感知。

同时,结合本书前面的研究结论可以发现,在陶瓷文化创意服务接触情景下,一线员工的服务沉默行为也受到了顾客参与行为、顾客积极评价行为、顾客抱怨行为的显著影响,下面将从以下三类顾客行为管理方面提出积极建议:

一是加强顾客参与行为管理,提升服务价值共创效果。当前,随着市场

结构的变化,企业正在经历由产品主导逻辑向服务主导逻辑转变的过程,在此背景下,顾客的角色、地位和价值均发生了根本性的改变,服务主导逻辑反映了企业将外部顾客内部化的过程,也是产品主导逻辑的更新与发展(刘菲、王永贵,2018)。在服务主导逻辑下,顾客的角色从传统的消费者转变为企业价值的共同创造者和能力的共同开发者(李霞、王永贵,2019)。因此,在陶瓷文化创意的特定行业情景下,陶瓷文化创意企业也应顺应服务主导逻辑背景下的顾客角色转变趋势,注重服务消费过程中的顾客参与。例如,陶瓷文创企业可以鼓励顾客参与到陶瓷产品创意设计前端,提出对于陶瓷创意作品的消费需求和个体独特的文化理解,在陶瓷创意作品创作过程中,也可以邀请顾客参与其中,全程观看创作全过程,在创意作品完成之后,可以组织对陶艺作品的文化交流、评鉴、评析活动,增强对陶瓷文化作品的深层次理解和文化互动。因此,通过顾客参与价值创造的过程,企业不仅能够获得来自顾客的创意源泉,提供满足特定需求的产品,还能够在价值共创过程中,通过提升顾客的满意度与忠诚度,建立并维持长期的良好关系。

二是引导顾客的积极反馈行为,提升服务交互质量正向评价。从建构发展的视角来看,无论是正向反馈,还是负向反馈甚至是抱怨,都是顾客对产品或服务的一种信息交流。正向反馈是员工鼓励和支持的一种来源,它暗示员工的绩效是被认可的,这样员工可能更加愉悦,从而加强了他们的创造力;负向反馈或建议显示员工的绩效是有些问题的,需要提高,因此,可能让员工的注意力投向任务本身,并提升自身学习能力、解决难题的能力等,来摆脱不愉快的外部环境。

根据前文对陶瓷文化创意服务情景下的顾客、服务人员以及服务组织的调研和访谈,笔者发现顾客对服务消费过程的积极性反馈行为(顾客服务评价行为和顾客关系建设行为)有助于提升一线员工对服务过程的质量评价,激发更多的服务过程中的主动性行为,从而抑制服务沉默的产生。因此,结合陶瓷文化创意服务情景,本书建议陶瓷文化创意企业应重视对顾客评价交流平台的建立，在服务接触过程中，有意识地引导顾客对服务消费过程、购买产品、服务环境、服务人员以及其他服务体验进行反馈评价，也作为企业进一步改进服务质量的重要依据。同时，在服务接触过程中，要积极正面应当顾客的反馈评价，并且通过一线服务人员第一时间予以回复，在服务价值创造和服务传递过程中及时调整服务行为，改进服务措施。

三是重视顾客抱怨及服务补救，提升一线员工服务体验。顾客抱怨，意指顾客在购买产品或者服务时感受到不满意的状态下采取的一系列行动或者非行动反应（Fornell and Wernerfelt，1987；Singh，1988），是顾客为了改变不满意状况而做出的努力。在以不确定性和相互依赖为特征的服务工作环境中，员工作为顾客抱怨的最直接负责人和接触者，顾客抱怨也将对一线员工行为产生显著的影响。例如，Bell 和 Luddington（2006）认为，顾客抱怨会降低员工的顾客服务承诺。Jerger 和 Wirtz（2017）认为，顾客抱怨能够让员工产生即时的愤怒，并影响后续的服务恢复行为。Loo 等（2021）构建出"认知—情绪—行为"综合模型，认为员工处理顾客抱怨历经认知初次评估、情绪启发、情绪调节、情绪应对和行为处理，继而可能产生积极行为（如倾听）或者消极行为（如忽视）。刘德文等（2023）通过对352份酒店业配对样本和106份实验样本的数据分析，研究发现顾客抱怨和员工角色外和角色内服务行为均存在正关联。由于顾客抱怨虽然包含对员工现有服务过程的低评价和对员工既有工作观念的不认可，但更多地直击服务的持续改进点（Shin and Larson，2020）。因此，结合本书研究情景，本书认为陶瓷文化创意服务企业应充分鼓励顾客的倾诉和抱怨，并让员工充分接触这些抱怨，鼓励顾客以合适的方式和员工交流服务的反馈点和痛点。同时，企业管理者应积极打造兼具包容和鼓励的组织文化来帮助员工应对顾客抱怨，增加员工的自由裁量权，让员工可以更多地和顾客进行接触以响应其抱怨，尽量避免形成防御性服务沉默。

三、加强企业服务系统设计，赋能服务价值的传递

随着我国由工业经济时代向服务经济时代迈进，服务提供的复杂程度不断提升，服务同质化现象日趋严重，越来越多的企业营销人员开始关注服务设计，将基于全流程的服务设计作为创造价值和提升服务质量的重要方式（王永贵等，2021）。现有研究也充分论证了在服务接触及服务传递过程中，除员工与顾客之间、顾客与顾客之间的交互行为之外，还存在包括顾客与服务环境、顾客与服务企业之间的多元交互活动，也受到了服务环境、服务氛围、领导授权风格、组织信任以及制度、流程等要素的影响（陈国平等，2022）。

在本书研究中，前期通过对陶瓷文化创意服务沉默行为的驱动机制的探索研究和实证检验，也证实了一线员工服务沉默行为受到了来自组织情境线索的影响，如服务氛围、对员工支持、信任及授权等组织情景因素，并且将领导授权风格和领导—成员交互关系作为前因变量纳入分析框架中进行了实证检验。这些组织情境因素并不是单单体现在某次独立的服务接触活动中，而是服务型企业在长期经营过程中固化下来的持续性、约定俗成的特定组织文化或观念。因此，结合陶瓷文化创意服务情景视角，本书将从企业服务系统设计和服务环境优化等方面提出治理建议：

一是创造宽松的员工感知服务氛围。员工感知的服务氛围，是指员工共同感受到其供职企业对服务质量的重视，这种感知的来源是以服务质量为中心的政策、商业实践和程序体验及来自企业的奖励和支持（Schneider et al.，1998）。在以零售、酒店为代表服务行业的服务现场中，经常发现很多企业要求服务销售人员根据消费者的特点进行个性化、差异化的服务处置，服务系统设计的复杂性就体现在这种个性化处理与经典的活动控制和结果控制的冲突上。那么，一线服务人员如何才能有效地达成最佳的服务销售目标，是否在执行服务系统控制所要求的标准规范的同时，能够具备一定的灵活主动

的服务权限。这就涉及员工在面临顾客长期利益和公司短期利益的道德冲突时的选择与组织的整体服务氛围。结合陶瓷文化创意服务情景,本书建议陶瓷文化创意企业,一方面要规范公司的整体服务流程和服务规范,以确定性的销售控制系统指导日常的服务作业活动;另一方面,要根据陶瓷文化创意产品服务或销售的独特性,在服务规范标准基础上,适当给予一线服务人员更多的授权空间和服务氛围引导,形成一种支持灵活行动的服务氛围感知。具体而言,通过对服务人员的能力培训,可以帮助服务人员更好地对情景进行处理,帮助提升服务人员对顾客需要的判断能力,提升销售人员权变的能力,在企业组织系统内形成一种以顾客利益为先的服务氛围,兼顾顾客的长期利益与企业短期销售业绩。

二是培育支持员工主动性行为的领导行为。本书研究结果表明,在领导行为中,领导成员交换关系(LMX)和授权型领导风格(ALS)对于员工沉默具有直接的预测作用,领导成员交换关系对一线员工服务沉默行为具有显著负向影响(回归系数-0.327,P<0.001);授权型领导风格对一线员工服务沉默行为具有显著负向影响(回归系数-0.268,P<0.001)。上司表现出的信息共享和展示关心会使员工沉默程度明显降低,领导授权行为有利于营造信任和谐的组织氛围,并直接或间接影响员工参与管理的积极性。因此,结合陶瓷文化创意服务情景,本书认为陶瓷文化创意企业应在企业内部加强对管理者授权型领导行为的引导与要求:第一,可以在管理中采用有关领导授权行为的360度评价工具,以帮助识别管理者的胜任特征,并有针对性地引导管理者的个体发展。第二,结合中国文化情景和文化差异,鉴于受权力距离较大的文化因素的影响,大多数员工会习惯性保持沉默,员工就逐渐丧失与管理者沟通的意识和技能。为此,培养员工向上沟通的技能是很有必要的。当员工可以正确评估来自管理者的信息,并且具备支持性技能来帮助其完成与管理者的沟通时,员工就会有更多参与管理的行为出现,这对于组织的健康发展是很有价值的(时勘等,2012)。

三是加强对服务接触中有形环境要素的系统规划。Grönroos（1990）在其研究文献中认为，包括嗅觉、视觉、听觉等无形环境、氛围以及有形环境在内的服务环境是衡量服务交互质量的重要维度。其中，有形展示是服务设计中促使无形服务在顾客头脑中"可视化呈现"的重要途径。服务设计的目标是构建一种关系，而这种服务关系包含服务提供者、服务接受者以及服务接触点，也就是人、环境、服务本身相互作用。在企业设计服务传递系统过程中，环境要素既是服务设计的重要内容，也对服务产出绩效水平起到了至关重要的作用。由于环境会引起情绪响应，影响人对环境的感受、行为，因而了解和把握环境因素对人在使用服务设施过程中产生的感知，充分利用环境中的有形和无形要素，营造出更加合理的服务环境，将有助于顾客建立和维持相对愉悦的服务体验。结合陶瓷文化创意服务情景，本书认为，陶瓷文化创意企业应加强对服务接触服务系统中有形环境要素的规划设计，通过对有形环境要素的系统设计，用以展现陶瓷文创产品的独特艺术特性，也能够提升顾客对服务接触服务质量的感知体验水平。例如，在陶瓷文创产品服务销售场景下，企业可以合理规划展品展厅设计，包括接待服务区、展厅布局、空间通道、展品陈设、灯光声乐、服务设施、自助设备、宣传物料以及服务人员服装、道具、形象等。尤其是陶瓷文化创意作品本身就具有鲜明的文化艺术特征，每一部作品都凝聚了艺术创造者的艺术成果，在特定的外部环境氛围情景下，能够对其进行更加生动、形象的价值展示和宣传推荐，也有利于顾客对陶瓷作品进行深入的服务评价，助力陶瓷作品的价值共创与价值传递。

四、关注一线员工情感体验，激发员工主动性行为

在当前服务营销的新背景下，面对顾客服务需求呈现多样化、个性化的上升趋势，一线员工传统的被动反应式行为以及沉默性消极行为对于提升顾客服务体验的作用已受到明显限制，需要员工跳出角色设定，做出更加积极

的主动服务行为（董雅楠等，2022）。作为服务沉默行为的另一面，主动服务行为是指一线员工自发、长远取向和持久的角色外服务行为（马跃如、胡羽欣，2023）。这种兼具"主动性"和"服务导向"双重特性的员工行为能够在无领导条件下主动突破角色约束，为顾客提供超预期的服务，提高顾客满意度和服务绩效，有助于组织获得竞争优势以实现持续发展的目标。

在本书研究当中，本书从"情绪反应"和"心理认知"两条中介影响路径出发，构建了"顾客行为—情感体验—服务沉默行为"和"领导行为—心理安全感—服务沉默行为"的研究框架，并且实证检验了情绪体验在顾客行为与员工服务沉默行为之间的中介效应，以及心理安全感在领导行为与员工沉默行为之间的中介效应。其中，心理安全感在领导成员交换关系与服务沉默中起到部分中介作用，在授权型领导风格与服务沉默中起到完全中介作用。因此，结合陶瓷文化创意服务情景，研究对一线员工服务沉默行为的治理建议，就需要关注一线员工的情感体验和心理安全感，采取积极措施规避员工的沉默行为发生，激发更多主动性行为。

一是重视一线员工积极情感体验。前文实证研究表明，一线员工在服务接触情景下的服务情感体验受到了来自顾客行为（积极评价或消极抱怨等）的影响。顾客的积极性服务评价或赞许行为是对一线员工的服务表现的正面反馈和积极肯定，由此将刺激形成一线员工的愉悦、工作满意感等积极情感体验。反之，当顾客表现出服务抱怨行为或服务批评行为时，反映了顾客对一线员工服务输出水平的负面反馈，将导致一线员工的工作沮丧感、烦躁等消极情感体验。同时，本书研究也表明，一线员工的服务行为在很大程度上受到他们情绪状态的影响，由于不能得到来自顾客的积极评价与肯定，员工的挫折情绪会让员工在服务过程中产生退缩和回避性行为（吴松等，2023），如员工在面对顾客需求或服务问题时保持沉默。因此，结合本书陶瓷文化创意服务情景，本书认为，改善和优化陶瓷文化创意服务交互治理问题，首先要解决一线员工的情感体验问题，引导顾客对陶瓷文化创意作品进行积极的评价，深入进行陶瓷文化创意创作过程的深度沟通和思想交流，让陶瓷创作者获得更多的情感体验和成功感，才能激发更多的主动性服务行为，提升整体服务产出绩效和顾客服务体验；其次，要加强对陶瓷文化创意者或服务提供者的情感疏导和情感关怀，除了在顾客层面给予积极评价之外，还可以获得来自企业内部领导、同事、同行或者其他艺术家的鉴赏推介，提升积极的情感体验。

二是重视一线员工的心理感知安全。作为塑造人们在工作场所中如何表现自己的心理条件之一，心理安全是员工能够自由展示和表达自己，不用担心对自我形象、地位或职业产生负面影响的一种内在心理状态（张春梅、苗仁涛，2023）。很多员工在面对组织关键问题时往往选择沉默，不愿意建言献策。在这种环境中，更需要心理资本这种动态的心理资源来助力其"发声"。本书研究表明，一线员工在领导行为与员工沉默行为之间，通过心理安全感发生中介作用。因此，结合陶瓷文化创意服务接触情景，本书认为陶瓷文化创意企业要改进一线员工服务沉默行为，就需要重视一线员工的心理安全感，增强员工的心理资本。例如，通过制定明确的绩效考核与建设性反馈、激励性薪酬策略，激发员工的积极心理状态，使员工感受到清晰、明确的组织规范，保障自己的正当利益，感受到组织公平，进而产生积极行为。而心理资本作为一种动态的心理特征，企业可以通过组织培训开发、员工参与等组织支持手段，有效增强员工获取和提高心理资源。例如，企业管理人员加大对一线员工的授权，构建服务容错机制，传达企业对员工的关心、重视和支持，增强员工的组织支持感，可以有助于提升员工心理安全感。

三是加强企业人力资源管理策略建设。相对于立足领导行为风格的"人治"情境线索，战略人力资源管理行为视角认为，人力资源管理策略作为一种制度上的硬手段（彭坚等，2020），是企业实施的、规定员工行为的正式管理规则和程序，具有可视性、可理解性和共识性特征（贾建锋等，2023），能够为个体决策提供明晰的情景线索，在实践上形成有效的制度化抓手，是企业员工建言行为规范塑造的有效举措（符纯洁等，2023）。结合陶瓷文化创意服务接触情景，本书认为陶瓷文化创意企业可以通过更加系统规范的人力资源管理策略建设，强化一线员工在服务接触活动当中的主动性行为，可以通过"能力提升实践"和"动机提升实践"两种渠道：第一，陶瓷文化创意企业可以组织员工开展能力提升实践活动，通过共享组织信息、轮岗和工作扩大化等方式，帮助员工提升对服务情景的全局思考能力和主动服务能力，通过参观优秀企业让员工学习先进模式和前沿实践、借助企业培训提升员工专业能力和沟通能力等，从而提升员工完成服务接触活动的相关技能、知识和经验。第二，企业可以组织员工建言的动机提升实践活动，通过"合理化建议"制度、"合理化改善"专项实践，鼓励员工对服务接触活动提出更多积极的建议，及时反馈、公正评比与奖励"改善项目"、公开表彰与认可获奖提案、落实和推广合理化建议，将"尊重""民主"的管理理念变成可见可感的制度规范，充分传递组织对员工智慧的期待和尊重，确立建言行为在组织内的合法性，由此提升员工对建言行为的效能感、意义感和成就动机。

第二节　陶瓷文化创意产业生态发展的园区管理建议

景德镇陶瓷文化产业具有得天独厚的产业优势和资源丰富的产业基础，近年来，在国家的大力发展政策扶持下，景德镇陶瓷文化创意产业获得长足的发展，已经形成了以陶源谷、陶阳里、陶溪川、名坊园为代表的一批优质产业聚集区。因此，本书在探讨陶瓷文化创意服务的微观服务接触治理建议之外，还需要从园区管理和产业发展视角，探讨如何促进陶瓷文化创意产业生态圈建设的积极建议。

一、明确产业功能定位，聚焦陶瓷文化独特价值

现有研究认为，创意产业集聚区不同于传统制造业集聚区，传统制造业集聚区主要表现为经济溢出、技术溢出，而创意产业集聚区除经济溢出、技术溢出外，还有很重要的文化溢出（杨永忠等，2011）。在创意产业集聚区的消费场景中，消费者往往会充满兴趣地一次次流连于创意产业集聚区，甚至参与合作创造，其行为不仅仅是经济偏好、技术偏好，更是一种文化偏好。消费者在创意产业集聚区获得的不仅是经济效用、技术效用，还获得了文化效用，即消费者通过参观、参与，也能够获得对自身潜在的文化身份的一种追求和认同。因此，创意产业集聚区对社会和国民的发展，均具有制造业集聚不可替代的重要意义和独特特征，文化与经济、技术的有机融合既是创意产业重要而独特的产业特征，也是创意产业集聚区重要而独特的空间特征（方立峰、王颖晖，2011）。

景德镇陶瓷文化与创意及产业发展成为景德镇城市文化一道亮丽的风景线。对于景德镇的各个陶瓷文化创意产业集聚区来说，陶瓷文化的符号印象既是产业发展的源泉，更是产业集聚区的显性功能定位。景德镇陶瓷文化产业必须向其个性化方向发展，融入新时代背景下的陶瓷文化新内涵，深刻探究景德镇陶瓷文化创意发展的特色路径（胡林荣、刘冰峰，2018）。因此，本书建议，景德镇陶瓷文化创意聚集区要保持陶瓷文化的文化特性，这是景德镇发展陶瓷文化创意产业的基本特色。在陶瓷文化产业聚集的功能定位方面，具体建议如下：

一是突出陶瓷文化产业集聚政策的融合性。与文化产业的集聚单纯地突出文化性不同，也与制造业的集聚强调经济与技术的结合不同，文化创意产业的集聚，更加突出文化与经济、技术的有机融合，由此才能构成创意产业集聚政策的鲜明特性（杨永忠等，2011）。因此，景德镇陶瓷文化创意产业集聚发展也应体现产业集聚的文化、技术、经济的功能融合性。一方面，文

化与经济的融合发展已经成为引领经济发展的新的引擎，陶瓷文化创意产业集聚区正是产品、企业、产业以及区域层面实现文化与经济融合发展的重要平台；另一方面，技术与文化的关系也经历了从排斥到吸收的发展过程，目前正成为催生文化发展的重要动力，以数字技术、先进陶瓷为代表的新技术正在陶瓷文化产业领域产生越来越广泛的应用，陶瓷创意产业集聚已经成为文化与技术融合的重要渠道和平台。

二是突出陶瓷文化创意产业集聚政策的包容性。陶瓷文化创意产业集聚区的建设需要融合发展，才能形成具有活力的创意产业集聚空间，创意产业必然需要一种包容性发展，相应地要求具有较强包容性的创意产业集聚政策。创意产业集聚政策的包容性，本质上体现了对文化差异性的尊重，反映出创意产业不同于文化产业，又源于文化产业的内在特征。创意阶层来到景德镇发展，其并不是单纯取决于景德镇是否拥有更为丰富的就业机会，而在于融入景德镇陶瓷文化创意产业的"低门槛"。正是由于景德镇具有较高水平的包容度，才能吸引外地创意阶层与本地市民结成了较为紧密的联系，更快地融入陶瓷文化创意产业之中。在这种高包容度的环境中，创意阶层得以蓬勃发展，不断地发现自我、解放自我和塑造自我，创意最终不断地被激发出来（李海东、陈好文，2021）。

三是突出陶瓷文化创意产业集聚政策的开放性。陶瓷文化创意产业集聚是一种开放的聚集空间，以其产业基础优势、文化优势、人才优势以及政策优势等，吸引众多的产业主体参与其中，共同推动了创意产业集聚区的演化发展。相较于制造业集聚区、文化产业集聚区，创意产业集聚区的空间边界具有更大的模糊性，陶瓷文化创意集聚区所展现的创意空间、社区空间、学习空间的不断融入与延伸，才能促进文化创意集聚区的良性发展。因此，陶瓷文化创意产业的集聚政策必须具有开放性，才能推动创意产业集聚区在各个有机主体之间深度互动融合，让新奇思维和创造能力在聚集区内自由迸发。

二、加强产业生态建设，构建陶瓷文化产业生态

作为经济发展的一个新的增长点，创意产业是区域发展需要重点培育的战略性产业。现有研究表明，创意产业集群是通过竞争、互利共生、寄生等生态运动过程形成的众多产业主体的共存状态，创意产业集群也是基于内部的资源聚合和外界的要素供给，相互关联的众多创意企业以及相关专业机构在特定地理空间集聚而形成的集合（段杰、龙瑚，2017）。借鉴组织生态理论，也有研究认为，创意产业集群的形成过程与生物种群具有相似性，创意产业集群的形成需要适宜的生态环境和良好的企业生态互动，以保证整个创意产业集群生态系统的稳定性。因此，在借鉴组织生态理论的基础上，本书认为景德镇陶瓷文化创意产业的生态发展需要探究陶瓷文化创意产业集群与区域生态内部主体和生态外部环境之间的多元互动关系，探索创意产业集聚发展的背景下，景德镇陶瓷文化创意产业生态圈建设的有效路径，这也有助于改变传统经济发展模式，对于实现陶瓷文化经济转型发展具有重要的现实意义。

一是加强产业内部主体的良性互动，形成良好产业生态联系。根据研究显示，创意产业集群形成机制包括竞争、互利共生和寄生三种方式（段杰、龙瑚，2017），陶瓷文化创意产业集群的形成和发展，也需要充分发挥多元参与主体在竞争和互利共生之间的复杂运动关系，维持产业多元主体（企业）的良性互动。一方面，要保证集群内企业的适度竞争，激励陶瓷文化创意企业在陶瓷产品创造方面保持竞争，激发陶瓷创意阶层积极开展新品研发，提升产品原创能力，同时也使整个陶瓷文化创意集群充满活力，形成"百花齐放"的良性竞争态势。同时，本书认为陶瓷创意集聚区内的相互切磋、相互竞争、相互交流的竞争氛围既有利于增加陶瓷创意产品或服务的需求，也有利于形成产业集聚区的口碑效应。另一方面，陶瓷创意集聚区的参与主体应结合各自在产业生态圈的相对位置关系，加强企业与企业之间、个体与企

业之间、个体与个体之间的分工合作,加强产业集群内部的上下游产业链的互动互联,有效地利用彼此间提供的能量来促进自身发展,实现共同进步,进而促进陶瓷创意产业集群的深度演化发展。

二是促进产业外部资源的平衡联动,维持集群生态系统的动态稳定。在创意产业集群生态系统中,由内向外依次为内部核心区域、紧密层和外围松散环境三个层次(张艳辉,2007),形成以创意产业为主导种群,以中介、金融机构等为辅助产业种群,政府公共部门种群及其他相关种群融合而成的产业集群。其中,陶瓷创意产业集群也有类似的三层结构形态。要促进陶瓷创意产业集群的生态发展,就是要维持整个生态系统的稳定,将这三个层次串联起来,尤其是需要保持产业内部主体与产业外部环境之间的平衡联动。而这一稳定具有动态性,这一动态性体现在当生态系统内某一因素发生变动时,则原生态系统的平衡将会被打破,并开始寻找新的平衡状态。因此,本书建议,陶瓷文化产业集群管理单位应加强对产业生态集群的外部资源引入与联动,为陶瓷文化产业发展积极向外部引入技术、人才、资金、政策以及其他诸多资源能量,并与集群内的创意企业保持联动关系,挖掘创意思想,生成创新产品,使整个组织生态系统长期维持,实现动态平衡,从而带动陶瓷文化创意产业集群的整体进步。

三是注重外部资源要素的营养供给,构建适宜产业生态环境。良好的生态环境能够为创意产业集群的形成提供大量有价值的"营养物质"。李丹等(2013)认为,创意产业生态环境由多种生态因子构成,它们之间的相互作用能够培育良好的组织生态环境,为创意企业的成长助力,包括该区域的宏观经济环境、公共环境、制度环境以及人才环境、资金环境等。因此,结合景德镇陶瓷文化创意产业的生态发展,本书认为应从不同方面对生态环境进行培育:第一,在空间载体方面,依托景德镇陶瓷文化遗存资源布局和市场要素,重点打造陶源谷、陶阳里、陶溪川、名坊园等陶瓷文化特色集聚区,强化载体的空间布局,增强发展的连贯性。第二,在技术与文化方面,积极培育陶瓷文化创新氛围，以产业集聚区为主体推动陶瓷创意阶层的创意研发活动；强化陶瓷创意知识产权保护机制，保障创意阶层的经济权益；加强数字化建设和先进陶瓷发展，实现科技与文化深度融合发展。第三，在人力资源方面，重视景漂人才留存和培育发展，充分利用景德镇陶瓷大学等高等院校资源，加强园区人才与高校、科研院所、企业之间的产学研联合培养；完善人才引进制度，提高陶瓷人才综合素质。第四，在宏观社会背景方面，丰富创意产品，扩大消费市场；加快基础设施建设，发挥制度优势；加大财政投入，提升创意氛围；加大对创意阶层的创意投资，推动创意成果商业化落地。

三、加强产业园区建设，激发陶瓷文化园区活力

近年来，景德镇陶瓷文化产业集聚区虽然获得了长足的发展，以陶溪川为代表的特色陶瓷文化街区斩获诸多奖项。但是，反观客观实际情况，也不能忽视景德镇的部分产业集聚区仍然存在企业主体分散、企业实力不强，陶瓷龙头企业仍然较少等客观困境。因此，作为陶瓷文化创意园区的管理单位，非常有必要聚焦园区的产业主体培育工作，思考如何促进园区内的诸多市场主体做大做强，只有园区企业主体的逐步强大起来，才能进一步带动整个园区的高质量发展：

一是聚焦产业主体的培育发展，发挥龙头企业的带动作用。目前，景德镇尽管满足陶瓷消费个性化需求的小作坊星罗棋布，但是规模化、标准化生产的现代化大企业却凤毛麟角，在国际上"叫得响"的品牌匮乏，难以形成大产业的格局，这与景德镇国际瓷都的品牌声誉存在一定差距。为此，本书围绕园区的市场参与主体、创新研发平台和陶瓷创新业态建设等方面提出以下建议：第一，要培育高水平的市场参与主体。各个园区要积极培育若干陶瓷行业龙头企业，支持优质陶瓷企业上市，打造知名的国际品牌，引进国内外优质的陶瓷企业转移落户。第二，要构建高水平的创新研发平台。各个园

区要顺应创建景德镇中国陶瓷文化传承创新试验区的良好契机，深入推进体制机制创新，建设陶瓷科技创新中心、陶瓷创意设计共享平台以及陶瓷材料先进制造中心，探索新材料、新设备、新工艺、新技术在陶瓷设计和生产中的创新应用。第三，要培育高效益的陶瓷新业态。各个园区要围绕陶瓷文化产业链的价值创造过程，完善陶瓷文化的产业链，开发陶瓷文化衍生品，重点发展艺术陶瓷、高技术陶瓷、高档日用和建筑卫生陶瓷、陶瓷材料和智能制造、陶瓷创意与设计、陶瓷博览交易、陶瓷文化旅游、陶瓷产业链金融服务等产业集群。

二是聚焦产业业态的融合发展，推动陶瓷文化园区的内涵提升。景德镇陶瓷文化的发展成绩，正是通过一系列"陶瓷+"的融合发展，打造陶瓷产业链、创新链、价值链，才推动陶瓷文化产业形成"从分散到集中、从低端到高端"的发展格局（郭建晖等，2019）。结合景德镇陶瓷文化创意街区发展需求，本书提出以下建议：第一，推进"陶瓷+艺术"的创作融合。鼓励将更多的文化、艺术、设计、生活元素融入陶瓷创作当中，突出景德镇陶瓷产品"艺术陶瓷生活化、日用陶瓷艺术化"的特色，进一步丰富景德镇陶瓷艺术的艺术创作价值。第二，推进"陶瓷+产业"的业态融合。各个园区要融合发展成为集陶瓷艺术创新、陶瓷文化科研、陶瓷创客创业、陶瓷教育培训为一体多功能创意街区，推动陶瓷跨界融合发展，推动创意设计及科技成果转化，发展陶瓷文化衍生品，把景德镇打造成为国际知名的陶瓷文化全产业链创新高地。第三，推进"陶瓷+互联网"的数字融合。景德镇陶瓷文化产业与互联网的深度融合非常活跃，促进了电子商务呈爆发式增长。未来，景德镇各个陶瓷文化创意街区仍需要深入推进陶瓷电商、陶瓷直播、陶瓷数字化建设，促进陶瓷文化创意产业的数字化转型发展。第四，推进"陶瓷+旅游"的文旅融合。景德镇是中国独有的以陶瓷文化为特色的旅游城市，景德镇要充分整合陶瓷文化资源，打造陶瓷主题景区，加快建设旅游名城，依托联合国海陆丝绸之路城市联盟、国际友好城市旅游联盟等平台，经常举办博览会、文化交流、学术研修、游学培训等活动,促进景德镇陶瓷文化产业与旅游产业的融合发展。

三是聚焦产业基础的系统发展,巩固陶瓷文化园区的发展优势。近年来,景德镇陶瓷文化产业具有历史底蕴深厚、产业体系完整、人才资源丰富、创新基础扎实、发展前景广阔、国际影响广泛等诸多优势(郭建晖等,2019)。这些优势也为景德镇各个陶瓷文化创意园区发展奠定了扎实的基础。未来,聚焦景德镇陶瓷文化创意园区的高质量发展,仍然需要继续巩固各个园区的产业发展基础。为此,本书提出以下建议:第一,加强产业园区的规划设计和业态布局,优化各个陶瓷文化创意园区之间的差异化功能定位,避免同质化竞争和资源浪费。第二,加强产业园区的服务环境和服务氛围建设,从园区管理角度出发,有意识地引导园区企业主体的服务意识,形成陶瓷文化街区的独特品牌声誉和品牌口碑,全力打造高水平的服务导向型的优质创意街区。第三,加强产业园区的法治建设和制度建设,促进行业协会运作的规范化和制度化,能够有效地遏制弄虚作假的不良行为,不断健全和完善切实可行的规章制度,促进行业协会发挥自身中介功能,在日常工作和事务的处理中变得有章可循,继而规范自身的行为,使相关的经营活动可以有序进行,提升园区服务组织的服务效率和综合能力。第四,加强产业园区的人才培育和人才开发,充分利用景德镇陶瓷院校和陶瓷艺术研究的人才优势,整合各级陶瓷研究所、艺术院校等资源,合作培养陶瓷创新人才,加快补齐职业技能培训短板,大力培育高技能陶瓷人才,推动陶瓷产品和服务的品质革命,密切与国内外高端教研机构交流合作,着力引进一流艺术设计大师,打造世界陶瓷人才集聚高地。

第三节　景德镇陶瓷文化创意产业发展的政策扶持建议

陶瓷文化创意产业发展除在微观层面的服务治理优化和中观层面的园区产业生态培育之外，更需要政府从产业宏观层面给予陶瓷文化创意产业的政策扶持。本节以景德镇陶瓷文化创意产业的高质量发展作为目标，从景德镇政府职能管理角度，提出积极的产业扶持建议。其中，作为建设景德镇国家陶瓷文化传承创新试验区的主力军，本节将重点围绕以陶源谷、陶阳里、陶溪川、陶博城、陶瓷工业园区（名坊园）为代表的"五陶"产业基地建设问题，从体制创新、资源整合、融合发展、数字赋能等方面探索政府扶持建议。

一、加强体制机制创新，强化政府产业推动作用

一是进一步明确政府、社会、市场在陶瓷文化交流的技术研发、生产设计、合作交流、外销贸易等领域的职责，形成陶瓷文化交流和国际贸易融合发展的互动机制。要推动陶瓷文化"走出去"的大战略，除各级政府在其中的主导规划和牵引推动之外，更要激活社会、市场的不同微观主体的主观意愿，积极构建多主体、多领域、多层次协同参与的陶瓷文化传承创新发展网络体系。

二是进一步利用好与国家发展和改革委员会、商务部、外交部、文化和旅游部等国家部委的常态化协调沟通机制，推动国家试验区支持政策和资源的有效整合。更大力度地加强与国家各部委层面的政策衔接和政策运用，联合开展景德镇陶瓷文化交流、文化贸易、文化展览等领域的国际性高端权威活动。更大深度地融入国家"一带一路"倡议，用足用好 30 多个国家试点

示范政策，推动景德镇与沿线国家的大开放、大交流、大合作，成为共建"一带一路"国家文化交流重要载体和展示中华古老陶瓷文化魅力的名片。

三是进一步构建新型研发机构体系，强化政产学研用金协同创新，建设一体化陶瓷科技、文化的研发推广机制。构建景德镇陶瓷文化产业的创新生态，进一步厘清创新生态系统中不同参与主体的角色定位，进一步构建协同创新的有效模式，发挥协同创新的整体效能，既要秉承传统的文化遗产、制瓷工艺，又要陶瓷创新发展，为陶瓷复兴发展提供智力支撑、人才支持和创新支持。

二、加强资源整合开发，提升陶瓷文化产业优势

一是强化"五陶"项目的差异化定位。围绕景德镇陶瓷文化传承创新的整体格局思路，对景德镇现有优势资源和典型项目进行统筹功能定位，汇聚资源优势集中打造各个项目的特色优势。例如，围绕陶阳里的遗存资源优势，重点打造陶瓷文艺遗存资源开发力度；围绕陶源谷的"景漂"创意人才聚集优势，重点打造陶瓷文化创意设计及艺术交流聚集区；围绕陶博城的陶瓷贸易平台优势，重点打造陶瓷产品贸易和对外交流的新平台。

二是加强"五陶"项目的内部资源优化布局。从空间布局优化、业态布局优化、功能布局优化等方面进行综合考虑，坚持短期效益与长期发展的统一，文化传承与经济发展的统一，对内交流与国际交流的统一，鼓励园区内商圈结合各自特色，开展特色化、沉浸式、互动式的陶瓷文化产品供给体系建设。

三是加强陶瓷的文化性、精神性挖掘开发。从陶瓷"器物之美"上升到文化"精神之美"，提炼具有陶瓷文化个性、中华文化属性、世界文化共性的精神标识。坚持以景德镇陶瓷文化作为塑造品牌核心价值的活力源泉，提炼贴合景德镇陶瓷文化核心价值的精神标识，构筑景德镇陶瓷文化品牌的核心竞争力，塑造景德镇陶瓷文化的千年瓷都国际影响力。

三、加强文旅融合发展，优化五陶整体格局

一是强化贯彻"五陶"共驱千年瓷都复兴的整体理念。强化陶源谷（三宝国际瓷谷）、陶溪川、陶阳里、陶博城、陶瓷工业园区（名坊园）分别作为景德镇市复兴的陶瓷文化传承保护、陶瓷文化旅游、陶瓷文化贸易、陶瓷文化新业态、陶瓷工业发展的"五驱"理念，坚持政府引导、政策驱动、规划拉动、项目撬动、人才带动、改革推动，"五力"同发、夯实路径，全面开启景德镇千年瓷都复兴路新征程。

二是强化区域部门协作，提高政府部门管理服务效能。强化陶源谷（三宝国际瓷谷）、陶溪川、陶阳里、陶博城、陶瓷工业园区（名坊园）各主管区域与职能部门的协作，各司其职，不断建立健全工作保障、部门联动、协调统筹等机制，推动"五陶"工作的一体化部署和协同推进；要厘清边界，明确职责，树立"五陶"工作一盘棋的大局思想，着眼大局、胸怀大局、服务大局，形成强大的工作合力，实现"五陶"共驱千年瓷都复兴路上个体发展与整体发展的有机统一。

四、加强陶瓷品牌培育，重塑景德镇瓷都声誉

一是重塑"景德镇制"原产地区域品牌。"景德镇制"区域品牌是为陶瓷产业搭建"标准+认证+溯源"为基础的公共服务平台，代表着中华优秀传统文化自信走向世界的文化标识。加快"景德镇制"标准体系的制定、执行、监管工作，引导和鼓励企业积极参与区域品牌建设工作；加强细化分解区域品牌重塑和保护工作任务，形成共建共治共享的品牌工作发展格局；广泛开展区域品牌宣传推介，立足陶瓷传统文化，讲好品牌故事，培育陶瓷区域品牌国际市场竞争新优势；加大"景德镇制"区域品牌的保护力度，畅通质量投诉和消费者维权渠道，严厉打击假冒伪劣产品，创建良好的陶瓷市场

环境。

二是打造具有国际影响力的陶瓷文化产品。创新运用数字技术对文化资源进行深度开发，重点挖掘中国陶瓷文化蕴含的思想观念和人文精神，不断加强数字文化产业原创能力建设，培育塑造具有传统文化特色的 IP，并借助动漫游戏、网络文学、网络音乐、网络视频、数字艺术、创意设计等数字文化产业形态，推动陶瓷文化 IP 的开发与转化，着力打造具有国际影响力的数字文化产品。

三是提升陶瓷文化产品的创新性。坚持把握大势、区分对象、精准施策，紧扣品牌核心价值，深度谋划品牌架构，持之以恒对品牌建设进行分区、分众、分阶段的谋篇布局。加大对世界其他国家和地区相关文化消费市场消费习惯、文化爱好、图样款式的专门研究，特别是加大对"一带一路"沿线国家的陶瓷文化艺术品的内容、形式的研究。充分发挥"瓷都"这块国际上响亮的金字招牌，吸引世界各地的陶瓷文化艺术爱好者参与景德镇陶瓷产品的设计生产，将"云设计"与景德镇优秀的陶瓷工艺相结合，打造适销对路的优质陶瓷文化产品。

五、加强数字化转型建设，赋能陶瓷产业发展效能

一是打造数字产业平台。积极培育以政府引导为重要抓手、以数据资源为关键要素、以开放平台为基础支撑的数字化平台。加快打造陶瓷"产业大脑"、产业数据中心、产业公有链平台建设、陶瓷工业互联网平台等一系列基础平台建设工程，探索以"5G+工业互联网"赋能陶瓷产业振兴，夯实陶瓷产业数字化转型升级的平台基础。

二是打造陶瓷线上销售平台。通过数字化赋能，推动传统陶瓷与先进陶瓷数字化转型发展新样板。突破传统陶瓷产业"瓶颈"，"线上+线下"有效资源整合。加快推进云上展会、云上设计、云上交易等平台建设，推动陶瓷设计、研发、销售的数字化发展，建设景德镇陶瓷文化特色的线上电商平台，

积极打造线上线下相结合、交流交易常态化的陶瓷在线交易平台。

三是打造数字场景运用平台。重点打造"数字景德镇"文化遗产品牌，构建集文物数字化采集、加工、存储、展示于一体的陶瓷文化信息数据库；打造专业的文物数字化技术团队和数字创意团队；利用数字技术改造升级文化旅游的平台，构建数字陶瓷博物馆，实现陶瓷历史遗址遗迹物理场景的数字化高保真复现，构建"数字文化世界"。

第八章 研究结论、研究局限与未来展望

第八章 研究结论、研究局限与未来展望

作为本书的最后一个章节,本章对本书进行概括总结,指出本书的研究结论和主要观点,在此基础上,对本书的研究局限性和研究不足进行客观评价,并且对于未来的研究方向进行展望。

第一节 研究结论

一、景德镇陶瓷文化创意产业发展的基本现状研究

本书以陶瓷文化创意产业作为研究服务沉默行为的行业情景,以景德镇陶瓷文化产业基地的"五陶",即陶阳里、陶源谷(三宝国际瓷谷)、陶溪川、陶博城、陶瓷工业园区(名坊园)作为考察样本,通过对区域产业数据调研、典型案例调研以及实地考察等形式,深入总结景德镇陶瓷文化创意产业的发展现状,分析景德镇陶瓷文化创意产业发展中存在的问题及对策,为本书奠定扎实的实践基础。

首先,本书认为,景德镇国家陶瓷文化传承创新试验区建设取得了丰硕的发展成绩,景德镇陶瓷文化创意产业发展具有齐备的产业要素、扎实的人才支撑、繁荣的文化贸易和开放的文化交流,景德镇陶瓷文化创意产业呈现集群发展态势,形成了以陶阳里、陶源谷(三宝国际瓷谷)、陶溪川、名坊园等为代表的陶瓷文化创意聚集基地,正在成为陶瓷个性化创意的"新沃土"。其次,本书重点对景德镇陶阳里、陶源谷(三宝国际瓷谷)、陶溪川、陶博城、陶瓷工业园区(名坊园)五个陶瓷创意聚集地的典型案例进行深入调研分析,总结了五陶基地的成功经验与做法。再次,结合景德镇陶瓷文化创意产业发展的现状实际,本书指出,景德镇五陶基地发展过程仍然存在体制机制协同不够、资源整合布局不优、产业融合程度不高、文化品牌影响不

强以及数字赋能效应不够等客观困境与障碍。最后，本书认为，要推动景德镇陶瓷文化繁荣复兴和高质量发展，需要在体制创新、资源整合、融合发展、数字赋能等方面积极探索，并且提出了以体制创新强化政府作用、以资源整合提升文化优势、以融合发展优化整体格局、以品牌培育重塑瓷都声誉、以数字赋能加速发展效能等方面的发展建议。

二、陶瓷文化创意服务沉默行为内涵与结构维度研究

本书首先以陶瓷文化创意服务接触为研究情景，为了挖掘服务沉默行为的特征内涵，构建科学的测量量表，采取定性和定量相结合的研究方法，在文献研究基础上梳理员工服务沉默的理论性描述，界定服务沉默行为内涵与概念特征。其次，采取人员访谈和开放式问卷调查，收集服务沉默行为的特征条目，并以类属分析方法进行质化研究，初步归纳服务沉默行为因素结构。最后，以大样本数据对初始问项量表进行探索性和验证性因素分析，构建服务沉默结构维度和测量量表，并对此进行理论解释和实践讨论。

本书通过理论分析和实证检验，从陶瓷文化创意服务接触情景角度出发，在借鉴传统员工沉默行为结构研究基础上，构建了服务沉默行为二维结构（组织情境下对内服务沉默行为、服务情景下对外服务沉默行为），并细分为默许性沉默、漠视性沉默、防御性沉默、弱参与性沉默、弱文化性沉默和弱情景性沉默六个内容维度和 22 个条目，六因素 Cronbach's α 系数分别为 0.82、0.79、0.73、0.83、0.77 和 0.75，问卷整体 Cronbach's α 系数为 0.81，信度指标检验表明量表设计合理有效。同时，因素结构及各个测量项目内容清晰，累计解释了方差变异的 67.02%，具有较好的区分能力和解释力度。研究表明，问卷具有较高的信度和效度，符合测量学要求。

在组织情境下对内服务沉默方面，本书借鉴了郑晓涛等（2009）构建的中国文化背景下员工沉默行为结构量表，将对内服务沉默行为区分为默许性沉默 F1（无力改变现状）、漠视性沉默 F2（对组织认同度不够）和防御性沉

默 F3（自我保护与人际和谐）三个内容维度，共 11 个测量条目，累计方差解释率为 29.90%，描述了一线员工对服务过程中的组织潜在问题保留或隐藏观点的行为。其中，因素 F1 具有四个测量问项，方差解释量为 12.21%，解释了一线员工基于认知失衡而认为无力改变现状的消极性沉默；因素 F2 具有四个测量问项，方差解释量为 8.62%，解释了一线员工基于组织淡漠感而对组织认同较差下的消极保留观点行为；因素 F3 具有三个测量问项，方差解释量为 9.07%，解释了一线员工基于人际和谐而避免人际隔阂或他人攻击下的自我保护行为。

在服务情景下对外服务沉默方面，本书强调了一线员工与顾客服务接触的特定情景特征，将顾客参与意愿、服务交互质量、服务场景特征以及组织授权程度等因素考虑在内，新增了弱参与性沉默（4 个条目）、弱文化性沉默（4 个条目）和弱情景性沉默（3 个条目）三个内容维度，方差解释量分别为 14.36%、9.32% 和 13.44%，累计方差解释率为 37.12%，解释了一线员工在服务接触情景下对顾客需求的服务推诿或服务回避等消极性行为。其中，弱参与性沉默（F4）有四个测量问项，解释了基于弱参与程度而导致低水平感知交互质量下的消极性服务行为；弱文化性沉默（F5）有四个测量问项，解释了基于陶瓷文化价值认同程度较低的服务沉默或低意愿性行为，导致陶瓷服务提供者不愿过多进行交流与回答；弱情景性沉默（F6）有三个测量问项，解释了基于服务环境因素（服务场景、组织环境、服务氛围等）的不匹配而导致陶瓷创意者较低意愿开展主动性服务的沉默行为，这里包括软环境和硬环境等多方面。

三、陶瓷文化创意服务沉默行为的驱动机制研究

本书首先通过理论分析和质化研究，初步构建了陶瓷文化创意服务接触情景下员工服务沉默行为的驱动机制。在对社会交换理论、服务环境理论、情感事件理论等相关理论综述基础上，梳理了影响员工服务沉默的驱动因素

问题。其次，对景德镇陶溪川陶瓷文创街区 32 名访谈对象的深度访谈，采用质性分析方法，在开放式译码、轴心式译码和选择式译码的分析过程后，提炼了影响员工服务沉默的核心范畴及其作用路径。最后，在理论分析和质化研究基础上，提出了员工服务沉默行为的两条影响路径——服务情景线索驱动和组织情境线索驱动。

在质化探索阶段，本书基于对景德镇陶溪川 32 个样本对象的深度访谈，经过对资料的质化分析，得出有益的探索性研究结论。首先，本书认为，陶瓷文化创意服务接触情景下的员工服务沉默行为受到组织情境因素和服务接触情景因素的影响。其中，组织情境主要表现为陶瓷文创街区形成或支持的服务氛围、服务环境和授权支持性行为等；顾客情景主要表现为顾客参与、顾客评价、服务交互质量等；个体因素主要表现为个体自尊水平、个人特性、心理安全感等。其次，本书认为，良好的服务环境和组织服务氛围能够激发陶瓷创意工作者或一线服务员工主动的服务投入；而来自顾客方面的积极或消极的不同行为（如表扬或抱怨、参与或抵制、肯定或否定）将直接影响陶瓷服务创意工作者的情绪和行为表现。最后，本书指出，一线员工服务沉默行为的发生机制的中介因素主要是心理认知状态（心理安全感）和情绪反应状态（情感体验）两个方面。其中，组织情境线索因素是通过影响一线员工心理认知状态来起作用的，服务情景线索因素是通过影响一线员工的情绪反应状态来影响员工行为的。

在理论分析和质化研究的基础上，本书提出了员工服务沉默行为的两条影响路径——服务情景驱动路径和组织情境驱动路径。从短期服务接触来看，一线员工服务沉默行为受到短期某次服务接触经历中的交互情景因素影响，这些情景因素包括顾客行为、服务环境以及员工个体状况等方面，体现了服务的异质性、过程性等特征对一线员工沉默行为的影响，具有短暂性、突发性的特点。从长期来看，另一条影响一线员工服务接触沉默行为的重要情景线索就是组织情境。即组织表现出来的关于服务氛围，对员工支持、信任及授权等组织情境因素影响，这些因素并不是单单体现在某次独立的服务接触活动中，而是该组织长期固化下来的持续性、约定俗成的特定组织文化或观念。

四、陶瓷文化创意服务沉默行为的影响效应和中介效应研究

本书对组织情境线索因素（领导成员交换关系、授权型领导风格）和服务情景线索因素（顾客参与行为、顾客积极反馈行为、顾客抱怨行为），在员工情绪反应（情感体验）和心理认知状态（心理安全感）两个中介因素作用下，对如何影响一线员工服务沉默行为进行了理论建构和实证检验。

本书遵从"情景线索—情绪/认知—行为反应"的理论路径，对陶瓷文化创意服务接触情景下员工服务沉默行为的影响机制进行推演。本书认为，由于员工服务沉默行为发生在特定情景下（发生在服务接触及交互过程中），其驱动情景线索势必将突破过去单个组织线索驱动，还包括服务层面的驱动线索。其服务沉默的背后是来自顾客、组织、领导及环境等多种因素的交互作用影响。与传统情景下的员工沉默不同，服务接触赋予了一线员工服务沉默的新内涵，也形成了不同的影响机制，可归纳为两条情景线索：服务情景线索和组织情境线索。在此基础上，本书首先分别选取顾客的三类行为（参与行为、积极反馈行为和抱怨行为）代表服务情景线索驱动因素，选取领导成员交换关系和授权型领导风格两个变量代表组织情境线索驱动因素，并从情绪反应和心理认知两条中介影响路径出发，构建理论研究模型。其次，为了保证理论模型的检验科学和严谨性，研究通过174个样本对象的小规模检验分析，对初始问卷的测量条款进行筛选和净化，对问卷的措辞和结构安排加以修正，形成正式的调查问卷。最后，本书以景德镇五陶基地的475个样本对象为基础，进行了相关假设的实证检验。主要结论如下：

（1）顾客行为（参与行为、积极反馈行为和抱怨行为）对服务沉默的直接影响效应。本书通过回归分析研究证实，在顾客的几类行为中，对员工服务沉默行为影响程度最大的是顾客关系建设行为（$P<0.001$），其次是顾客积

极反馈行为（P<0.001），接着是顾客的服务评价行为（P<0.001）和参与行为（P<0.001），并且都是显著负向相关，这说明与能够直接带来员工积极情感体验的顾客积极反馈行为和关系建设行为相比，顾客的服务评价行为和参与行为的影响作用更缓慢、更不直接。另外，顾客抱怨行为对服务沉默行为的影响系数仅为0.121，也许在陶瓷文化服务接触情景下，员工会对顾客抱怨的原因和结果进行客观分析，对员工的服务行为实际影响并不大。

（2）领导成员交换关系、授权型领导风格对服务沉默的直接影响效应。本书通过回归分析研究证实，领导成员交换关系对员工服务沉默行为具有显著负向影响（P<0.001）；授权型领导风格对一线员工服务沉默行为具有显著负向影响（P<0.001）。这也说明，与员工的直接性心理认知状态（心理安全感）相比，领导成员交换关系和授权型领导风格对服务沉默的驱动影响，还需要经过员工的内在"加工"，这也和本书的设想相一致。

（3）员工情感体验、心理安全感在服务沉默行为影响中的中介效应。本书采取逐步回归法进行检验。研究发现，积极情感体验在顾客参与行为、顾客积极反馈行为对服务沉默行为之间只起部分中介效应；消极情感体验在顾客抱怨行为与员工服务沉默之间只起部分中介效应；心理安全感在领导成员交换关系与服务沉默行为之间具有部分中介作用；心理安全感在授权型领导风格与服务沉默行为之间具有完全中介作用。

第二节 研究局限及未来展望

一、研究局限

本书通过理论推演和实证检验，虽然提出了许多创新性观点，力求把研

究建立在科学严谨的基础上,但是仍然存在以下局限:

(1) 在服务沉默行为测量上,由于本书将沉默由组织内部转移到组织外部的服务接触情景下,对服务沉默行为的研究与测量尚属首例,无太多的借鉴与参考。第一,本书在研究一线员工服务沉默行为概念及测量量表中,采取访谈研究及内容分析来构建初始测量问项,虽然研究过程严格遵循质化研究程序,但是由于服务沉默概念的生僻晦涩,难免影响访谈对象及研究人员的理解,从而影响资料编码及项目归类的准确性和一致性。第二,在正式测量研究中,本书采用自评的方式来测量一线员工服务沉默行为,由于沉默属于角色外消极性行为,具有一定的风险性,测量个体难免会有意识地选择性回答量表问项,自评结果可能受到宽大效应等偏差的影响。因此,在以后的研究中,有必要尝试多源样本对象测量,从顾客、上司或同事等方面来收集数据,将不同来源的信息加以整合与比较,从而得出服务沉默的真实测量结果。

(2) 在研究样本上,受研究条件限制,研究样本取样来自景德镇陶瓷文化产业,并局限于五个陶瓷文化产业聚集区,虽然各研究模型与假设得到了较好的验证,但难免影响样本的代表性和研究结论的普适性。下一步,需要进一步扩大样本来源,加大样本调查范围和样本数量。

(3) 在研究时点上,为研究长期组织情境线索和短期服务情景线索的驱动影响,本书只是采集一线员工在某次服务接触体验下的调查数据,属于静态研究范畴,这有可能限制学术界对一线员工服务沉默形成的动态过程的理解。

(4) 在假设研究及模型论证上,本书分别对短期服务情景线索驱动因素、长期组织情境线索驱动因素与一线员工服务沉默行为之间的关系进行验证,并对主效应、中介效应和调节效应分别进行实证检验,虽然经过检验其具有可靠性和有效性,但是仍然需要多方验证。同时,由于篇幅及时间限制,本书并没有对短期服务情景线索与长期组织情境线索之间的交互效应进行验证，难免影响了研究结论的科学性和准确性。在未来研究中，应整合两条情景线索，进一步验证交互影响下的一线员工服务沉默行为驱动机制，丰富研究结论。

二、未来展望

员工服务沉默行为研究作为一个新兴的细分课题，一方面由于缺乏相关研究成果进行借鉴，使本书研究举步维艰，难以形成系统而规范的理论体系。另一方面由于其普遍存在性和对服务接触管理的重要性，需要从多维角度进行整合研究。针对上述研究局限，在未来的研究中，可以进一步开展以下研究：

(1) 服务沉默行为对结果变量的影响研究有待突破。在本书中，结合陶瓷文化创意服务情景，只是侧重于研究员工服务沉默行为的结构维度和前因变量，对于结果变量则较少涉及。这一方面受本书的篇幅限制，难以一一展开描述；另一方面，这与服务沉默行为本身的特性有很大的关系。就长期而言，员工服务沉默行为的影响作用较为明显，无论是对企业组织、员工个体，还是消费顾客都具有显著的负面影响，服务沉默将"掩埋"在组织服务接触过程中的潜在问题，既不利于服务质量的改进提升，也不利于员工个体的职业成长与发展。然而，服务沉默对于企业绩效的影响往往难以短期见效，不同个体的服务沉默对组织的影响程度存在差异，并且员工的服务沉默行为在不同服务接触经历中表现程度也不相同，这就使员工服务沉默行为对组织绩效的影响并非呈现简单的线性关系，需要在以后研究中，进行深入挖掘与探索。

(2) 跨文化的比较研究有待进一步深入。服务沉默行为受到了文化情景的深刻影响，员工选择沉默还是建言受到文化长期浸润的影响，权力距离、传统性、和谐观等对此都有着深远的影响，仅研究中国特定情景下的服务沉默难以深入挖掘出这一概念的本质与内涵。因此，后续研究中，对服务沉默行为的跨文化比较研究仍然是必要的。

（3）需进一步考虑服务接触类型及其他服务行业类型的影响。本书基于服务接触的情景视角，重点以陶瓷文化创意服务作为行业背景，但并未对服务接触的类型和服务企业类型进行区分，也受到了陶瓷文化的行业情景现状限制。未来，将有针对性地对关于不同服务接触类型、不同服务行业类型下的服务沉默进行普适性探讨，比较不同的服务接触类型、不同行业类型是否会对研究结论产生影响，以进一步验证本书的结论。

附录　陶瓷文化创意服务沉默行为及其影响因素调查问卷

尊敬的先生/女士：

　　您好！非常感谢您抽空填答此问卷。这是一份学术性的研究问卷，研究目的是为了解陶瓷文化创意产业情景下的员工服务沉默行为问题。您所提供的信息仅供学术研究之用，绝不另作他用或向第三方披露，本调查以匿名方式填写，请您安心填答。请您根据个人亲身经历的服务接触体验，对下列问题进行相应的选择。您所给的答案并无对错之分，只希望您能表达自己的真实意见和想法，如实回答就是最好的回答。

　　本书若能顺利完成，全仰仗您的支持协助，在此先向您致以衷心的感谢！

景德镇陶瓷大学课题组

二〇二三年二月

请您填写您的个人基本资料

1. 性别　□男　□女
2. 婚否　□已婚　□未婚
3. 年龄　□25 岁以下　□25～30 岁　□30 岁以上
4. 学历　□本科以下　□本科　□硕士及以上
5. 职业　□个体创意者　□一线服务人员　□公司管理人员

□街区管理人员　□其他
6. 从业年限　□2年以下　□2~5年　□5年以上
7. 类型　□日用陶瓷　□艺术陶瓷　□工业陶瓷　□手工陶瓷　□其他

第一部分

请您评述下列行为的出现频率，并在相应选项的"□"内打对钩。

	1 从未	2 很少	3 有时	4 时常	5 通常
No.1　这是约定俗成的行规，我多说也没有多大用处	□	□	□	□	□
No.2　我的建议不会影响园区现行状况	□	□	□	□	□
No.3　我认为采纳我的意见的可能性较小	□	□	□	□	□
No.4　园区不会更改一些决定，我们的建议没有必要	□	□	□	□	□
No.5　这是整体创意园区的事情，和我关系不大	□	□	□	□	□
No.6　我对园区的事情不关心，多说和少说都无所谓	□	□	□	□	□
No.7　陶瓷文化创意都是各自的事情，多说无益	□	□	□	□	□
No.8　我只是入驻到园区而已，没必要多说	□	□	□	□	□
No.9　有些问题说出来会影响同行之间的关系和感情	□	□	□	□	□
No.10　有些问题还是不要轻易出头，以免成为众矢之的	□	□	□	□	□
No.11　大家的关系都很好，没有必要得罪其他人	□	□	□	□	□
No.12　顾客没有提出要求，我觉得没必要多说什么	□	□	□	□	□
No.13　这不是我一个人的事情，其他人也没有这样做	□	□	□	□	□
No.14　我感觉顾客不愿多听这些，多说和少说都一样	□	□	□	□	□
No.15　还有一些难缠的客户在场，他们的要求更苛刻	□	□	□	□	□
No.16　顾客对陶瓷不了解，没有必要跟他多说其他的	□	□	□	□	□

续表

	1 从未	2 很少	3 有时	4 时常	5 通常
No.17 作品的文化价值和艺术内涵，要跟懂行的人沟通	□	□	□	□	□
No.18 顾客只关心陶瓷的经济性价比，没有必要多说	□	□	□	□	□
No.19 涉及一些陶瓷专业性知识，顾客可能听不懂吧	□	□	□	□	□
No.20 我在这种消费买卖过程中不想多谈其他的	□	□	□	□	□
No.21 如果服务流程和制度不顺畅，感觉使不出力来	□	□	□	□	□
No.22 园区对我们很少支持，我做好自己的事情就行	□	□	□	□	□

第二部分

请您根据您服务客户的经历，评述您的客户在服务过程中的行为，并在相应选项的"□"内打对钩。

		1 非常不同意	2 不同意	3 一般	4 同意	5 非常同意
顾客参与行为						
No.1	在服务过程中，顾客会向我说明他的服务需求和偏好	□	□	□	□	□
No.2	顾客会主动告诉我在接受服务过程中的感受	□	□	□	□	□
No.3	顾客会向我提供一些改善服务的建议	□	□	□	□	□
No.4	在陶瓷文化创意服务过程中，顾客会对产品进行评价并共享观点	□	□	□	□	□
No.5	顾客会阐述他个人对陶瓷创意产品的认识和理解	□	□	□	□	□
No.6	顾客会认真了解陶瓷创意产品的特点、功能及产品文化知识	□	□	□	□	□

续表

	1 非常不同意	2 不同意	3 一般	4 同意	5 非常同意
顾客参与行为					
No. 7	如果遇到问题，顾客会主动进行咨询	☐	☐	☐	☐	☐
顾客积极反馈行为					
No. 1	当顾客对陶瓷创意产品比较满意时，顾客会表扬我	☐	☐	☐	☐	☐
No. 2	当表现很礼貌的服务态度时，顾客会赞许我	☐	☐	☐	☐	☐
No. 3	顾客在服务接触过程中，会询问一些其他陶瓷专业知识	☐	☐	☐	☐	☐
No. 4	我向顾客介绍相关产品时，顾客会对我的专业表示认可和赞许	☐	☐	☐	☐	☐
No. 5	当提供的服务达到顾客预期时，顾客表示还会再来	☐	☐	☐	☐	☐
No. 6	顾客会对我的陶瓷创意产品和服务表现报以微笑或加以奉承	☐	☐	☐	☐	☐
No. 7	顾客会主动打听并试图记住我的名字和联系方式	☐	☐	☐	☐	☐
No. 8	顾客使用善意的语言与我进行谈话交流	☐	☐	☐	☐	☐
No. 9	顾客会主动与我一起分享关于陶瓷文化的认知和文化理解	☐	☐	☐	☐	☐
顾客抱怨行为					
No. 1	顾客会容忍出现的一些小失误，在服务过程中委婉地表达出来	☐	☐	☐	☐	☐
No. 2	顾客表示自认倒霉，以后不再光顾我们的生意了	☐	☐	☐	☐	☐
No. 3	当顾客感受极差体验时，顾客直接向领导或街区反映自己的不满	☐	☐	☐	☐	☐
No. 4	当顾客对服务体验和陶瓷产品不满意时，顾客会将不满遭遇告知他人	☐	☐	☐	☐	☐
No. 5	当顾客感受消费权益受到损害时，会向第三方投诉自己的不满遭遇	☐	☐	☐	☐	☐

第三部分

请您根据您单位和您上司的实际情况，评述您领导的相应行为，并在相应选项的"□"内打对钩。

		1 非常不同意	2 不同意	3 一般	4 同意	5 非常同意
\multicolumn{7}{c}{领导成员交换关系}
No. 1	您通常知道上级领导对您工作表现的满意程度	□	□	□	□	□
No. 2	上级领导经常了解您在工作中的困难和需求	□	□	□	□	□
No. 3	上级领导清楚您工作的潜力，并且能够给予机会进行培养	□	□	□	□	□
No. 4	运用职权为您解决工作上重大难题有多大可能	□	□	□	□	□
No. 5	牺牲自己的利益，帮您摆脱困境的可能性多大	□	□	□	□	□
No. 6	即使不在场，出于信任您会辩护和解释他的决策	□	□	□	□	□
No. 7	您和上级领导的关系很好	□	□	□	□	□
\multicolumn{7}{c}{授权型领导风格}
No. 1	我们领导会鼓励我表达自己的建议和意见	□	□	□	□	□
No. 2	即使领导不同意我的观点，但仍然会考虑我的意见	□	□	□	□	□
No. 3	我们领导会给大家表达自己想法的机会	□	□	□	□	□
No. 4	我们领导会帮助我看到哪些方面需要更多提升	□	□	□	□	□
No. 5	我们领导非常支持我的工作	□	□	□	□	□
No. 6	我们领导会向我说明陶瓷园区的政策、服务规定和他的期望	□	□	□	□	□
No. 7	我们领导会花时间耐心地讨论我关心的问题	□	□	□	□	□

第四部分

请根据您在某次服务中的真实感受，在相应选项的"□"内打对钩。

		1 非常不同意	2 不同意	3 一般	4 同意	5 非常同意
\multicolumn{7}{c}{情感体验}						
No. 1	在这次服务中，我感到实现了自己的价值（成就感）	□	□	□	□	□
No. 2	在这次服务中，我和客户就像家人一样亲近（亲近感）	□	□	□	□	□
No. 3	我感觉这次服务比较顺畅，工作也很愉快（愉悦感）	□	□	□	□	□
No. 4	顾客对我们的产品和服务不很在意，我感到很沮丧（沮丧感）	□	□	□	□	□
No. 5	顾客对陶瓷创意产品不满意，我甚至怀疑个人能力（挫折感）	□	□	□	□	□
No. 6	我对这次服务过程体验不太好，感到很郁闷（郁闷感）	□	□	□	□	□
\multicolumn{7}{c}{心理安全感}						
No. 1	我们公司鼓励开放组织氛围，在组织中说真话是安全的	□	□	□	□	□
No. 2	指出组织中的问题（含重要的服务问题）不会受到惩罚	□	□	□	□	□
No. 3	犯错误能够得到组织的容忍和接受	□	□	□	□	□

问卷到此结束，再一次对您的合作表示衷心的感谢！

参考文献

[1] 包艳，马伟博，赵海涛．领导成员交换关系差异对团队绩效的影响：团队情绪抑制氛围与领导权力感的作用［J］．中国人力资源开发，2023，40（8）：67-81．

[2] 蔡霞，耿修林．基于自我保护动机的内隐建言信念对员工沉默的影响——一项中国情境的研究［J］．科学学与科学技术管理，2016，37（10）：153-163．

[3] 曹曼，席猛，赵曙明．高绩效工作系统对员工主动性行为的影响机制研究——基于社会情境理论视角的跨层次模型［J］．管理评论，2020，32（6）：244-254．

[4] 曹如中，刘长奎，曹桂红．基于组织生态理论的创意产业创新生态系统演化规律研究［J］．科技进步与对策，2011，28（3）：64-68．

[5] 陈国平，钱梦雨，陈思熠．服务交付时企业主动交互对顾客情感和行为意向的影响［J］．生产力研究，2022（10）：1-7．

[6] 陈建军，葛宝琴．文化创意产业的集聚效应及影响因素分析［J］．当代经济管理，2008，30（9）：71-75．

[7] 陈秋玲，吴艳．基于共生关系的创意产业集群形成机制——上海18个创意产业集群实证［J］．经济地理，2006（S1）：84-87．

[8] 陈文平，段锦云，田晓明．员工为什么不建言：基于中国文化视角的解析［J］．心理科学进展，2013（5）：905-913．

[9] 陈晔, 白长虹. 高接触型服务的顾客价值驱动要素实证研究 [J]. 山西财经大学学报, 2009, 31 (7): 51-59.

[10] 陈晔, 王潇, 李中. 服务界面感知对顾客间互动与体验共创的影响研究 [J]. 软科学, 2018, 32 (2): 130-133.

[11] 邓昕才, 韩月, 李成雪, 郭功星. 顾客授权行为对酒店员工服务创新的影响及作用机制 [J]. 旅游学刊, 2022, 37 (11): 116-129.

[12] 丁宁, 张敬洁. 职场排斥对员工沉默的影响研究: 心理所有权和工作不安全感的作用 [J]. 领导科学, 2019 (16): 81-83.

[13] 董雅楠, 江静, 谷慧敏, 杨百寅. 领导待我有异, 我待顾客有别: 差异化授权领导与员工主动服务绩效关系探析 [J]. 管理评论, 2022, 34 (7): 211-223.

[14] 杜建刚, 范秀成. 服务补救中情绪对补救后顾客满意和行为的影响——基于情绪感染视角的研究 [J]. 管理世界, 2007 (8): 85-94.

[15] 杜建刚, 范秀成. 服务失败中群体消费者心理互动过程研究 [J]. 管理科学学报, 2011, 14 (12): 60-70.

[16] 杜建刚, 马婧, 王鹏. 负面情感事件对一线服务人员情绪、满意及承诺的影响——以高交互服务行业为例 [J]. 旅游学刊, 2012, 27 (8): 60-67.

[17] 段杰, 龙瑚. 基于组织生态视角的创意产业集群形成机制研究 [J]. 南京审计大学学报, 2017, 14 (5): 48-57.

[18] 段锦云, 陈红, 孙维维, 赵立. 沉默: 组织改变和发展的阻力 [J]. 人类工效学, 2007, 13 (2): 69-71.

[19] 段锦云, 傅强, 田晓明, 孔瑜. 情感事件理论的内容、应用及研究展望 [J]. 心理科学进展, 2011a, 19 (4): 599-607.

[20] 段锦云, 凌斌. 中国背景下员工建言行为结构及中庸思维对其的影响 [J]. 心理学报, 2011, 43 (10): 1185-1197.

[21] 段锦云，孙飞，田晓明. 员工建言行为和沉默行为之间的关系研究述评 [J]. 苏州大学学报（哲学社会科学版），2011b，32（6）：64-69.

[22] 段锦云，张倩. 建言行为的认知影响因素、理论基础及发生机制 [J]. 心理科学进展，2012，20（1）：115-126.

[23] 段锦云. 家长式领导对员工建言行为的影响：心理安全感的中介机制 [J]. 管理评论，2012a，24（10）：109-116，142.

[24] 段锦云. 员工建言和沉默之间的关系研究：诺莫网络视角 [J]. 南开管理评论，2012b，15（4）：80-88.

[25] 樊耘，李春晓，张克勤，吕霄. 组织文化激励性对员工沉默行为及其动机的影响 [J]. 西安交通大学学报（社会科学版），2016，36（3）：48-53+60.

[26] 樊耘，张克勤，阎亮，马贵梅. 基于员工集体主义倾向调节作用的组织文化友好性和一致性对员工沉默的影响研究 [J]. 管理学报，2014，11（7）：981-988.

[27] 樊耘，张克勤，于维娜. 传统文化观和员工沉默关系的实证研究 [J]. 华东经济管理，2015（2）：136-142.

[28] 范秀成，王静. 顾客参与服务创新的激励问题——理论、实践启示及案例分析 [J]. 中国流通经济，2014（10）：79-86.

[29] 范秀成，张彤宇. 顾客参与对服务企业绩效的影响 [J]. 当代财经，2004（8）：69-73.

[30] 范秀成. 服务质量管理：交互过程与交互质量 [J]. 南开管理评论，1999（1）：8-12+23.

[31] 方立峰，王颖晖. 文化产业生态位内涵与空间格局构建研究 [J]. 山东社会科学，2011（12）：51-54.

[32] 冯镜铭，刘善仕，吴坤津. 谦卑型领导与下属建言：传统性的调节作用 [J]. 科研管理，2018，39（8）：120-130.

[33] 符纯洁, 张倩, 蒋建武, 李锐, 王玮. 建言导向人力资源实践促进员工持续建言行为的动态作用机制 [J]. 心理科学进展, 2023, 31 (10): 1800-1813.

[34] 符国群, 俞文皎. 从一线员工角度探讨服务接触中顾客满意与不满的原因 [J]. 管理学报, 2004, 1 (1): 98-102.

[35] 付永萍. 基于生态学的创意产业集群创新机制研究 [D]. 东华大学博士学位论文, 2013.

[36] 关新华. 感知服务氛围对酒店员工适应性行为的影响研究——自主性动机和顾客需求知识的中介作用 [J]. 旅游科学, 2018, 32 (3): 13-26.

[37] 郭建晖, 蒋金法, 肖洪波. 江西文化产业发展报告 (2023) [M]. 南昌: 江西人民出版社, 2023.

[38] 郭建晖, 李海东. 陶瓷文化产业视野下国际瓷都复兴研究 [J]. 江西社会科学, 2022, 42 (04): 30-40+206.

[39] 郭建晖, 梁勇, 龚荣生. 历史文化名城的复兴及其启示——来自景德镇的调研报告 [J]. 江西社会科学, 2019, 39 (3): 241-253.

[40] 郭帅, 银成钺, 苏晶蕾. 不同社会距离顾客对服务接触失败下补救措施的反应与偏好研究 [J]. 管理评论, 2017, 29 (12): 141-152.

[41] 郭晓薇. 中国情境中的上下级关系构念研究述评——兼论领导—成员交换理论的本土贴切性 [J]. 南开管理评论, 2011, 14 (2): 61-68.

[42] 何轩. 为何员工知而不言——员工沉默行为的本土化实证研究 [J]. 南开管理评论, 2010, 13 (3): 45-52.

[43] 何轩. 互动公平真的就能治疗"沉默"病吗?——以中庸思维作为调节变量的本土实证研究 [J]. 管理世界, 2009 (4): 128-134.

[44] 胡林荣, 刘冰峰. 景德镇陶瓷产业创新生态系统的治理机制研究 [J]. 商业经济, 2018 (6): 33-35.

[45] 胡晓娣. 知识型员工建言行为的影响机制研究 [D]. 复旦大学博

士学位论文，2011.

［46］黄芳铭. 结构方程模式理论与应用［M］. 北京：中国税务出版社，2005.

［47］黄桂，付春光，关新华. 组织中领导沉默维度的建构与测量［J］. 管理世界，2015（7）：122-129.

［48］黄桂，付春光，谈梦洁. 企业领导沉默行为探究［J］. 学术研究，2013（7）：70-78.

［49］黄桂，许真仪，王思彤，严玥，付春光. 领导沉默与员工向上悟性的关系研究［J］. 学术研究，2018（6）：83-91.

［50］黄桂，朱晓琼，李玲玲，付春光. 领导沉默与员工主动性行为关系研究——基于信任主管和权力距离导向的作用［J］. 学术研究，2022（7）：98-107.

［51］黄苏萍，王珊，王永贵. 基于信任视角的一线员工应对能力与同属顾客体验关系的研究［J］. 管理评论，2023，35（5）：184-196.

［52］贾建锋，陈宬，焦玉鑫. 如何唤醒"装睡的员工"：人力资源管理强度对知识共享的影响机制研究［J］. 东北大学学报（社会科学版），2021，23（4）：26-33+98.

［53］简兆权，令狐克睿，李雷. 价值共创研究的演进与展望——从"顾客体验"到"服务生态系统"视角［J］. 外国经济与管理，2016，38（9）：3-20.

［54］姜鲲，崔祥民，杨静. 中国情境下高绩效工作系统影响员工沉默行为的作用机理研究——一个跨层有调节的中介模型［J］. 管理现代化，2022，42（5）：68-79.

［55］焦勇兵，娄立国，杨健. 社会化媒体中顾客参与、价值共创和企业绩效的关系 ——感知匹配的调节作用［J］. 中国流通经济，2020，34（6）：27-40.

[56] 金立印. 服务接触中的员工沟通行为与顾客响应——情绪感染视角下的实证研究 [J]. 经济管理, 2008 (18): 28-35.

[57] 金祥荣, 朱希伟. 专业化产业区的起源与演化——一个历史与理论视角的考察 [J]. 经济研究, 2002 (8): 74-82.

[58] 卡斯帕尔, 赫尔希丁根, 加勃特. 服务营销与管理——基于战略的观念（第二版）[M]. 韦福祥, 译. 北京: 人民邮电出版社, 2008.

[59] 黎建新, 甘碧群. 服务企业的顾客兼容性管理探讨 [J]. 消费经济, 2006, 22 (3): 47-51.

[60] 黎建新, 唐君, 蔡恒, 宋明菁. 服务接触中的顾客兼容性感知: 前因、后果与行业比较 [J]. 长沙理工大学学报（社会科学版）, 2009, 24 (4): 5-10.

[61] 李晨麟, 潘盈朵, 王新野, 李苑, 游旭群. 包容型氛围感知对员工建言的影响: 心理安全感与惰性感知的双重路径 [J]. 心理科学, 2023, 46 (1): 105-112.

[62] 李丹, 曹如中, 李康, 郭华. 创意产业发展的组织生态环境培育研究 [J]. 科技管理研究, 2013, 33 (14): 169-173+178.

[63] 李海东, 陈好文. 创意阶层的崛起与景德镇国家陶瓷文化传承创新试验区建设研究 [J]. 中国陶瓷工业, 2021, 28 (5): 62-67.

[64] 李华敏, 崔瑜琴. 基于情境理论的消费者行为影响因素研究 [J]. 商业研究, 2010 (3): 163-166.

[65] 李雷, 简兆权. 服务接触与服务质量: 从物理服务到电子服务 [J]. 软科学, 2013, 27 (12): 36-40.

[66] 李雷, 赵霞, 简兆权. 人机交互如何影响顾客感知电子服务质量?——基于广东、广西634个样本的实证研究 [J]. 外国经济与管理, 2017, 39 (1): 96-113.

[67] 李良智, 欧阳叶根. 一线员工服务沉默行为的结构与测量——基于

服务接触情景视角 [J]. 经济管理, 2013, 35 (10): 91-99.

[68] 李慢, 马钦海, 赵晓煜. 服务场景研究回顾与展望 [J]. 外国经济与管理, 2013, 35 (4): 62-70+80.

[69] 李锐, 凌文辁, 柳士顺. 传统价值观、上下属关系与员工沉默行为——一项本土文化情境下的实证探索 [J]. 管理世界, 2012 (3): 127-140+150.

[70] 李锐, 凌文辁, 柳士顺. 上司不当督导对下属建言行为的影响及其作用机制 [J]. 心理学报, 2009, 41 (12): 1189-1202.

[71] 李锐, 凌文辁. 上司支持感对员工工作态度和沉默行为的影响 [J]. 商业经济与管理, 2010 (5): 31-39.

[72] 李松杰, 邵晨. 文化旅游视域下景德镇陶瓷工业遗产的保护与利用 [J]. 内蒙古艺术学院学报, 2022, 19 (3): 145-150.

[73] 李霞, 王永贵. 服务营销助力高质量发展 [J]. 企业管理, 2019 (7): 17-21.

[74] 李想, 时勘, 万金, 刘晔. 伦理型领导对基层公务员建言与沉默行为的影响机制——资源保存和社会交换视角下的中介调节模型 [J]. 软科学, 2018, 32 (1): 78-82.

[75] 李煜华, 李昕, 胡瑶瑛. 创意产业集群企业间双向知识流动影响因素分析 [J]. 科技与管理, 2013, 15 (2): 1-4.

[76] 厉无畏, 王慧敏. 创意产业促进经济增长方式转变——机理·模式·路径 [J]. 中国工业经济, 2006, (11): 5-13.

[77] 梁建, 唐京. 员工合理化建议的多层次分析: 来自本土连锁超市的证据 [J]. 南开管理评论, 2009, 12 (3): 125-134.

[78] 林志扬, 杨静. 职场排斥与员工沉默——调节—中介模型的构建与检验 [J]. 厦门大学学报 (哲学社会科学版), 2015 (2): 50-59.

[79] 凌斌, 段锦云, 朱月龙. 害羞与进谏行为的关系: 管理开放性与

心理授权的调节作用［J］．应用心理学，2010，16（3）：235-242.

［80］凌茜，汪纯孝．服务氛围与服务导向的人力资源管理策略［J］．现代管理科学，2007（5）：3-4+27.

［81］刘冰峰，曹嘉琪，杨建仁，许剑雄，屈稻丰．打造产业生态圈 提升景德镇先进陶瓷产业能级［J］．陶瓷学报，2023，44（5）：1036-1040.

［82］刘冰峰．景德镇陶瓷文化创意产业价值传导机制研究［J］．科技创业月刊，2017，30（15）：96-98.

［83］刘德文，高维和，周春阳．何以报"怨"？顾客抱怨对员工角色服务行为的影响机制研究［J］．外国经济与管理，2023，45（2）：57-81.

［84］刘菲，王永贵．中国企业高质量发展之路——基于战略逻辑的系统思考［J］．清华管理评论，2018（12）：34-39.

［85］刘凤军，孟陆，杨强，刘颖艳．责任归因视角下事前补救类型与顾客参与程度相匹配对服务补救绩效的影响［J］．南开管理评论，2019，22（2）：197-210.

［86］刘高福，李永华．用户互动对价值共创行为的影响研究——以线上健身社区为例［J］．江西社会科学，2021，41（12）：197-207.

［87］刘建新，范秀成，郑军．新产品脱销等待时间对顾客抱怨行为的影响：基于有调节的双中介模型［J］．管理工程学报，2023，37（1）：19-30.

［88］刘江花，陈加洲．基于追随者类型的员工沉默研究［J］．科技与管理，2010，12（4）：60-62.

［89］刘晶晶，苏朝晖．顾客间互动对顾客兼容性的实证研究［J］．上海商学院学报，2014，15（2）：106-113.

［90］刘刊，杨楠．用户异质性对共享出行平台的情感认知差异——服务质量感知的中介作用和使用需求的调节作用［J］．技术经济，2020，39（6）：80-88+98.

[91] 刘汝萍, 赵曼, 范广伟. 一线员工对顾客不当行为反应策略的探索性研究 [J]. 东北大学学报 (社会科学版), 2020, 22 (2): 41-49.

[92] 卢俊义, 王永贵. 顾客参与服务创新、顾客人力资本与知识转移的关系研究 [J]. 商业经济与管理, 2010 (3): 80-87.

[93] 罗佳. 服务接触中顾客愤怒对一线员工服务补救的影响研究 [D]. 西南财经大学博士学位论文, 2021.

[94] 马颖杰, 杨德锋. 服务中的人际互动对体验价值形成的影响——品牌价值观的调节作用 [J]. 经济管理, 2014, 36 (6): 86-98.

[95] 马跃如, 胡羽欣. 顾客感激表达对一线员工主动服务行为的影响研究 [J]. 华东经济管理, 2023, 37 (7): 120-128.

[96] 马健. 文化产业生态圈: 一种新的区域文化产业发展观与布局观 [J]. 商业经济研究, 2019 (2): 174-176.

[97] 毛畅果, 郭磊. 中国员工沉默动因: 基于内隐理论的研究 [J]. 北京师范大学学报 (社会科学版), 2017 (4): 134-144.

[98] 梅洁, 柯增金, 杨新国. 网络自我呈现与积极互惠行为的关系: 线上积极反馈的中介作用 [J]. 杭州师范大学学报 (自然科学版), 2023, 22 (3): 255-261.

[99] 欧阳叶根. 一线员工服务沉默行为影响因素研究——基于服务接触情景视角 [D]. 江西财经大学博士学位论文, 2014.

[100] 彭坚, 尹奎, 侯楠, 邹艳春, 聂琦. 如何激发员工绿色行为？绿色变革型领导与绿色人力资源管理实践的作用 [J]. 心理学报, 2020, 52 (9): 1105-1120.

[101] 彭学兵, 徐浩, 刘玥伶, 黄洁. 销售人员顾客导向和销售导向对销售绩效的影响——情绪调节能力的调节作用 [J]. 浙江理工大学学报, 2023, 50 (6): 253-264.

[102] 沈鹏熠, 许基南, 张凡. 混合服务质量的影响因素和形成机理研

究——基于线上线下融合的视角［J］. 当代财经, 2021（4）: 90-101.

［103］沈鹏熠, 占小军, 范秀成. 基于线上线下融合的混合服务质量——内涵、维度及其测量［J］. 商业经济与管理, 2020（4）: 5-17.

［104］沈选伟, 孙立志. 组织沉默的文化根源［J］. 郑州航空工业管理学院学报（社会科学版）, 2007, 26（3）: 94-95.

［105］时勘, 高利苹, 黄旭, 沙跃家. 领导授权行为对员工沉默的影响: 信任的调节作用分析［J］. 管理评论, 2012, 24（10）: 94-101.

［106］史青, 郭营营, 张红卫, 侯东升. 企业员工依恋风格对沉默行为的影响研究——基于心理安全感和关爱下属领导行为的作用［J］. 新疆财经, 2022（4）: 48-56.

［107］宋锟泰, 张珊, 杜鹏程. 领导授权赋能行为与员工主动性行为的非线性影响机制研究［J］. 管理学报, 2022, 19（6）: 861-872.

［108］宋扬, 范蒙蒙, 宋倩男. 服务接触中的领地行为研究综述与展望［J］. 商业经济研究, 2022（21）: 68-72.

［109］宋一晓, 陈春花, 陈鸿志. 领导关爱下属行为、员工表面和谐价值观与员工沉默行为［J］. 中国人力资源开发, 2015（23）: 38-45.

［110］苏伟琳, 林新奇. 上级发展性反馈能否抑制员工沉默？一个被中介的调节模型［J］. 科学学与科学技术管理, 2018, 39（11）: 158-170.

［111］孙继德, 黄宇, 王新成, 宣钰玮. 辱虐管理对建筑工人流动意愿的影响——基于情绪耗竭和传统性作用［J］. 工程管理学报, 2019, 33（5）: 1-6.

［112］孙丽文, 任相伟. 基于生态位理论的我国文化创意产业发展评价研究［J］. 北京交通大学学报（社会科学版）, 2020, 19（1）: 64-76.

［113］孙旭, 严鸣, 储小平. 基于情绪中介机制的辱虐管理与偏差行为［J］. 管理科学, 2014（5）: 69-79.

［114］屠兴勇, 刘雷洁, 张怡萍, 彭娅娅, 林琤璐. 亲社会动机、帮助

行为如何影响关系绩效：认知信任的作用及情境条件［J］. 南开管理评论，2020，23（2）：203-213.

［115］汪纯孝，韩小芸，温碧燕. 顾客满意感与忠诚感关系的实证研究［J］. 南开管理评论，2003，6（4）：70-74.

［116］汪克夷，周军，李丹丹. 电信行业中服务接触对顾客关系的影响作用研究［J］. 大连理工大学学报（社会科学版），2009，30（1）：1-5.

［117］汪曲，李燕萍. 团队内关系格局能影响员工沉默行为吗：基于社会认知理论的解释框架［J］. 管理工程学报，2017，31（4）：34-44.

［118］汪涛，望海军. 顾客参与一定会导致顾客满意吗——顾客自律倾向及参与方式的一致性对满意度的影响［J］. 南开管理评论，2008，11（3）：4-11+19.

［119］王风华，高丽，潘洋洋. 顾客参与对顾客满意的影响研究——感知风险的中介作用和自我效能感的调节作用［J］. 财经问题研究，2017（6）：101-107.

［120］王国强，蒋金法，肖洪波，樊雅强，龚剑飞. 江西蓝皮书：江西经济社会发展报告（2022）［M］. 北京：社会科学文献出版社，2022.

［121］王洪青，彭纪生. 辱虐管理与员工沉默：基于社会认同和代际视角的研究［J］. 商业经济与管理，2016（4）：39-47.

［122］王建玲，刘思峰，吴作民. 服务接触视角的品牌延伸研究——一个概念性整合分析框架［J］. 科技进步与对策，2009，26（3）：88-91.

［123］王婧宇，庄贵军，吴廉洁. 在线购物中情境因素对顾客线上抱怨方式的影响［J］. 管理评论，2018，30（12）：89-98.

［124］王琳琳，杜雨涵，熊文. 辱虐管理与新员工主动行为——基于第三方视角［J］. 天津大学学报（社会科学版），2023，25（2）：127-135.

［125］王永贵，洪傲然. 营销战略研究：现状、问题与未来展望［J］. 外国经济与管理，2019，41（12）：74-93.

[126] 王永贵,焦冠哲,洪傲然.服务营销研究在中国：过去、现在和未来[J].营销科学学报,2021,1（1）：127-153.

[127] 王永贵,马双.虚拟品牌社区顾客互动的驱动因素及对顾客满意影响的实证研究[J].管理学报,2013,10（9）：1375-1383.

[128] 王长峰,刘柳.团队虚拟性对员工沉默行为的跨层影响——职场孤独感和心理弹性的作用[J].科研管理,2023,44（3）：179-186.

[129] 王震,孙健敏.领导—成员交换关系质量和差异化对团队的影响[J].管理学报,2013,10（2）：219-224.

[130] 王震,仲理峰.领导—成员交换关系差异化研究评述与展望[J].心理科学进展,2011,19（7）：1037-1046.

[131] 魏群,朱云莉,张翔."景漂"文化现象对景德镇陶瓷文化产业的影响研究[J].中国陶瓷工业,2019（4）：55-57.

[132] 魏昕,张志学.组织中为什么缺乏抑制性进言？[J].管理世界,2010（10）：99-109+121.

[133] 吴松,翁清雄,张越.领导拒谏如何影响下属？基于情感事件理论视角[J].管理评论,2023,35（2）：216-227.

[134] 吴维库,王未,刘军,吴隆增.辱虐管理、心理安全感知与员工建言[J].管理学报,2012,9（1）：57-63.

[135] 吴坤津,冯镜铭,刘善仕.年功导向人力资源实践与保持沉默静待好处：年龄的调节作用[J].中国人力资源开发,2018,35（4）：21-30.

[136] 武文珍,陈启杰.基于共创价值视角的顾客参与行为对其满意和行为意向的影响[J].管理评论,2017,29（9）：167-180.

[137] 席猛,许勤,仲为国,赵曙明.辱虐管理对下属沉默行为的影响——一个跨层次多特征的调节模型[J].南开管理评论,2015,18（3）：132-140+150.

[138] 席燕平.辱虐管理对员工离职意愿的影响研究——情绪耗竭与员

工对主管信任的多重中介作用［J］．技术经济与管理研究，2016（12）：51-55.

［139］肖轶楠．服务接触研究综述［J］．吉首大学学报（社会科学版），2017，38（S1）：50-54.

［140］谢凤华，顾展豪，范曦．顾客不当行为对服务型企业员工的影响研究［J］．科研管理，2018，39（12）：152-161.

［141］徐虹，梁佳，李惠璠，刘宇青．顾客不当对待对旅游业一线员工公平感的差异化影响：权力的调节作用［J］．南开管理评论，2018，21（5）：93-104.

［142］徐磊，李记，郭婧．领导—成员交换矛盾心理差异与顾客导向组织公民行为关系研究［J］．软科学，2023，37（9）：124-130.

［143］闫宁宁．景德镇陶瓷文化产业协同集聚与国家试验区发展的关系研究［J］．商业经济，2020（11）：44-45，168.

［144］杨晓喆，仲理峰．服务型领导对员工角色内绩效的影响：心理可获得性的中介作用和自我效能感的调节作用［J］．新经济，2020（2）：64-73.

［145］杨永忠，黄舒怡，林明华．创意产业集聚区的形成路径与演化机理［J］．中国工业经济，2011（8）：128-138.

［146］杨宇欣．陶博城：打造新型陶瓷贸易市场［N/OL］．景德镇日报，2023-07-05［2023-10-06］．http：www.jdz.gov.cn/zwzx/jrcd/t909966.shtml.

［147］姚圣娟，邓亚男，郑俊虎．中国背景下企业员工沉默行为的文化根源［J］．华东经济管理，2009，23（6）：135-138.

［148］叶晓倩，欧梁羽柔，杨琳，陈伟．团队绩效压力影响团队绩效和员工退缩行为机理探讨——基于情感事件理论研究［J］．中央财经大学学报，2022（4）：106-118.

[149] 叶云清. 领导风格对员工建言行为的影响研究 [D]. 南开大学硕士学位论文, 2011.

[150] 易明, 罗瑾琏, 王圣慧, 钟竞. 时间压力会导致员工沉默吗——基于 SEM 与 fsQCA 的研究 [J]. 南开管理评论, 2018, 21 (1): 203-215.

[151] 银成钺, 毕楠. 自恋顾客的服务创造: 感知控制及他人评价对自恋顾客服务评价的影响 [J]. 外国经济与管理, 2014, 36 (12): 22-32+55.

[152] 银成钺, 王影. 服务接触中顾客刻板印象的形成与支持: 内隐人格理论视角 [J]. 华东经济管理, 2014, 28 (2): 166-171.

[153] 银成钺, 杨雪. 服务接触中的兼容性管理对顾客反应的影响研究 [J]. 管理学报, 2010, 7 (4): 547-554.

[154] 银成钺. 服务接触中的情绪感染对消费者感知服务质量的影响研究 [J]. 软科学, 2011, 25 (11): 128-131+144.

[155] 于桂兰, 张诗琳. 亲社会行为对员工创新绩效的双刃剑效应——基于情绪的中介作用及领导与成员交换关系的调节作用 [J]. 科技管理研究, 2022, 42 (20): 210-218.

[156] 郁傲晨, 范明磊, 赵然. 辱虐管理对员工沉默的影响——情绪耗竭的中介作用 [J]. 经营与管理, 2021 (6): 96-101.

[157] 翟家保, 周庭锐, 曹忠鹏. 顾客积极反馈对一线员工努力意向的影响分析 [J]. 西南交通大学学报 (社会科学版), 2010, 11 (2): 77-81.

[158] 翟家保, 周庭锐. 一线服务员工组织公民行为影响因素的实证研究——基于顾客积极反馈的视角 [J]. 统计与信息论坛, 2010, 25 (9): 98-103.

[159] 张白玉. 创意产业园区组织生态研究 [D]. 北京邮电大学博士学位论文, 2010.

[160] 张春梅, 苗仁涛. 员工感知性高绩效工作系统对员工建言的影响——一项心理感知视角的中介及作用边界研究 [J]. 中国人事科学, 2023

(4)：61-70.

［161］张桂平，廖建桥．用"圈子"文化管理员工沉默行为［J］．中国人力资源开发，2009（6）：29-31.

［162］张好雨，刘圣明，王辉，刘欣．领导权力分享对谁更有效——圈内人还是圈外人［J］．领导科学，2016（2）：43-46.

［163］张健东，关雅茹，曲小瑜．领导沉默、自我效能感与员工主动行为的关系研究——以大连华信为例［J］．管理案例研究与评论，2018，11（4）：409-419.

［164］张圣亮，钱玉霞．一线员工服务破坏行为的诱因与影响研究——基于快递行业的经验性验证［J］．现代财经（天津财经大学学报），2013，33（9）：99-108.

［165］张希．基于服务接触理论的餐饮服务交互模式研究［J］．哈尔滨商业大学学报（社会科学版），2009（5）：107-112.

［166］张秀娟，申文果，陈健彬，杜敏．顾客不公平交往行为对员工工作绩效的多层次影响［J］．南开管理评论，2008，11（3）：96-103.

［167］张艳辉．组织生态理论在创意产业研究中的应用［J］．当代财经，2007（4）：86-89.

［168］张银普，骆南峰，石伟，万金，张译方，杨小进．中国情境下领导—成员交换与绩效关系的元分析［J］．南开管理评论，2020，23（3）：177-187.

［169］张运生．高科技企业创新生态系统边界与结构解析［J］．软科学，2008，22（11）：95-97+102.

［170］张正堂，丁明智．领导非权变惩罚对员工沉默行为的影响机制研究［J］．南京大学学报（哲学·人文科学·社会科学），2018，55（2）：46-55.

［171］赵国祥，宋卫芳．领导—成员交换关系差异、公平感与群体凝聚

力的关系 [J]. 心理科学, 2010, 33 (06): 1485-1487.

[172] 赵金金, 刘博. 诺莫网络视角下知识型员工隐性知识共享与员工沉默关系研究 [J]. 中央财经大学学报, 2017 (8): 100-112.

[173] 赵晓煜, 曹忠鹏, 张昊. 顾客之间的感知相容性与其行为意向的关系研究 [J]. 管理学报, 2012, 9 (6): 890-899.

[174] 赵晓煜, 曹忠鹏. 享乐型服务的场景要素与顾客行为意向的关系研究 [J]. 管理科学, 2010, 23 (4): 48-57.

[175] 赵宇飞. 服务接触中员工行为对顾客参与的影响研究 [D]. 吉林大学博士学位论文, 2012.

[176] 郑晓涛, 柯江林, 石金涛, 郑兴山. 中国背景下员工沉默的测量以及信任对其的影响 [J]. 心理学报, 2008 (2): 219-227.

[177] 郑晓涛, 石金涛, 郑兴山. 员工沉默的研究综述 [J]. 经济管理, 2009, 31 (3): 173-179.

[178] 郑晓涛, 俞明传, 孙锐. LMX 和合作劳动关系氛围与员工沉默倾向的倒 U 型关系验证 [J]. 软科学, 2017, 31 (9): 88-92.

[179] 郑晓涛, 郑兴山. 三种社会交换关系对不同维度员工沉默的影响 [J]. 华东经济管理, 2013 (10): 130-136.

[180] 郑晓旭, 何煜倩, 董浩然, 周向阳, 孟慧. 领导政治技能会抑制员工的沉默行为吗？——领导信任和权力距离的作用 [J]. 心理科学, 2023, 46 (2): 378-385.

[181] 郑志, 冯益. 文化创意产业协同创新生态系统构建对策研究 [J]. 科技进步与对策, 2014 (23): 62-65.

[182] 周路路, 张戌凡, 赵曙明. 领导—成员交换、中介作用与员工沉默行为——组织信任风险回避的调节效应 [J]. 经济管理, 2011 (11): 69-75.

[183] 朱辉球, 吴旭东. 传承与创新困境中: "景漂" 助力景德镇陶瓷

产业转型升级研究 [J]. 景德镇陶瓷，2019 (2)：1-3.

[184] 朱瑜，谢斌斌. 差序氛围感知与沉默行为的关系：情感承诺的中介作用与个体传统性的调节作用 [J]. 心理学报，2018，50 (5)：539-548.

[185] 朱祖平，阮荣彬，陈莞. 情感事件理论视域下辱虐管理影响效应研究———一项 Meta 分析 [J]. 商业经济与管理，2023 (6)：61-77.

[186] 庄贵军，朱美艳. 顾客抱怨行为与重购意愿的 logistic 回归分析 [J]. 商业经济与管理，2009，211 (5)：90-96.

[187] 左文明，徐梓馨，黄枫璇，焦青松. 共享住宿价值共创公民行为下的服务需求研究 [J]. 管理学报，2023，20 (2)：249-257.

[188] Adner R. Match Your Innovation Strategy to Your Innovation Ecosystem [J]. Harvard Business Review，2006，84 (4)：98-107.

[189] Alajmi S A. Linking Psychological Empowerment to Job Satisfaction and Organizational Commitment：Investigating the Mediating Effect of Organizational Trust [J]. International Journal of Business and Management，2016，11 (10)：120-140.

[190] Argyris C，Schon D A. Organizational Learning：A Theory of Action Perspective [M]. Reading：Addison-Wesley，1978.

[191] Arnold J A，Arad S，Rhoades J A，Drasgow F. The Empowering Leadership Questionnaire：The Construction and Validation of New Scale for Measuring Leader Behaviors [J]. Journal of Organizational Behavior，2000，21 (3)：249-269.

[192] Ashforth B E，Anand V. The Normalization of Corruption in Organizations [J]. Research in Organizational Behavior，2003 (25)：1-52.

[193] Auh S，Menguc B，Katsikeas C S，Jung Y S. When Does Customer Participation Matter？ An Empirical Investigation of the Role of Customer Empowerment in the Customer Participation – Performance Link [J]. Journal of Marketing

Research, 2019, 56 (6): 1012-1033.

[194] Baron R M, Kenny D A. The Moderator-Mediator Variable Distinction in Social Psychological Research: Conceptual, Strategic, and Statistical Considerations [J]. Journal of Personality and Social Psychology, 1986, 51 (6): 1173-1182.

[195] Bateson J E G. Do We Need Service Marketing? [M] // Eiglier P, Langeard E, Lovelock C H, Bateson J E G, Young R F. Marketing Consumer Services: New Insights. Cambridge: Marketing Science Institute, 1977: 77-115.

[196] Bateson J E. Self-service Consumer: An Exploratory Study [J]. Journal of Retailing, 1985, 61 (3): 49-76.

[197] Bawa R, Sinha A K, Kant R. Emerging Mall Culture and Shopping Behavior of Young Consumers [J]. Advances in Anthropology, 2019, 9 (3): 125-150.

[198] Beatson A T, Riedel A, Mulcahy R, Keating B W, Wang S, Campbell M, Johnson D. Reducing the Incidence and Impact of Peer-to-Peer Online Trolling: A Protocol for a Scoping Review [J]. BMJ Open, 2023, 13 (3): e070460.

[199] Beatson A, Lee N, Coote L V. Self-Service Technology and the Service Encounter [J]. The Service Industries Journal, 2007, 27 (1): 75-89.

[200] Belgrave L L, Seide K. Grounded Theory Methodology: Principles and Practices [M] // Liamputtong P. Handbook of Research Methods in Health Social Sciences. Singapore: Springer, 2019: 299-316.

[201] Bell S J, Luddington J A. Coping with Customer Complaints [J]. Journal of Service Research, 2006, 8 (3): 221-233.

[202] Bellenger D N, Robertson D H, Hirschman E C. Impulse Buying Varies by Product [J]. Journal of Advertising Research, 1978 (18): 15-18.

[203] Bettencourt L A, Brown S W. Contact Employees: Relationships Among Workplace Fairness, Job Satisfaction and Prosocial Service Behaviors [J]. Journal of Retailing, 1997, 73 (1): 39-61.

[204] Bettencourt L A. Customer Voluntary Performance: Customers as Partners in Service Delivery [J]. Journal of Retailing, 1997, 73 (3): 383-406.

[205] Bhandarker A, Rai S. Toxic Leadership: Emotional Distress and Coping Strategy [J]. International Journal of Organization Theory & Behavior, 2019, 22 (1): 65-78.

[206] Bishop J W, Scott K D, Burroughs S M. Support, Commitment, and Employee Outcomes in a Team Environment [J]. Journal of Management, 2000, 26 (6): 1113-1132.

[207] Biswas D, Szocs C. The Smell of Healthy Choices: Cross–Modal Sensory Compensation Effects of Ambient Scent on Food Purchases [J]. Journal of Marketing Research, 2019, 56 (1): 123-141.

[208] Bitner M J, Booms B H, Tetreault M S. The Service Encounter: Diagnosing Favorable and Unfavorable Incidents [J]. Journal of Marketing, 1990, 54 (1): 71-84.

[209] Bitner M J, Brown S W, Meuter M L. Technology Infusion in Service Encounters [J]. Journal of the Academy of Marketing Science, 2000, 28 (1): 138-149.

[210] Bitner M J, Wang H S. Service Encounters in Service Marketing Research [M] // Rust R T, Huang M H. Handbook of service marketing research. Northampton: Edward Elgar Publishing, 2014: 221-243.

[211] Bitner M J. Evaluating Service Encounters: The Effects of Physical Surroundings and Employee Responses [J]. Journal of Marketing, 1990, 54 (2): 69-82.

[212] Bitner M J. Servicescapes: The Impact of Physical Surroundings on Customers and Employees [J]. Journal of Marketing, 1992, 56 (2): 57-71.

[213] Blau P M. Exchange and Power in Social Life [M]. New York: John Wiley & Sons, 1964.

[214] Bollon R N. A Dynamic Model of the Duration of the Customer's Relationship with a Continuous Service Provider: The Role of Satisfaction [J]. Marketing Science, 1998, 17 (1): 45-65.

[215] Booms B H, Bitner M J. Marketing Strategies and Organization Structure for Service Firms [M] //Marketing of Services. Chicago: American Marketing Association, 1981: 47-51.

[216] Botero I C, Van Dyne L. Employee Voice Behavior: Interactive Effects of LMX and Power Distance in the United States and Colombia [J]. Management Communication Quarterly, 2009, 23 (1): 84-104.

[217] Bowen F, Blackmon K. Spirals of Silence: The Dynamic Effects of Diversity on Organizational Voice [J]. Journal of Management Studies, 2003, 40 (6): 1393-1417.

[218] Brinsfield C T. Employ Silence: Investigation of Dimensionality, Development of Measure, and Examination of Related Factors [D]. Columbus: Ohio State University, 2009.

[219] Brown S P, Peterson R A. The Effect of Effort on Sales Performance and Job Satisfaction [J]. Journal of Marketing, 1994, 58 (2): 70-80.

[220] Brown T E. Brown Attention-Deficit Disorder Scales for Adolescents and Adults [M]. San Antonio: The Psychological Corporation, 1996.

[221] Bryant A. Grounded Theory and Grounded Theorizing: Pragmatism in Research Practice [M]. New York: Oxford University Press, 2017.

[222] Burris E R, Detert J R, Chiaburu D S. Quitting Before Leaving: The

Mediating Effects of Psychological Attachment and Detachment on Voice [J]. Journal of Applied Psychology, 2008, 93 (4): 912-922.

[223] Carlzon J. Moments of Truth [M]. Cambridge: Ballinger, 1987.

[224] Caves R E. Creative Industries: Contracts between Art and Commerce [M]. Cambridge: Harvard University Press, 2000.

[225] Cermak D S P, File K M, Prince R A. Customer Participation In Service Specification and Delivery [J]. Journal Application Business Research, 1994, 10 (2): 90-97.

[226] Chandon J-L, Leo P-Y, Philippe J. Service Encounter Dimensions: A Dyadic Perspective: Measuring the Dimensions of Service Encounters as Perceived by Customers and Personnel [J]. International Journal of Service Industry Management, 1997, 8 (1): 65-86.

[227] Chase R B, Tansik D A. The Customer Contact Model for Organization Design [J]. Management Science, 1983, 29 (9): 1037-1050.

[228] Chiaburu D S, Marinova S V, Van Dyne L. Should I do it or not? An Initial Model of Cognitive Processes Predicting Voice Behaviors [M] //Kane L T, Poweller M R. Citizenship in the 21st Century. New York: Nova Science, 2008: 127-153.

[229] Choi J N. Change - Oriented Organizational Citizenship Behavior: Effects of Work Environment Characteristics and Intervening Psychological Processes [J]. Journal of Organizational Behavior, 2007, 28 (4): 467-484.

[230] Claycomb C, Lengnick-Hall C A, Inks L. The Customer As A Productive Resource: A Pilot Study and Strategic Implications [J]. Journal of Business Strategy, 2001, 18 (1): 47-68.

[231] Cooper W H, Withey M J. The Strong Situation Hypothesis [J]. Personality and Social Psychology Review, 2009, 13 (1): 62-72.

[232] Cox J F, Sims H P Jr. Leadership and Team Citizenship Behavior: A Model and Measures [M] // Beyerlein M M, Johnson D A, Beyerlein S T. Advances in Interdisciplinary Studies of Work Teams: Team Leadership. Elsevier Science/JAI Press, 1996: 1-41.

[233] Craighead C W, Karwan K R, Miller J L. The Effects of Severity of Failure and Customer Loyalty on Service Recovery Strategies [J]. Production and Operations Management, 2004, 13 (4): 307-321.

[234] Crosby L A, Evans K R, Cowles D. Relationship Quality in Service Selling: An Interpersonal Influence Perspective [J]. Journal of Marketing, 1990, 54 (3): 68-81.

[235] Czepiel J A, Solomon M R, Surprenant C F. The Service Encounter: Managing Employee/Customer Interaction in Service Business [M]. New York: Lexington Books, 1985.

[236] Dabholkar P A, Sheng X. Consumer Participation in Using Online Recommendation Agents: Effects on Satisfaction, Trust, and Purchase Intentions [J]. The Service Industries Journal, 2012, 32 (9): 1433-1449.

[237] Danaher P J, Mattsson J. Customer Satisfaction during the Service Delivery Process [J]. European Journal of Marketing, 1994, 28 (5): 5-16.

[238] Day R L, Landon E L. Consumer and Industrial Buying Behavior [R]. New York: North-Holland, 1977.

[239] Day R L. Research Perspectives on Consumer Complaining Behavior [M] // Charles L, Patrick D. Theoretical Developments in Marketing. Chicago: American Marketing Association, 1980: 211-215.

[240] Detert J R, Burris E R. Leadership Behavior and Employee Voice: Is the Door Really Open? [J]. Academy of Management, 2007, 50 (4): 869-884.

[241] Detert J R, Edmondson A C. mplicit Voice Theories: Taken-for-Gran-

ted Rules of Self-Censorship at Work [J]. Academy of Management Journal, 2011, 54 (3): 461-488.

[242] Dong B, Sivakumar K. Customer Participation in Services: Domain, Scope, and Boundaries [J]. Journal of the Academy of Marketing Science, 2017, 45 (6): 944-965.

[243] Donovan R J, Rossiter J R. Store Atmosphere: An Environmental Psychology Approach [J]. Journal of Retailing, 1982 (58): 34-57.

[244] Duan J, Bao C, Huang C, Brinsfield C T. Authoritarian Leadership and Employee Silence in China [J]. Journal of Management & Organization, 2018, 24 (1): 62-80.

[245] Edmondson A C. Speaking Up in the Operating Room: How Team Leaders Promote Learning in Interdisciplinary Action Teams [J]. Journal of Management Studies, 2003, 40 (6): 1419-1452.

[246] Edmondson A. Psychological Safety and Learning Behavior in Work Teams [J]. Administrative Science Quarterly, 1999, 44 (2): 350-383.

[247] Edwards M R, Peccei R. Perceived Organizational Support, Organizational Identification, and Employee Outcomes: Testing a Simultaneous Multifoci Model [J]. Journal of Personnel Psychology, 2010, 9 (1): 17-26.

[248] Edwards M, Ashkanasy N M, Gardner J. Deciding to Speak up or to Remain Silent Following Observed Wrongdoing: The Role of Discrete Emotions and Climate of Silence [M] //Greenberg J, Edwards M. Voice and Silence in Organizations. Bingley: Emerald Group Publishing, 2009: 83-109.

[249] Eiglier P, Langeard E. A New Approach to Service Marketing [M] //Eiglier P, Langeard E, Lovelock C H, Bateson J E G, Young R F. Marketing Consumer Services: New Insights. Cambridge: Marketing Science Institute, 1977: 33-58.

[250] Emerson R M. Social Exchange Theory [J]. Annual Review of Sociology, 1976, 2 (1): 335-362.

[251] Engel J F, Blackwell R D, Miniard P W. Consumer Behavior (6th Edition) [M]. New York: Dryden Press, 1995.

[252] Ennew C T, Binks M R. Impact of Participative Service Relationships on Quality, Satisfaction and Retention: An Exploratory Study [J]. Journal of Business Research, 1999, 46 (2): 121-132.

[253] Eylon D, Au K Y. Exploring Empowerment Cross-cultural Differences along the Power Distance Dimension [J]. International Journal of Intercultural Relation, 1999, 23 (3): 373-385.

[254] Finkelstein M A, Brannick M T. Applying Theories of Institutional Helping to Informal Volunteering: Motives, Role Identity, and Prosocial Personality [J]. Social Behavior and Personality An International Journal, 2007, 35 (1): 101-114.

[255] Flanagan J C. The Critical Incident Technique [J]. Psychological Bulletin, 1954, 51 (4): 327-358.

[256] Florida R. Cities and the Creative Class [M]. New York: Routledge, 2004.

[257] Florida R. The Rise of the Creative Class: And How It's Transforming Work, Leisure, Community, and Everyday Life [M]. New York: Basic Books, 2002.

[258] Folkes M J. Processing, Structure and Properties of Block Copolymers [M]. New York: Elsevier, 1985.

[259] Ford R C., Heaton C P. Managing Your Guest as a Quasi-Employee [J]. The Cornell Hotel and Restaurant Administration Quarterly, 2001, 42 (2): 46-55.

[260] Fornell C, Larcker D F. Structural Equation Models with Unobservable Variables and Measurement Error: Algebra and Statistics [J]. Journal of Marketing Research, 1981, 18 (3): 382-388.

[261] Fornell C, Wernerfelt B. Defensive Marketing Strategy by Customer Complaint Management: A Theoretical Analysis [J]. Journal of Marketing Research, 1987, 24 (4): 337-346.

[262] Gabbott M, Hogg G. The Role of Non-verbal Communication in Service Encounters: A Conceptual Framework [J]. Journal of Marketing Management, 2001, 17 (1-2): 5-26.

[263] Ganguli S, Roy S K. Conceptualisation of Service Quality for Hybrid Services: A Hierarchical Approach [J]. Total Quality Management & Business Excellence, 2013, 24 (9-10): 1202-1218.

[264] Gerstner C R, Day D V. Meta-Analytic Review of Leader-Member Exchange Theory: Correlates and Construct Issues [J]. Journal of Applied Psychology, 1997, 82 (6): 827-844.

[265] Gilligan C. In a Different Voice: Psychological Theory and Women's Development [M]. Cambridge: Harvard University Press, 1982.

[266] Gkorezis P, Bellou V. The Relationship between Workplace Ostracism and Information Exchange: The Mediating Role of Self-serving Behavior [J]. Management Decision, 2016, 54 (3): 700-713.

[267] Glaser B G, Strauss A L. The Discovery of Grounded Theory: Strategies for Qualitative Research [M]. Mill Valley: Sociology Press, 1967.

[268] Glomb T M, Bhave D P, Miner A G, Wall M. Doing Good, Feeling Good: Examining the Role of Organizational Citizenship Behaviors in Changing Mood [J]. Personnel Psychology, 2011, 64 (1): 191-223.

[269] Goffman E. The Presentation of Self in Everyday Life [M]. Garden

City: Doubleday Anchor, 1959.

[270] Gouldner A W. The Norm of Reciprocity: A Preliminary Statement [J]. American Sociological Review, 1960, 25 (2): 161-178.

[271] Graen G B, Uhl-Bien M. Relationship Based Approach to Leadershi: Development of Leader-Member Exchange (LMX) Theory of Leadership over 25 Years: Applying a Multi-Level Multi-Domain Perspective [J]. The Leadership Quarterly, 1995, 6 (2): 219-247.

[272] Graen G, Cashman J F. A Role Making Model in Formal Organizations: A Developmental Approach [M] // Hung J G, Larson L L. Leadership Frontiers. Kent: Kent State University Press, 1975: 143-165.

[273] Graham J W, Van Dyne L. Gathering Information and Exercising Influence: Two Forms of Civic Virtue Organizational Citizenship Behavior [J]. Employee Responsibilities and Rights Journal, 2006 (18): 89-109.

[274] Greco L M, Whitson J A, O'Boyle E H, Wang C S, Kim J. An Eye for an Eye? A Meta-Analysis of Negative Reciprocity in Organizations [J]. Journal of Applied Psychology, 2019, 104 (9): 1117-1143.

[275] Greenberg J, Edwards M. Voice and Silence in Organizations [M]. Bingley: Emerald Group Publishing, 2009.

[276] Grönroos C. A Service Quality Model and Its Marketing Implications [J]. European Journal of Marketing, 1984, 18 (4): 36-44.

[277] Grönroos C. Service Logic Revisited: Who Creates Value? And Who Co-Creates? [J]. European Business Review, 2008, 20 (4): 298-314.

[278] Grönroos C. Service Management and Marketing: Managing the Moments of Truth in Service Competition [M]. Lexington: Lexington Books, 1990.

[279] Grönroos C. Strategic Management and Marketing in the Service Sector

[M]. Cambridge: Marketing Science Institute, 1983.

[280] Grönroos C. Value-drivenRelational Marketing: From Products to Resources and Competencies [J]. Journal of Marketing Management, 1997, 13 (5): 407-419.

[281] Grove S J, Fisk R P. The Dramaturgy of Service Exchange: An Analytical Framework for Services Marketing [M] // Berry L L, Shostack L G, Upah G D. Emerging Perspectives on Services Marketing. Chicago: American Marketing Association, 1983: 45-49.

[282] Hagedoorn M, Van Yperen N W, Van de Vliert E, Buunk B P. Employees' Reactions to Problematic Events: A Circumplex Structure of Five Categories of Responses, And the Role of Job Satisfaction [J]. Journal of Organizational Behavior, 1999, 20 (3): 309-321.

[283] Hair J F, Anderson R E, Tatham R L. Multivariate Data Analysis with Readings [M]. Englewood Cliffs: Prentice-Hall, 1998.

[284] Hall M. The Effect of Comprehensive Performance Measurement Systems on Role Clarity, Psychological Empowerment and Managerial Performance [J]. Accounting, Organizations and Society, 2008, 33 (2-3): 141-163.

[285] Harlos K. Employee Silence in the Context of Unethical Behavior at Work: A Commentary [J]. German Journal of Human Resource Management, 2016, 30 (3-4): 345-355.

[286] Higgins E T. Beyond Pleasure and Pain [J]. American Psychologist, 1997 (52): 1280-1300.

[287] Higgins E T. Making a Good Decision: Value from Fit [J]. American Psychological, 2000, 55 (11): 1217-1230.

[288] Hightower R Jr, Brady M K, Baker T L. Investigating the Role of the Physical Environment in Hedonic Service Consumption: An Exploratory Study of

Sporting Events [J]. Journal of Business Research, 2002, 55 (9): 697-707.

[289] Hirschman A O. Exit, Voice, and Loyalty: Response to Decline in Firms, Organizations, and States [M]. Cambridge: Harvard University Press, 1970.

[290] Hochwater W A, Witt L A, Treadway D C, Ferris G R. The Interaction of Social Skill and Organizational Support on Job Performance [J]. Journal of Applied Psychology, 2006, 91 (2): 482-489.

[291] Hofstede G. Culture and Organizations: Software of the Mind [M]. London: Mcgraw-Hill, 1991.

[292] Homans G C. Social Behavior as Exchange [J]. American Journal of Sociology, 1958, 63 (6): 597-606.

[293] Homans G C. Social Behavior: Its Elementary Forms [M]. New York: Harcourt, Brace & World, Inc. , 1961.

[294] Howkins J. The Creative Economy: How People Make Money from Ideas [M]. London: Allen Lane, 2001.

[295] Hu L T, Bentler P M. Evaluating Model Fit [M] // Hoyle R H. Structural Equation Modeling: Concepts, Issues and Application. Thousand Oaks: Sage, 1995: 77-99.

[296] Huang X, Van de Vliert E, Van der Vegt G. Breaking the Silence Culture: Stimulation of Participation and Employee Opinion Withholding Cross-Nationally [J]. Management and Organization Review, 2005, 1 (3): 459-482.

[297] Hutton T A. Reconstructed Production Landscapes in the Postmodern City: Applied Design and Creative Services in the Metropolitan Core [J]. Urban Geography, 2000, 21 (4): 285-317.

[298] Ingram T N, LaForge R W, Avila R A, Schwepker C H, Williams M R. Professional Selling: A Trust-based Approach [M]. Mason: Thomson South-

western, 2007.

[299] Jacoby J, Jaccard J J. The Sources, Meaning, and Validity of Consumer Complaint Behavior: A Psychological Analysis [J]. Journal of Retailing, 1981, 57 (3): 4-24.

[300] Jerger C, Wirtz J. Service Employee Responses to Angry Customer Complaints: The Roles of Customer Status and Service Climate [J]. Journal of Service Research, 2017, 20 (4): 362-378.

[301] Johnston R, Lyth D. Implementing the Integration of Customer Expectations and Operational Capabilities [M] // Brown S, Gummesson E, Edvardsson B, Gus-tavsson B. Service Quality: Multidisciplinary and Multinational Perspectives. Lanham: Lexington Books, 1991: 179-190.

[302] Johnstone M-L, Todd S. Servicescapes: The Role that Place Plays in Stay-at-home Mothers' Lives [J]. Journal of Consumer Behaviour, 2012, 11 (6): 443-453.

[303] Jones E E, Pittman T S. Toward a General Theory of Strategic Self-Presentation [J]. Psychological Perspectives on the Self, 1982 (1): 231-262.

[304] Kahn W A. Psychological Conditions of Personal Engagement and Disengagement at Work [J]. The Academy of Management Journal, 1990, 33 (4): 692-724.

[305] Kamdar D, Van Dyne L. The Joint Effects of Personality and Workplace Social Exchange Relationships in Predicting Task Performance and Citizenship Performance [J]. Journal of Applied Psychology, 2007, 92 (5): 1286-1298.

[306] Keane M. The QUT Creative Industries Experience [M]. Brisbane: QUT Publications, 2010.

[307] Kellogg D L, Youngdahl W E, Bowen D E. On the Relationship between Customer Participation and Satisfaction: Two Frameworks [J]. International

Journal of Service Industry Management, 1997, 8 (3): 206-219.

[308] Kish-Gephart J J, Detert J R, Trevino L K, Edmondson A C. Silenced by Fear: The Nature, Sources, and Consequences of Fear at Work [J]. Research in Organizational Behavior, 2009 (29): 163-193.

[309] Kline R B. Principles and Practice of Structural Equation Modeling [M]. New York: The Guilford Press, 1998.

[310] Koberg C S, Boss R W, Senjem J C, Goodman E A. Antecedents and Outcomes of Empowerment: Empirical Evidence from the Health Care Industry [J]. Group and Organization Management, 1999, 24 (1): 71-91.

[311] Kohli A K. Some Unexplored Supervisory Behaviors and Their Influence on Salespeople's Role Clarity, Specific Self-Esteem, Job Satisfaction, and Motivation [J]. Journal of Marketing Research, 1985, 22 (4): 424-433.

[312] Komorowski M, Lewis J. The Creative and Cultural Industries: Towards Sustainability and Recovery [J]. Sustainability, 2023, 15 (13): 1-17.

[313] Konczak L J, Stelly D J, Trusty M L. Defining and Measuring Empowering Leader Behaviors: Development of an Upward Feedback Instrument [J]. Educational and Psychological Measurement, 2000, 60 (2): 301-313.

[314] Kotler P. Marketing Management: Analysis, Planning, Implementation, andControl (8th Edition) [M]. Upper Saddle River: Prentice Hall, 1994.

[315] Lan X M, Chong W Y. The Mediating Role of Psychological Empowerment between Transformational Leadership and Employee Work Attitudes [J]. Procedia-Social and Behavioral Sciences, 2015 (172): 184-191.

[316] Landry C. The Creative City: A Toolkit for Urban Innovators [M]. London: Earthscan Publications, 2000.

[317] Langeard E, Bateson J E G, Lovelock C H, Eiglier P. Service Marketing: New Insights from Consumers and Managers [M]. Cambridge: Marketing Sci-

ence Institute, 1981.

[318] Larsson R, Bowen D E. Organization and Customer: Managing Design and Coordination of Service [J]. Academy of Management Review, 1989, 14 (2): 213-233.

[319] Leary M R, Kowalski R M. Impression Management: A Literature Review and Two-Component Model [J]. Psychological Bulletin, 1990, 107 (1): 34-47.

[320] Lederer A L, Sethi V. Key Prescriptions for Strategic Information Systems Planning [J]. Journal of Management Information Systems, 1996, 13 (1): 35-62.

[321] Lee R T, Ashforth B E. A Meta-analytic Examination of the Correlates of the Three Dimensions of Job Burnout [J]. Journal of Applied Psychology, 1996, 81 (2): 123-133.

[322] Lehtinen J R. Customer Oriented Service System [R]. Helsinki: Service Management Institute, 1983.

[323] Lehtinen U, Lehtinen J R. Service Quality: A Study of Quality Dimensions [J]. Service Management Institute, 1982 (5): 25-32.

[324] Lengnick-Hall C A. Customer Contributions to Quality: A Different View of the Customer-Oriented Firm [J]. The Academy of Management Review, 1996, 21 (3): 791-824.

[325] LePine J A, Van Dyne L. Voice and Cooperative Behavior as Contrasting Forms of Contextual Performance: Evidence of Differential Relationships With Big Five Personality Characteristics and Cognitive Ability [J]. Journal of Applied Psychology, 2001, 86 (2): 326-336.

[326] LePine J A, Van Dyne L. Predicting Voice Behavior in Work Groups [J]. Journal of Applied Psychology, 1998, 83 (6): 853-868.

［327］Liang J, Farh C I C, Farh J－L. Psychological Antecedents of Promotive and Prohibitive Voice: A Two－wave Examination［J］. Academy of Management Journal, 2012, 55（1）: 71-92.

［328］Liang J, Farh L J L. Promotive and Prohibitive Voice Behavior in Organizations: A Two-wave Longitudinal Examination［C］. The Third Conference of the International Association for Chinese Management Research, 2008.

［329］Liden R C. Leadership Research in Asia: A Bbrief Assessment and Suggestions for the Future［J］. Asia Pacific Journal of Management, 2012（29）: 205-212.

［330］Liu H, Li G. Linking Transformational Leadership and Knowledge Sharing: The Mediating Roles of Perceived Team Goal Commitment and Perceived Team Identification［J］. Frontiers in Psychology, 2018（9）: 1331.

［331］Liu W, Zhu R H, Yang Y K. I Warn you Because I Like you: Voice Behavior, Employee Identifications, And Transformation Leadership［J］. The Leadership Quarterly, 2010, 21（1）: 189-202.

［332］Lockwood A. Using Services Incidents to Identify Quality Improvement Points［J］. International Journal of Contemporary Hospitality Management, 1994, 6（1）: 75-80.

［333］Loo P T, Khoo-Lattimore C, Boo H C. How Should I Respond to a Complaining Customer? A Model of Cognitive－Emotivebehavioral from the Perspective of Restaurant Service Employees［J］. International Journal of Hospitality Management, 2021（95）: 102882.

［334］Lovelock C H, Yip G S. Developing Global Strategies for Service Businesses［J］. California Management Review, 1996, 38（2）: 64-86.

［335］Lovelock C H, Young R F. Look to Consumers to Increase Productivity［J］. Harvard Business Review, 1979（57）168-178.

[336] Lovelock C H. Why Marketing Management Needs to Be Different for Services [M] // Donnelly J H, George W R. Marketing of Sciences. Chicago: American Marketing Association, 1981: 6-9.

[337] Luthans F, Youssef C M, Avolio B J. Psychological Capital: Developing the Human Competitive Edge [M]. Oxford: Oxford University Press, 2007.

[338] Lzard C E. Emotions, Drives, and Behavior [M] // Lzard C E. Human Emotions. Emotions, Personality, and Psychotherapy. Boston: Springer, 1977: 161-188.

[339] Marion F. Customer Participation and Customer Satisfaction [M] // Kunst P, Lemmink J. Quality Management in Services (Vol. 2). London: University Press Maastricht & Paul Chapman Publishing Ltd., 1996: 49-58.

[340] Martin C L, Pranter C A. Compatibility Management: Customer-to-Customer Relationships in Service Environments [J]. The Journal of Services Marketing, 1989, 3 (3): 5-15.

[341] Martinko M J, Harvey P, Sikora D, Douglas S C. Perceptions of Abusive Supervision: The Role of Subordinates' Attribution Styles [J]. The Leadership Quarterly, 2011, 22 (4): 751-764.

[342] Mehrabian A, Russell J A. An Approach to Environmental Psychology [M]. Cambridge: The MIT Press, 1974.

[343] Mehrabian A. Questionnaire Measures of Affiliative Tendency and Sensitivity to Rejection [J]. Psychological Reports, 1976, 38 (1): 199-209.

[344] Milliken F J, Morrison E W, Hewlin P F. An Exploratory Study of Employee Silence: Issues that Employees Don't Communicate Upward and Why [J]. Journal of Management Studies, 2003, 40 (6): 1453-1476.

[345] Milliman R E. The Influence of Background Music on the Behavior of

Restaurant Patrons [J]. Journal of Customer Research, 1986, 13 (2): 286-289.

[346] Milliman R E. Using Background Music to Affect the Behavior of Supermarket Shoppers [J]. Journal of Marketing, 1982, 46 (3): 86-91.

[347] Mischel W, Shoda Y. Reconciling Processing Dynamics and Personality Dispositions [J]. Annual Review of Psychology, 1998 (49): 229-258.

[348] Morrison E W, Wheeler–Smith S L, Kamdar D. Speaking Up in Groups: A Cross-level Study of Group Voice Climate and Voice [J]. Journal of Applied Psychology, 2011, 96 (1): 183-191.

[349] Morrison E W, Milliken F J. Organizational Silence: A Barrier to Change and Development in a Pluralistic World [J]. The Academy of Management Review, 2000, 25 (4): 706-725.

[350] Morrison E W. Employee Voice and Silence: Taking Stock a Decade Later [J]. Annual Review of Organizational Psychology and Organizational Behavior, 2023 (10): 79-107.

[351] Morrison E W. Employee Voice and Silence [J]. Annual Review of Organizational Psychology and Organizational Behavior, 2014, 1 (1): 173-197.

[352] Moskal B S. Is Industry Ready for Adult Relationships? [J]. Industry Week, 1991, 240 (2): 18-25.

[353] Mustak M. Customer Participation in Knowledge Intensive Business Services: Perceived Value Outcomes from a Dyadic Perspective [J]. Industrial Marketing Management, 2019 (78): 76-87.

[354] Nechanska E, Hughes E, Dundon T. Towards an Integration of Employee Voice and Silence [J]. Human Resource Management Review, 2020, 30 (1): 100674.

[355] Nyberg D. The Varnished Truth: Truth-telling and Deceiving in Ordi-

nary Life [D]. Chicago: University of Chicago, 1992.

[356] Ottaviano G I P, Thisse J-F. Integration, Agglomeration and the Political Economics of Factor Mobility [J]. Journal of Public Economics, 2002, 83 (3): 429-456.

[357] Parasuraman A. Reflection on Gaining Competitive Advantage Through Customer Value [J]. Journal of the Academy of Marketing Science, 1997 (25): 154-161.

[358] Pinder C C, Harlos K P. Employee Silence: Quiescence and Acquiescence as Responses to Perceived Injustice [J]. Research in Personnel and Human Resources Management, 2001 (20): 331-369.

[359] Premeaux S F, Bedeian A G. Breaking the Silence: The Moderating Effects of Self-Monitoring in Predicting Speaking up in the Workplace [J]. Journal of Management Studies, 2003, 40 (6): 1537-1562.

[360] Price L L, Arnould E J, Deibler S L. Consumers' Emotional Responses to Service Encounters [J]. International Journal of Service Industry Management, 1995, 6 (3): 34-63.

[361] Pyman A, Cooper B, Teicher J, Holland P. A Comparison of the Effectiveness of Employee Voice Arrangements in Australian [J]. Industrial Relations Journal, 2006, 37 (5): 543-559.

[362] Redding W C. Rocking Boats, Blowing Whistles, and Teaching Speech Communication [J]. Communication Education, 1985 (34): 245-258.

[363] Richins M L. Measuring Emotions in the Consumption Experience [J]. Journal of Consumer Research, 1997, 24 (2): 127-146.

[364] Riggle R J, Edmondson D R, Hansen J D. A Meta-analysis of the Relationship between Perceived Organizational Support and Job Outcomes: 20 years of research [J]. Journal of Business Research, 2009, 62 (10): 1027-1030.

[365] Rodie A R, Kleine S S. Customer Participation in Services Production and Delivery [M] // Swartz T, Iacobucci D. Handbook of Services Marketing and Management. Thousand Oaks: Sage, 2000: 111-126.

[366] Rusbult C E, Farrell D, Rogers G, Mainous A G. Impact of Exchange Variables on Exit, Voice, Loyalty, and Neglect: An Integrative Model of Responses to Declining Job Satisfaction [J]. Academy of Management Journal, 1988, 31 (3): 599-627.

[367] Ryan K D, Oestreich D K. Driving Fear Out of the Workplace: How to Overcome the Invisible Barriers to Quality, Productivity, and Innovation [D]. San Francisco: Jossey Bass, 1991.

[368] Samnani A K, Salamon S D, Singh P. Negative Affect and Counterproductive Workplace Behavior: The Moderating Role of Moral Disengagement and Gender [J]. Journal of Business Ethics, 2014, 119 (2): 235-244.

[369] Schein E H, Bennis W G. Personal and Organizational Change through Group Methods: The Laboratory Approach [M]. New York: John Wiley & Son, 1965.

[370] Schlenker B R. Impression Management: The Self-Concept, Social Identity, and Interpersonal Relations [M]. Monterey: Brooks/Cole, 1980.

[371] Schneider B, White S S, Paul M C. Linking Service Climate and Customer Perceptions of Service Quality: Tests of a Causal Model [J]. Journal of Applied Psychology, 1998, 83 (2): 150-163.

[372] Scott A J. The Cultural Economy of Cities [J]. International Journal of Urban and Regional Research, 1997, 21 (2): 323-339.

[373] Scott S G, Bruce R A. Determinants of Innovative Behavior: A Path Model of Innovation in the Workplace [J]. Academy of Management Journal, 1994, 37 (3): 580-607.

[374] Seo J-S, Chong H, Park H S, Yoon K O, Jung C, Kim J J, Hong J H, Kim H, Kim J-H, Kil J-I, Park C J, Oh H-M, Lee J-S, Jin S-J, Um H-W, Lee H-J, Oh J-S, Kim J Y, Kang H Y, Lee S Y, Lee J K, Kang H S. The Genome Sequence of the Ethanologenic Bacterium Zymomonas mobilis ZM4 [J]. Nature Biotechnology, 2005, 23 (1): 63-68.

[375] Settoon R P, Bennett N, Liden R C. Social Exchange in Organizations: Perceived Organizational Support, Leader-member Exchange, and Employee Reciprocity [J]. Journal of Applied Psychology, 1996, 81 (3): 219-227.

[376] Sherf E N, Parke M P, Isaakyan S. Distinguishing Voice and Silence at Work: Unique Relationships with Perceived Impact, Psychological Safety, and Burnout [J]. Academy of Management Journal, 2021, 64 (1): 114-148.

[377] Shin H, Larson L R L. The Bright and Dark sides of Humorous Response to Online Customer Complaint [J]. European Journal of Marketing, 2020, 54 (8): 2013-2047.

[378] Shostack G L. Planning the Service Encounter [M] // Czepiel J A, Solomon M R, Suprenant C F. The Service Encounter: Managing Employee/Customer Interaction in Service Businesses. New York: Lexington Books, 1985: 243-254.

[379] Silpakit P, Fisk R P. Participating the Service Encounter: A Theoretical Framework. Service Marketing in a Changing Environment [M]. Chicago: American Marketing Association, 1985.

[380] Singh J. Consumer Complaint Intentions and Behavior: Definitional and Taxonomical Issues [J]. Journal of Marketing, 1988, 52 (1): 93-107.

[381] Skinner B F. Science and Human Behavior [M]. New York: Macmillan, 1953.

[382] Smallwood E E. Impression-Based Advertising: A Cross-Platform So-

lution [J]. American Journal of Industrial and Business Management, 2022 (12): 1761-1787.

[383] Solomon M R, Surprenant C, Czepiel J A, Gutman E G. A Role Theory Perspective on Dyadic Interactions: The Service Encounter [J]. Journal of Marketing, 1985, 49 (1): 99-111.

[384] Spector P E, Fox S. Counterproductive Work Behavior and Organisational Citizenship Behavior: Are They Opposite Forms of Active Behavior? [J]. Applied Psychology, 2010, 59 (1): 21-39.

[385] Spreitzer G M, Kizilos M A, Nason S W. A Dimensional Analysis of the Relationship between Ssychological Empowerment and Effectiveness, Satisfaction, and Strain [J]. Journal of Management, 1997, 23 (5): 679-704.

[386] Spreitzer G M. Psychological Empowerment in the Workplace: Dimensions, Measurement, and Validation [J]. Academy of Management Journal, 1995, 38 (2): 1442-1465.

[387] Srivastava S K, Srivastava R K. Managing Product Returns for Reverse Logistics [J]. International Journal of Physical Distribution & Logistics Management, 2006, 36 (7): 524-546.

[388] Stouten J, Tripp T M. Claiming more than Equality: Should Leaders ask for Forgiveness? [J]. The Leadership Quarterly, 2009, 20 (3): 287-298.

[389] Strauss A, Corbin J. Basics of Qualitative Research: Grounded Theory Procedures and Techniques [M]. Newbury Park: Sage, 1990.

[390] Surprenant C F, Solomon M R. Predictability and Personalization in the Service Encounter [J]. Journal of Marketing, 1987, 51 (2): 86-96.

[391] Tangirala S, Ramanujam R. Employee Silence on Critical Work Issues: The Cross Level Effects of Procedural Justice Climate [J]. Personnel Psychology, 2008a, 61 (1): 37-68.

[392] Tangirala S, Ramanujam R. Exploring Nonlinearity in Employee Voice: The Effects of Personal Control and Organization Identification [J]. Academy of Management Journal, 2008b, 51 (6): 1189-1203.

[393] Tett R P, Burnett D D. A Personality Trait-Based Interactionist Model of Job Performance [J]. Journal of Applied Psychology, 2003, 88 (3): 500-517.

[394] Tett R P, Guterman H A. Situation Trait Relevance, Trait Expression, and Cross-Situational Consistency: Testing a Principle of Trait Activation [J]. Journal of Research in Personality, 2000, 34 (4): 397-423.

[395] Tett R P, Toich M J, Ozkum S B. Trait Activation Theory: A Review of the Literature and Applications to Five Lines of Personality Dynamics Research [J]. Annual Review of Organizational Psychology and Organizational Behavior, 2021 (8): 199-233.

[396] Thomas K W, Velthouse B A. Cognitive Elements of Empowerment: An "Interpretive" Model of Intrinsic Task Motivation [J]. Academy of Management Review, 1990, 15 (4): 666-681.

[397] Tjosvold D, Wong A S H, Wan P M K. Conflict Management for Justice, Innovation, and Strategic Advantage in Organizational Relationships [J]. Journal of Applied Social Psychology, 2010, 40 (3): 636-665.

[398] Tsui A S. Contributing to Global Management Knowledge: A Case for High Quality Indigenous Research [J]. Asia Pacific Journal of Management, 2004 (21) 491-513.

[399] Uzkurt C. Customer Participation in Service Processes: A Model and Research Propositions [J]. International Journal of Services and Operations Management, 2010, 6 (1): 17-37.

[400] Vakola M, Bouradas D. Antecedents and Consequences of

Organizational Silence: An Empirical Investigation [J]. Employee Relations, 2005, 27 (5): 441-458.

[401] Van Breukelen W, Schyns B, Le Blanc P. Leader-Member Exchange Theory and Research: Accomplishments and Future Challenges [J]. Leadership, 2006, 2 (3): 295-316.

[402] Van Dyne L, Ang S, Botero I C. Conceptualizing Employee Silence and Employee Voice as Multidimensional Constructs [J]. Journal of Management Studies, 2003, 40 (6): 1359-1392.

[403] Van Dyne L, Ang S. Organizational Citizenship Behavior of Contingent Workers in Singapore [J]. Academy of Management Journal, 1998, 41 (6): 692-703.

[404] Venkataramani V, Tangirala S. When and Why do Central Employees Speak Up? An Examination of Mediating and Moderating Variables [J]. Journal of Applied Psychology, 2010, 95 (3): 582-591.

[405] Walumbwa F O, Mayer D M, Wang P, Wang H, Workman K, Christensen A L. Linking Ethical Leadership to Employee Performance: The Roles of Leader-Member Exchange, Self-Efficacy, And Organizational Identification [J]. Organizational Behavior and Human Decision Processes, 2011, 115 (2): 204-213.

[406] Walumbwa F O, Schaubroeck J. Leader Personality Traits and Employee Voice Behavior: Mediating Roles of Ethical Leadership and Work Group Psychological Safety [J]. Journal of Applied Psychology, 2009, 94 (5): 1275-1286.

[407] Warland R H, Herrmann R O, Willits J. Dissatisfied Consumers: Who Gets Upset and Who Takes Action [J]. The Journal of Consumer Affairs, 1975, 9 (2): 148-163.

[408] Weiss H M, Cropanzano R. Affective Events Theory: A Theoretical Discussion of the Structure, Causes and Consequences of Affective Experiences at Work [M] // Staw B M, Cummings L L. Research in Organizational Behavior: An Annual Series of Analytical Essays and Critical Reviews. Greenwich: JAI Press, 1996: 1-74.

[409] Winsted K. Service Behaviors that Lead to Satisfied Customers [J]. European Journal of Marketing, 2000 (34): 399-417.

[410] Yalch R F, Spangenberg E R. The Effects of Music in a Retail Setting on Real and Perceived Shopping Times [J]. Journal of Business Research, 2000, 49 (2): 139-147.

[411] Zeithaml V A, Parasuraman A, Berry L L. Problems and Strategies in Services Marketing [J]. Journal of Marketing, 1985, 49 (2): 33-46.

[412] Zeithaml V A. How Consumer Evaluation Processes Differ Between Goods and Services [M] // Donnelly J H, George W R. Marketing of Services. Chicago: American Marketing Association, 1981: 186-190.

[413] Zhang P, Galletta D. Human-Computer Interaction and Management Information Systems: Foundations [M]. New York: Routledge, 2006.

[414] Zhong C-B, Ku G, Lount R B, Murnighan J K. Compensatory Ethics [J]. Journal of Business Ethics, 2010, 92 (3): 323-339.